PUBLIC INTEREST LITIGATION LAW

公益诉讼法

主 编 张嘉军
副主编 李大勇 刘加良 倪洪涛

撰稿人 （以姓氏笔画为序）
王红建 毋爱斌 刘加良
刘 鹙 李大勇 张嘉军
周晓霞 赵 琼 倪洪涛

中国检察出版社

图书在版编目（CIP）数据

公益诉讼法 / 张嘉军主编 . -- 北京：中国检察出版社，2022.10

ISBN 978-7-5102-2782-0

Ⅰ.①公… Ⅱ.①张… Ⅲ.①诉讼法—研究—中国—教材 Ⅳ.① D925.04

中国版本图书馆 CIP 数据核字（2022）第 149268 号

公益诉讼法
张嘉军　主编

责任编辑：王伟雪
技术编辑：王英英
美术编辑：曹　晓

出版发行：	中国检察出版社
社　　址：	北京市石景山区香山南路 109 号（100144）
网　　址：	中国检察出版社（www.zgjccbs.com）
编辑电话：	（010）86423797
发行电话：	（010）86423726　86423727　86423728
	（010）86423730　86423732
经　　销：	新华书店
印　　刷：	望都天宇星书刊印刷有限公司
开　　本：	710 mm×960 mm　16 开
印　　张：	23
字　　数：	294 千字
版　　次：	2022 年 10 月第一版　2022 年 10 月第一次印刷
书　　号：	ISBN 978 - 7 - 5102 - 2782 - 0
定　　价：	68.00 元

检察版图书，版权所有，侵权必究
如遇图书印装质量问题本社负责调换

作者简介

（以姓氏笔画为序）

王红建 法学博士，郑州大学法学院教授、博士生导师，中国行政法学研究会理事，河南省行政法学研究会副会长兼秘书长。代表性著作有:《从典型案例看行政机关在行政诉讼中败诉风险的防范》《健全国家应急管理法律体系问题研究》；代表性论文有:《论集体土地协议征收的法律规制》。

毋爱斌 法学博士，西南政法大学教授、硕士生导师，中国法学会民事诉讼法学研究会理事，重庆市法学会民事诉讼法学研究会秘书长。代表作著作有:《民事执行拍卖制度研究》；代表性论文有:《变更判决之诉的立法论》《司法拍卖无效认定程序体系论》。

刘加良 法学博士，山东大学法学院教授、博士生导师，中国法学会民事诉讼法学研究会理事。代表作著作有:《司法确认程序的生成与运行》《啄木法树》；代表性论文有:《论委托调解的功能》《检察院提起民事公益诉讼诉前程序研究》。

刘 鋆 法学博士，郑州大学法学院讲师、硕士生导师，郑州大学检察公益诉讼研究院研究员，《中国检察官》兼职编辑。代表性论文有:《论论生态损害赔偿磋商协议的法律性质及其争议解决路径》。

李大勇 法学博士,西北政法大学教授、博士生导师、教务处处长,中国法学教育研究会常务理事、副秘书长。代表性著作有:《行政诉讼司法政策原理论》;代表性论文有:《谣言、言论自由与法律规制》《论司法政策的正当性》《司法政策论要——基于行政诉讼的考察》。

张嘉军 法学博士,郑州大学法学院副院长、教授、博士生导师,中国法学会民事诉讼法学研究会理事,河南省法学会民事诉讼法学会常务副会长。代表著作有:《民事诉讼契约研究》《政策抑或法律:民事诉讼政策研究》;代表性论文有:《民事诉讼调解结案率实证研究》《立案登记背景下立案庭的定位及其未来走向》。

周晓霞 法学博士,国家检察官学院副教授、科研与发展规划部主任。代表性著作有:《民事判决理由研究——以一审判决为中心》《公益诉讼检察实务培训讲义》(副主编);代表性论文有:《上下级检察院办案指导关系研究》《试论类型化网络著作权侵权证明责任分配》《重大疑难案件听取检察机关意见建议的完善路径》《厘清海洋环境民事公益诉讼主体定位与管辖归属》。

赵 琼 国家检察官学院河南分院教师,郑州大学法学院博士研究生,郑州大学检察公益诉讼研究院研究员,《中国检察官》兼职编辑。

倪洪涛 法学博士,湖南师范大学法学院教授、博士生导师,湖南省法学会行政法学研究会副会长,湖南省法学会诉讼法学研究会副会长。代表性著作有:《大学生学习权及其救济研究》;代表性论文有:《论法律保留对"校规"的适用边界》《依申请信息公开诉讼周年年度调查报告》《论行政特许延续的阻却》。

本书常用规范性文件简表

1.《民事诉讼法》——《中华人民共和国民事诉讼法》（1991年4月9日通过、公布并施行；2007年10月28日第一次修正；2012年8月31日第二次修正；2017年6月27日第三次修正；2021年12月24日第四次修正，自2022年1月1日起施行）

2.《行政诉讼法》——《中华人民共和国行政诉讼法》（1989年4月4日通过并公布，自1990年10月1日起施行；2014年11月1日第一次修正；2017年6月27日第二次修正，自2017年7月1日起施行）

3.《英雄烈士保护法》——《中华人民共和国英雄烈士保护法》（2018年4月27日通过并公布，自2018年5月1日起施行）

4.《未成年人保护法》——《中华人民共和国未成年人保护法》（1991年9月4日通过并公布，自1992年1月1日起施行；2006年12月29日第一次修订；2012年10月26日进行修正；2020年10月17日第二次修订，自2021年6月1日起施行）

5.《安全生产法》——《中华人民共和国安全生产法》（2002年6月29日通过并公布，自2002年11月1日起施行；2009年8月27日第一次修正；2014年8月31日第二次修正；2021年6月10日第三次修正，自2021年9月1日起施行）

6.《个人信息保护法》——《中华人民共和国个人信息保护法》（2021年8月20日通过并公布，自2021年11月1日起施行）

7.《军人地位和权益保障法》——《中华人民共和国军人地位和权益保障法》(2021年6月10日通过并公布,自2021年8月1日起施行)

8.《消费者权益保护法》——《中华人民共和国消费者权益保护法》(1993年10月31日通过并公布,自1994年1月1日起施行;2009年8月27日第一次修正;2013年10月25日第二次修正,自2014年3月15日起施行)

9.《环境保护法》——《中华人民共和国环境保护法》(1989年12月26日通过、公布并施行;2014年4月24日修订,自2015年1月1日起施行)

10.《海洋环境保护法》——《中华人民共和国海洋环境保护法》(1982年8月23日通过并公布,自1983年3月1日起施行;1999年12月25日修订;2013年12月28日第一次修正;2016年11月7日第二次修正;2017年11月4日第三次修正,自2017年11月5日起施行)

11.《民法典》——《中华人民共和国民法典》(2020年5月28日通过并公布,自2021年1月1日起施行)

12.《宪法》——《中华人民共和国宪法》(1982年12月4日通过、公布并施行;1988年4月12日第一次修正;1993年3月29日第二次修正;1999年3月15日第三次修正;2004年3月14日第四次修正;2018年3月11日第五次修正)

13.《国务院组织法》——《中华人民共和国国务院组织法》(1982年12月10日通过、公布并施行)

14.《人民法院组织法》——《中华人民共和国人民法院组织法》(1979年7月1日通过,1979年7月5日公布,自1980年1月1日起施行;1983年9月2日第一次修正;1986年12月2日第二次修正;2006年10月31日第三次修正;2018年10月26日修订,自2019年1月1日起施行)

15.《人民检察院组织法》——《中华人民共和国人民检察院组织法》（1979年7月1日通过，1979年7月5日公布，自1980年1月1日起施行；1983年9月2日第一次修正；1986年12月2日第二次修正；2006年10月31日第三次修正；2018年10月26日修订，自2019年1月1日起施行）

16.《刑事诉讼法》——《中华人民共和国刑事诉讼法》（1979年7月1日通过，1979年7月5日公布，自1980年1月1日起施行；1996年3月17日第一次修正；2012年3月14日第二次修正；2018年10月26日第三次修正）

17.《人民陪审员法》——《中华人民共和国人民陪审员法》（2018年4月27日通过、公布并施行）

18.《食品安全法》——《中华人民共和国食品安全法》（2009年2月28日通过并公布，自2009年6月1日起施行；2015年4月24日修订；2018年12月29日第一次修正；2021年4月29日第二次修正）

19.《土壤污染防治法》——《中华人民共和国土壤污染防治法》（2018年8月31日通过并公布，自2019年1月1日起施行）

20.《环境保护税法》——《中华人民共和国环境保护税法》（2016年12月25日通过并公布，自2018年1月1日起施行；2018年10月26日第一次修正）

21.《资源税法》——《中华人民共和国资源税法》（2019年8月26日通过并公布，自2020年9月1日起施行；2018年10月26日第一次修正）

22.《行政强制法》——《中华人民共和国行政强制法》（2011年6月30日通过并公布，自2012年1月1日起施行）

23.《药品管理法》——《中华人民共和国药品管理法》（1984年9月20日通过并公布，自1985年7月1日起施行；2001年2月28日第一次修订；2013年12月28日第一次修正；2015年4月24日第二

次修正;2019年8月26日第二次修订,自2019年12月1日起施行)

24.《土地管理法》——《中华人民共和国土地管理法》(1986年6月25日通过并公布,自1987年1月1日起施行;1988年12月29日第一次修正;2004年8月28日第二次修正;2019年8月26日第三次修正,自2020年1月1日起施行)

25.《城市房地产管理法》——《中华人民共和国城市房地产管理法》(1994年7月5日通过并公布,自1995年1月1日起施行;2007年8月30日第一次修正;2009年8月27日第二次修正;2019年8月26日第三次修正)

前　言

公益诉讼在我国的起步较晚，目前并没有一部面向法学本科生的权威性教材，且编写一部内容翔实、技术规范、简明实用、体系完备，全面吸收和展现新时代中国特色公益诉讼制度，适应培养新时代卓越法治人才需要的公益诉讼法学教材绝非易事。教材编写组历时两年多，经过多次组织讨论最后确定了教材编写大纲、写作原则、写作方法、写作内容等，编写了该部面向法学本科生的较为权威的公益诉讼法教材。

本书全面、系统、深入地阐释了公益诉讼法的基本理论和基本知识。主要包括：公益诉讼一般理论、公益诉讼制度的历史发展、公益诉讼的基本原则；行政公益诉讼的案件范围、行政公益诉讼的诉前程序、行政公益诉讼的管辖、行政公益诉讼当事人、行政公益诉讼证据、行政公益诉讼的审判程序；民事公益诉讼的案件范围、民事公益诉讼的诉前程序、民事公益诉讼的管辖、民事公益诉讼证据与证明、民事公益诉讼的审判程序、民事公益诉讼判决的执行、刑事附带民事公益诉讼的基本理论与知识。

本书以民事诉讼法、行政公益诉讼法等法律规定的公益诉讼制度为主线，以最高人民法院、最高人民检察院出台的司法解释为核心内容，以最新理论研究成果为导向，以我国公益诉讼司法实践为基本研究素材，初步建构了新时代具有中国特色的公益诉讼法学基本理论体系框架。

参与本教材编写的人员来自国家检察官学院、山东大学、西南政法大学、西北政法大学、湖南师范大学、郑州大学、国家检察官学院河南分院等高校学者，编写人员均对公益诉讼有长期的研究、深入的理解和认识。

本教材由张嘉军担任主编，李大勇、刘加良、倪洪涛担任副主编，具体撰写分工如下（以教材章节编写为序）：

张嘉军：绪论，第一编第二章、第三章，第三编第三章；

赵琼：第一编第一章；

王红建：第二编第一章、第六章；

倪洪涛：第二编第二章、第五章；

李大勇：第二编第三章、第四章；

周晓霞：第三编第一章；

刘加良：第三编第二章、第八章；

刘鋆：第三编第四章、第五章、第六章；

母爱斌：第三编、第七章。

在本教材编写过程中，东南大学法学院博士生陈振其参与了第三章的写作，郑州大学法学院博士生武文浩、赵琼做了大量的文字整理和校订工作。初稿完成后，主编张嘉军教授进行了统稿、定稿。

本教材虽然是面向法学专业本科生编写的，但由于内容具有体系性、完整性、前沿性和实践性，每一章都附有精心编写的真实案例和思考题，因而既可以作为法学专业本科生的教学用书，也可以作为法律（非法学）硕士研究生的教学参考用书。

本书编写组

2022 年 8 月

目　录

绪　论 …………………………………………………………… 001
　一、公益诉讼法学的研究对象 ………………………………… 001
　二、公益诉讼法学的发展概述 ………………………………… 002
　三、公益诉讼法学与其他相近学科的关系 …………………… 004
　四、研究公益诉讼法学的方法 ………………………………… 006
　五、学习公益诉讼法学的意义 ………………………………… 008
　六、本教材的体系和特色 ……………………………………… 009

第一编　公益诉讼的基本原理与原则

第一章　公益诉讼和公益诉讼法概述 ………………………… 013
　第一节　公共利益与公益诉讼 ………………………………… 013
　　一、公共利益 ………………………………………………… 013
　　二、公益诉讼 ………………………………………………… 016
　　三、公益诉讼的受案范围 …………………………………… 020
　第二节　公益诉讼的提起主体 ………………………………… 024
　　一、社会组织 ………………………………………………… 024
　　二、行政机关 ………………………………………………… 026
　　三、检察机关 ………………………………………………… 027
　第三节　公益诉讼的理论基础 ………………………………… 029

一、当事人适格理论的扩张 ·· 029
　　二、客观诉讼理论 ·· 030
　　三、公共利益代表理论 ·· 031
　　四、法律监督理论 ·· 032
第四节　公益诉讼法的法律渊源 ·· 033
　　一、宪法 ·· 033
　　二、国家机关组织法 ·· 033
　　三、其他实体法中有关公益诉讼的规定 ························ 034
　　四、民事诉讼法和行政诉讼法 ·· 035
　　五、司法解释及规范性司法文件 ···································· 035
　　六、地方人大常委会通过的立法性决定 ························ 036
　　七、其他规范性文件和指导性案例 ································ 037

第二章　公益诉讼制度的历史发展 ·· 039
第一节　英美法系国家公益诉讼制度的历史发展 ················ 039
　　一、美国 ·· 039
　　二、巴西 ·· 042
　　三、印度 ·· 044
第二节　大陆法系国家公益诉讼制度的历史发展 ················ 046
　　一、法国 ·· 046
　　二、德国 ·· 048
第三节　我国公益诉讼制度的历史发展 ································ 050
　　一、公益诉讼制度的萌芽（1949—2002年） ················ 051
　　二、公益诉讼制度的确立与探索（2012—2017年） ···· 053
　　三、公益诉讼制度的发展（2017年至今） ···················· 054

第三章 公益诉讼的基本原则……057
第一节 公益诉讼基本原则概述……057
一、公益诉讼基本原则的概念和特征……057
二、基本原则的功能……060

第二节 公益最大化保护原则……061

第三节 预防原则……062
一、预防原则概述……062
二、预防原则的具体体现……063

第四节 督促原则……065
一、督促原则概述……065
二、督促原则的具体内容……065

第五节 双赢多赢共赢原则……067
一、双赢多赢共赢原则概述……067
二、双赢多赢共赢原则的具体体现……068

第六节 有限处分原则……070
一、有限处分原则概述……070
二、有限处分原则的具体内容……070

第七节 职权主义原则……072
一、职权主义原则概述……072
二、职权主义原则的具体内容……073

第二编 行政公益诉讼

第一章 行政公益诉讼的案件范围……079
第一节 生态环境和资源保护类行政公益诉讼……079
一、违法发放许可证……079
二、怠于收取资源补偿费或资源税……081

三、对环境违法行为未及时查处……………………………… 082

　　四、未及时采取行政强制措施或未及时强制执行……………… 084

　　五、怠于履行后续监管职责…………………………………… 086

第二节　食品、药品安全类行政公益诉讼………………………… 087

　　一、违法许可食品、药品的生产和经营………………………… 087

　　二、对违法行为未及时处罚…………………………………… 089

　　三、未及时采取行政强制措施或未及时强制执行……………… 090

　　四、怠于履行后续监管职责…………………………………… 091

第三节　国有财产保护类行政公益诉讼…………………………… 093

　　一、怠于监管偷漏税的行为…………………………………… 093

　　二、怠于征收费款……………………………………………… 094

　　三、怠于收取国家资产收益…………………………………… 095

　　四、怠于监管骗取补贴的行为………………………………… 096

　　五、违法审批、发放社会保障金……………………………… 097

第四节　国有土地使用权出让类行政公益诉讼…………………… 098

　　一、违法履职或怠于履职致国有土地使用权出让收入流失…… 099

　　二、未及时处置闲置土地……………………………………… 101

　　三、违法审批土地许可………………………………………… 102

第五节　其他领域行政公益诉讼…………………………………… 103

　　一、未成年人保护类行政公益诉讼…………………………… 103

　　二、安全生产类行政公益诉讼………………………………… 104

　　三、个人信息保护类行政公益诉讼…………………………… 105

　　四、公共安全类行政公益诉讼………………………………… 106

　　五、文物保护类行政公益诉讼………………………………… 107

　　六、烈士纪念设施保护类行政公益诉讼……………………… 109

第二章 行政公益诉讼的诉前程序 …………………… 112
第一节 行政公益诉讼诉前程序概述 ……………………… 112
一、行政公益诉讼诉前程序的概念与特征 …………… 112
二、行政公益诉讼诉诉前程序的价值与意义 ………… 116
第二节 诉前程序中案件线索的发现与评估 ……………… 119
一、案件线索发现 …………………………………… 119
二、案件线索的登记备案 …………………………… 121
三、成立办案组织 …………………………………… 122
四、案件线索移送 …………………………………… 122
五、案件线索评估 …………………………………… 123
六、案件线索管理 …………………………………… 123
第三节 诉前程序中的检察立案与检察调查 ……………… 124
一、检察立案 ………………………………………… 124
二、检察调查 ………………………………………… 125
三、磋商与整改 ……………………………………… 129
第四节 诉前程序中的检察建议与行政回复 ……………… 131
一、检察建议 ………………………………………… 131
二、行政回复 ………………………………………… 136

第三章 行政公益诉讼的管辖 ………………………… 138
第一节 行政公益诉讼管辖概述 …………………………… 138
一、行政公益诉讼管辖的概念 ……………………… 138
二、确定行政公益诉讼管辖的原则 ………………… 139
第二节 行政公益诉讼的检察管辖 ………………………… 140
一、检察管辖的概念及其规则的确立 ……………… 140
二、行政公益诉讼检察管辖中的一般管辖 ………… 142
三、行政公益诉讼检察管辖中的特殊管辖 ………… 143

第三节 行政公益诉讼的审判管辖……………………… 151
　一、行政公益诉讼审判管辖中的级别管辖……………… 151
　二、行政公益诉讼审判管辖中的地域管辖……………… 152
　三、行政公益诉讼审判管辖中的裁定管辖……………… 158

第四章　行政公益诉讼当事人…………………………… 162
第一节　行政公益诉讼起诉人………………………………… 162
　一、行政公益诉讼起诉人的概念与特征………………… 162
　二、行政公益诉讼起诉人的诉讼权利和义务…………… 164
　三、检察机关作为行政公益诉讼起诉人………………… 166
第二节　行政公益诉讼被告…………………………………… 170
　一、行政公益诉讼被告的概念与特点…………………… 170
　二、行政公益诉讼被告的条件…………………………… 171
　三、行政公益诉讼被告的判定…………………………… 173
　四、行政公益诉讼被告的诉讼权利和义务……………… 182

第五章　行政公益诉讼证据与证明……………………… 185
第一节　行政公益诉讼证据概述……………………………… 185
　一、行政公益诉讼证据的概念与特点…………………… 185
　二、行政公益诉讼证据材料收集的途径………………… 187
　三、检察机关证据材料收集的方式……………………… 190
　四、检察调查应该注意的事项…………………………… 194
第二节　行政公益诉讼的证明标准…………………………… 195
　一、影响行政公益诉讼证明标准设定的因素…………… 195
　二、行政公益诉讼证明标准的设定……………………… 197
第三节　行政公益诉讼证明责任与举证责任………………… 199
　一、举证责任的概念……………………………………… 199

  二、行政公益诉讼诉前程序的证明责任 …………………… 199
  三、行政公益诉讼程序的举证责任 ……………………… 202

第六章　行政公益诉讼的审判程序 ……………………… 205
第一节　行政公益诉讼的起诉与受理 …………………… 205
  一、行政公益诉讼的起诉条件 …………………………… 205
  二、行政公益诉讼的起诉期限 …………………………… 206
  三、行政公益诉讼的诉讼请求 …………………………… 209
第二节　行政公益诉讼的审理与裁判 …………………… 216
  一、行政公益诉讼中的撤诉 ……………………………… 216
  二、行政公益诉讼的裁判形式 …………………………… 220

第三编　民事公益诉讼

第一章　民事公益诉讼的案件范围 ……………………… 229
第一节　生态环境保护民事公益诉讼 …………………… 229
  一、环境、资源和生态概念辨析 ………………………… 229
  二、环境类民事公益诉讼的案件范围 …………………… 231
  三、资源类民事公益诉讼的案件范围 …………………… 232
  四、生态类民事公益诉讼的案件范围 …………………… 233
第二节　消费者权益保护民事公益诉讼 ………………… 235
  一、有关组织提起消费民事公益诉讼的案件范围 ……… 235
  二、检察机关提起消费民事公益诉讼的案件范围 ……… 237
第三节　英雄烈士保护民事公益诉讼 …………………… 239
  一、英雄烈士的范围 ……………………………………… 239
  二、英烈保护社会公共利益的认定 ……………………… 241
第四节　未成年人保护民事公益诉讼 …………………… 242

一、未成年人权益的公益属性…………………………………… 243
　　二、未成年人保护民事公益诉讼的案件范围………………… 243
　第五节　其他单行法的有关规定………………………………… 245
　　一、《军人地位和权益保障法》中有关检察公益诉讼的规定…… 245
　　二、《安全生产法》中有关检察公益诉讼的规定 ……………… 246
　　三、《个人信息保护法》中有关公益诉讼案件范围的规定 …… 247

第二章　民事公益诉讼的诉前程序……………………………… 250
　第一节　民事公益诉讼诉前程序概述…………………………… 250
　　一、民事公益诉讼诉前程序的功能……………………………… 250
　　二、民事公益诉讼诉前程序的基本特征………………………… 252
　第二节　民事公益诉讼诉前程序的主要内容…………………… 255
　　一、民事公益诉讼诉前程序中的调查…………………………… 255
　　二、民事公益诉讼诉前程序中的审查…………………………… 258
　　三、民事公益诉讼诉前程序中的公告…………………………… 259
　　四、民事公益诉讼诉前程序的审批程序………………………… 264
　　五、民事公益诉讼诉前程序特殊情形：英烈保护民事公益
　　　　诉讼诉前程序………………………………………………… 264

第三章　民事公益诉讼的管辖…………………………………… 266
　第一节　民事公益诉讼管辖概述………………………………… 266
　第二节　民事公益诉讼的检察管辖……………………………… 267
　　一、民事公益诉讼检察级别管辖………………………………… 267
　　二、民事公益诉讼检察地域管辖………………………………… 268
　　三、民事公益诉讼检察管辖权转移……………………………… 269
　　四、民事公益诉讼检察管辖权协商……………………………… 271
　第三节　民事公益诉讼的审判管辖……………………………… 273

一、民事公益诉讼审判管辖中的级别管辖 ………………………… 273
　　二、民事公益诉讼审判管辖中的地域管辖 ………………………… 276
　　三、民事公益诉讼审判管辖中的裁定管辖 ………………………… 282

第四章　民事公益诉讼证据与证明 ………………………………… 286
第一节　民事公益诉讼证据概述 ……………………………………… 286
　　一、民事公益诉讼证据的概念 ………………………………………… 286
　　二、民事公益诉讼起诉条件中的"有初步证据" …………………… 286
　　三、民事公益诉讼特别证据规则适用问题 …………………………… 288
第二节　民事公益诉讼中的举证责任 ………………………………… 291
　　一、提起生态环境损害赔偿诉讼当事人的举证责任 ………………… 293
　　二、民事公益诉讼中公益诉讼起诉人的举证责任 …………………… 293
　　三、民事公益诉讼中社会组织为原告时的举证责任 ………………… 294

第五章　民事公益诉讼的审判程序 ………………………………… 297
第一节　民事公益诉讼的起诉 ………………………………………… 298
　　一、民事公益诉讼的起诉主体 ………………………………………… 298
　　二、民事公益诉讼的起诉条件 ………………………………………… 303
　　三、民事公益诉讼起诉条件与普通民事案件起诉条件的区分 …… 305
　　四、民事公益诉讼起诉状载明的事项 ………………………………… 307
第二节　民事公益诉讼案件的受理 …………………………………… 308
　　一、民事公益诉讼案件受理的概念 …………………………………… 308
　　二、民事公益诉讼案件的受理 ………………………………………… 308
第三节　民事公益诉讼案件的审理 …………………………………… 311
　　一、民事公益诉讼庭审人员的组成 …………………………………… 311
　　二、民事公益诉讼中诉讼请求的变更与增加 ………………………… 312
　　三、民事公益诉讼被告提起反诉与自认 ……………………………… 313

四、民事公益诉讼中的撤诉……………………………………314
　　五、民事公益诉讼调解与和解……………………………………315

第六章　民事公益诉讼判决的执行……………………………319
第一节　民事公益诉讼判决执行概述……………………………319
　　一、民事公益诉讼判决执行的界定………………………………319
　　二、民事公益诉讼判决执行的特征………………………………323
第二节　民事公益诉讼判决执行的类型…………………………326
　　一、根据民事公益诉讼的类型为标准的分类……………………326
　　二、根据责任承担方式为标准的分类……………………………327
第三节　民事公益诉讼判决执行的具体展开……………………328
　　一、预防性责任承担方式的执行…………………………………328
　　二、恢复性责任承担方式的执行…………………………………329
　　三、赔偿性责任承担方式的执行…………………………………331
　　四、人格恢复性责任承担方式的执行……………………………333
第四节　民事公益诉讼判决执行监督制度………………………334
　　一、执行回访制度…………………………………………………334
　　二、第三方监督执行制度…………………………………………335
　　三、完善公众参与的社会监督……………………………………336

第七章　刑事附带民事公益诉讼…………………………………337
第一节　刑事附带民事公益诉讼制度概述………………………337
第二节　刑事附带民事公益诉讼的具体程序……………………339
　　一、刑事附带民事公益诉讼的公告………………………………339
　　二、刑事附带民事公益诉讼的审理组织…………………………341
　　三、刑事附带民事公益诉讼的办案模式…………………………342

绪 论

公益诉讼法学是指以公益诉讼法律现象为研究对象的一门法学学科。作为一门社会科学，它以社会生活中与司法实践中出现的公益诉讼法律现象为出发点，研究公益诉讼法的概念、基本原理和原则、公益诉讼法律制度的内容与形式、公益诉讼法律关系的发生、变更和消灭、公益诉讼法学与其他部门法学之间关系的学科。

一、公益诉讼法学的研究对象

首先，公益诉讼法学以公益诉讼法律制度为核心，研究的是公益诉讼法律规范。虽然它也针对公益诉讼，但只涉及对公益诉讼本身的规范。公益诉讼法学落脚于公益诉讼，是一门研究如何更为有效地达到公益诉讼目标、如何实现公益诉讼最大效益的学科。

其次，公益诉讼法学研究各种"公益诉讼的法现象"，即基于公益诉讼法学产生的各种现象，如立法、执法、司法、守法、法律监督；公益诉讼法学的起源、发展；公益诉讼中的法律秩序、利益、正义；公益诉讼相关的法律观念、思想、制度、事实、规律等。

最后，公益诉讼法学研究与公益诉讼法相关的问题。法和法的现象不是孤立的，它的存在和发展同经济、政治、文化等社会现象有着内在的联系。公益诉讼法学学科分为3个研究方向，分别是公益诉讼基本理论、行政公益诉讼、民事公益诉讼。

二、公益诉讼法学的发展概述

公益诉讼法学是关于公益诉讼法律问题的知识与理论体系，是法学教育体系中新兴的、重要的学科，其创设与发展同公益诉讼的规范体系构建以及司法实践运行状况密切相关。

2005年《国务院关于落实科学发展观加强环境保护的决定》[①] 提出探索公益诉讼制度的初步构想。2012年《民事诉讼法》新增第55条，首次宣布确立公益诉讼条款，为公益诉讼打开了合法化的大门。2013年《消费者权益保护法》明确赋予了中国消费者协会和省级消协提起消费公益诉讼的权利。2014年《环境保护法》进一步细化了环境公益诉讼的内容。为了进一步解决日益增多的环境事件给司法审判带来的诸多挑战，2015年，最高人民法院发布《关于审理环境民事公益诉讼案件适用法律若干问题的解释》，设置了较为系统的环境民事公益诉讼司法审判规则。同年，最高人民法院颁布《关于适用〈中华人民共和国民事诉讼法〉的解释》，其中"公益诉讼"部分对《民事诉讼法》第55条规定进行了细化，明确了审理公益诉讼案件适用的一般规则。经由一系列的立法跟进和制度修补，公益诉讼终于得以真正落地。与此同时，检察公益诉讼作为一项富含社会主义公益特色的制度也得以创新确立，成为我国公益诉讼司法保护的一个历史坐标。2014年10月，党的十八届四中全会审议通过了《中共中央关于全面推进依法治国若干重大问题的决定》，明确提出"探索建立检察机关提起公益诉讼制度"。2015年5月，中央全面深化改革领导小组第十二次会议审议通过《检察机关提起公益诉讼改革试点方案》，顶层设计于此成型。同年7月，经全国人大常委会审议决定授权在13个省（自治区、直辖市）开展检察机关提起

[①] 参见《国务院关于落实科学发展观加强环境保护的决定》（国发〔2005〕39号）："（二十七）……发挥社会团体的作用，鼓励检举和揭发各种环境违法行为，推动环境公益诉讼。……"

公益诉讼试点工作。从检察机关提起公益诉讼试点工作开展之时，相关的司法体制和规范就处在调整和适应过程之中。最高人民检察院先后出台《人民检察院提起公益诉讼试点工作实施办法》《人民法院审理人民检察院提起公益诉讼案件试点工作实施办法》《关于深入开展公益诉讼试点工作有关问题的意见》，最高人民法院印发《关于进一步做好检察机关提起公益诉讼案件登记立案工作的通知》。2017年5月，中央全面深化改革领导小组第三十五次会议审议通过了《关于检察机关提起公益诉讼试点情况和下一步工作建议的报告》，指出正式建立检察机关提起公益诉讼制度的时机已经成熟，要在总结试点工作的基础上，为检察机关提起公益诉讼提供法律保障。随后，最高人民检察院向全国人大常委会提交《民事诉讼法》《行政诉讼法》修改的申请与草案。2017年6月27日，全国人大常委会通过了《关于修改〈中华人民共和国民事诉讼法〉和〈中华人民共和国行政诉讼法〉的决定》，检察机关提起公益诉讼制度被正式载入法律。2019年10月，党的十九届四中全会工作报告中又提出拓展公益诉讼案件的范围。此后，如《未成年人保护法》《安全生产法》《个人信息保护法》《军人地位和权益保障法》等实体法中都设立了检察公益诉讼条款。此间，最高人民法院和最高人民检察院联合发布《关于检察公益诉讼案件适用法律若干问题的解释》，最高人民检察院先后印发《检察机关民事公益诉讼案件办案指南（试行）》《检察机关行政公益诉讼案件办案指南（试行）》《人民检察院公益诉讼办案规则》等司法文件继续调整这项机制，不断推动公益诉讼法学规范体系的发展与完善。

公益诉讼制度从顶层设计到实践落地，从局部试点到全面推开、健康发展，形成了公益司法保护的"中国方案"，大量丰富的司法实践不仅聚焦生态环境和资源保护、食品药品安全等与人民群众切身利益密切相关领域的社会公共利益保护，还对人民群众反映强烈的安全生产、互联网、文物和文化遗产保护、妇女儿童权益保护、扶贫以及国防、军事等领域公益损害保护展开了有效探索和及时回应。尤其是在坚持和完善中国特色社会主义制度、推进国家治理体系和治理能力现代化的今天，公益诉讼被认为是"富有治理内涵的司法体制创新"，已经发展成为"具有国家治理功效的机制"，受到了广泛关注与大力认同。许多法学相关领域的学者以及司法工作者也都纷纷投入到该领域的研究当中，对此项法律制度的理论和实践产生了深远影响。公益诉讼制度的相对成熟和不断丰富也为公益诉讼法学学科成为独立的学科奠定了厚实的基础。①

三、公益诉讼法学与其他相近学科的关系

作为法学的分支学科，公益诉讼法学与其他部门法学属于平行关系，与其他学科存在差异。

（一）公益诉讼法学与民事诉讼法学的关系

民事诉讼法以维护私益权利及其保护为目的，而公益诉讼以维护公共利益及其保护为目的。公益诉讼提起主体与案件并无直接利害关系，仅是因为立法或司法解释的规定而成为适格起诉者，而普通民事公益诉讼原告需要与案件有直接利害关系。公益诉讼由于其所承载的独特诉讼目的和价值，在提起主体、诉前程序、管辖、起诉条件、审判庭组成人员、调解、自认、执行等方面已经形成了有别于普通民事诉讼的特殊性和专门性程序规定。当然，民事诉讼法中有些程序规定公益诉讼是可以适用的。从相关司法解释的规则内容及体系安排来看，公益诉讼已初步形成一套具有自身特殊性和专门性的相对独立的特别

---

① 在我国高校中，公益诉讼法学并没有被承认和接受是一门独立的法学二级学科。相应地，公益诉讼法学也只是作为辅助诉讼法学、司法制度等其他学科的开展而设。2019年，郑州大学在本科培养方案中将"公益诉讼法学"作为选修课，并正式给本科生授课。2021年9月，郑州大学公布了2022年度研究生招生计划，在全国高校中，率先将公益诉讼列为诉讼法学的一个研究生招生方向。

诉讼程序形态。

（二）公益诉讼法学与行政诉讼法学的关系

行政诉讼法学是分析研究行政诉讼法产生、发展及其实施规律的一门学科。行政诉讼是行政相对人（相关人）与行政主体在行政法律关系中发生争议后，依法向人民法院提起诉讼，人民法院依法定程序审查行政主体行政行为的合法性，并判断相对人（相关人）的主张是否有法律和事实依据，然后作出裁判的一种活动。因此，行政诉讼一般被称为主观诉讼。与此不同，行政公益诉讼提起者与案件并无直接利害关系，仅是为了维护国家或者社会公共利益而由检察机关提起公益诉讼，因此公益诉讼又被称为客观诉讼。为此，二者在提起主体、诉前程序、证据规则、举证责任、判决内容等方面存在明显差异，形成了具有自身个性与特征的特殊诉讼程序。将公益诉讼列入行政诉讼法学范畴，既无法统一解释公益诉讼法律规范学科属性，也不利于公益诉讼法律体系的整体构建。

（三）公益诉讼法学与民法学等实体法的关系

尽管公益诉讼法与民法都是调整社会经济关系的法律，但是，民事法律关系的主体包括自然人和法人；民事公益诉讼法律关系的主体则是由国家明确规定的，主要包括法律规定的机关、法律规定的有关组织、检察机关与生态环境损害赔偿诉讼中的赔偿权利人。

民法调整民事法律关系主体之间的人身关系及财产关系，就其调整的法律关系来说，主要是平等主体之间的横向协作关系；而公益诉讼法调整的是在维护国家与社会公共利益中产生的公益诉讼法律关系。

（四）公益诉讼法学和环境与资源保护法学的关系

环境与资源保护法学是研究环境与资源保护法律制度及其发展规律的一门学科。环境与资源保护法学的研究对象是因保护和改善生活环境和生态环境、保护资源、防治污染和其他公害而产生的各种社会关系的法律规范。环境公益诉讼是为了更好地维护环境公共利益与生态资源。

环境与资源保护法学中研究的环境公共利益与资源利益，正是环境公益诉讼中需要维护的法益。环境与资源保护法既保护私益主体的权益，也保护公益主体的权益，而环境公益诉讼更主要是维护环境共同利益。环境公益诉讼和环境与资源保护法学是相互依存的关系，如环境与资源保护法学研究环境与资源保护法律制度与发展规律，公益诉讼法学中的公益诉讼制度构建就要重点研究如何使生活环境与生态环境受到保护并得以实施。

（五）公益诉讼法学与经济法学的关系

经济法学是研究各种单行经济法规和政府对经济的管理，国家和企业之间以及企业内部等纵向经济关系或者行政管理关系的法律规范的一门学科，但是其主要是保护私益主体的权益。以经济法学中的《消费者权益保护法》为例，该法更多保护受到生产厂家、商家等侵害的消费者，更多是保护私益主体的权益。消费私益诉讼提起者主要是公民等消费者，其诉讼请求可以为损害赔偿。公益诉讼提起者则为省级以上消费者组织以及检察机关，且是为了维护广大不特定的消费者的利益，其诉讼请求一般为预防性的而非救济性的，为此其一般不提起损害赔偿。二者在立法目的以及保护内容等诸多方面明显不同。

四、研究公益诉讼法学的方法

在习近平新时代中国特色社会主义思想特别是习近平法治思想的指导下，公益诉讼法学应用到以下具体学习和研究方法：

（一）系统研究方法

公益诉讼法学既可以从狭义的层面理解，即用于研究调整公益诉讼之法律规范的法学学科；又可以从广义的角度理解，即包括公益诉讼基本理论、行政公益诉讼法学、民事公益诉讼法学三者结合的公益诉讼法学体系。同时，公益诉讼不是一项孤立的法律制度，与政治体制、行政管理、司法运行以及社会治理都有密切联系，因此，不能脱离政治、经济、文化、社会以及生态等系统单独研究。

(二)历史研究方法

公益诉讼是在一定历史条件下产生、发展的,其诉讼的出发点在于维护公共利益、法律尊严、公平正义。因此,公益诉讼被称为一项饱含道德情怀、寄寓高尚目标的司法制度创造。公益诉讼法学研究要立足于不同时期下的公益诉讼法律现象,从中提炼规律性的理论,以有效规范公益诉讼行为,保障各方法律权利,落实法律责任,进而推进我国公益诉讼法治化建设,为公益诉讼实践工作提供学理上的支撑。

(三)比较分析方法

作为一门独立的法学学科,公益诉讼法学必然遵循法学一般理论所规定的原则和规律;又因为公益诉讼法学学科的特殊性和复杂性,其又同其他部门法之间分享着某些理论基础。用比较分析的方法研究公益诉讼法学,才能发现该学科的不同特性,更为深刻地理解和掌握公益诉讼法学的理论知识。具体来说,通过比较我国与国外公益诉讼的异同,发现各国、各地区公益诉讼制度的差异;通过比较公益诉讼法律规范与民事诉讼、行政诉讼法律规范的区别,探讨公益诉讼理论和制度的独特发展趋势等。

(四)规范分析与实证研究相结合的方法

研究法律现象要置于法律制度体系之中,公益诉讼在我国已经进入常态化运行轨道,相应的规范建设也完成了基础架构,但仍有诸多规则供给不足。因此,研究公益诉讼法学必然涉及不同层级的公益诉讼法律规范制度。同时,公益诉讼法学是实践性很强的应用法学,正处在不断拓展的、开放的过程中,通过对公益诉讼司法实践进行实证分析,特别是重点领域的案例分析,不仅能对公益诉讼法学理论知识有更全面深刻的理解,还能在理论与实践结合的基础之上把握动态发展中的公益诉讼制度。

五、学习公益诉讼法学的意义

公益诉讼法学是一门兼具理论性与实践性的法学学科，是一门新兴的且颇有发展前途的法学学科。学习公益诉讼法学的意义主要体现在以下几个方面：

（一）有助于深刻理解全面依法治国重大战略

全面依法治国是解决党和国家事业发展面临的重大问题，促进社会公平正义，确保党和国家长治久安的根本要求。公益诉讼制度是全面依法治国的重大改革举措，建立健全公益诉讼制度是贯彻以人民为中心的发展思想、维护社会公平正义的重要制度设计。公共利益归根结底是人民利益，公益诉讼是一项着眼于维护公共利益的司法制度。当前，公益诉讼在生态环境和资源保护、食品药品安全、英烈权益保护、未成年人权益保护等多个重点领域有力推进、不断拓展，取得了积极法治效果和良好社会效果。随着实践发展，无论是民事公益诉讼还是行政公益诉讼都是具有国家治理功效的机制。通过公益诉讼法学的学习，我们更能深刻理解全面依法治国对于新时代坚持和发展中国特色社会主义制度、推进国家治理体系和治理能力现代化的重要意义。

（二）有助于提升法学知识应用能力和专业思维能力

从法学学科的属性方面来说，公益诉讼法学中的理论问题和实践问题之间的逻辑性、关联性、协同性都很突出。在法学学科体系中，与其他学科的互动性很强；在社会法律体系中，与其他法律的对应性关系也很密切。故而，公益诉讼制度的应用不仅需要系统掌握本学科的基础理论和实务前沿，还需要了解和运用其他相关学科，如宪法、民法、刑法、行政法、诉讼法等专业知识。通过公益诉讼法学的学习，不仅能够有效提高运用公益诉讼法学及其他学科相关理论和实践的法律知识应用能力，形成关于法律研究与实践能力的总体认识和客观评价；还能以本学科知识体系为背景，系统锻炼分析、梳理、解决具体法律问题的专业思维能力,为以后自主开展相关领域学术研究探索创造条件。

(三)有助于拓宽法律从业前景

公益诉讼制度作为一项年轻的制度,自20世纪90年代初"公益诉讼"概念进入我国法学界的研究视野,至今还处于司法保护公益道路的改革探索阶段。与新时代党中央对全面依法治国的要求,人民群众对民主、法治、公平、正义、安全、环境等方面的更高要求相比,还有较大差距,需要进一步发展完善。特别是亟须各界形成公共利益保护合力,共同推动公益诉讼制度健全完善和有效实施。当前,从事公益诉讼工作的法官、检察官、律师、行政管理以及相关社会组织等专业人才力量总体薄弱,公益诉讼专业化人才储备普遍不足,机构和人员与实际需求存在较大差距。通过公益诉讼法学的学习,可以全面了解公益诉讼法律职业岗位对专门人才的实际需求与现实要求,有针对性地迅速掌握公益诉讼相关职业领域专业技能,拓宽未来就业途径,绘就未来从业图景。

六、本教材的体系和特色

公益诉讼是近年来国内外社会各界都比较关注的问题。与侧重私益保护的传统诉讼相比,公益诉讼最鲜明的特征是提起公益诉讼的主体与违法侵权行为并无直接利害关系,其起诉出发点,在于维护公共利益、法律尊严、公平正义。公益诉讼在我国从无到有,从基层自发探索到顶层设计确立,已经进入常态化运行轨道,相应的规范建设也完成了基础架构,不断持续健康发展,取得了可喜的成就。因此,本教材在编写过程中,紧扣现有的公益诉讼法律体系构建情况与司法运行状况,紧跟我国现阶段对公益诉讼的制度指引,注意吸收公益诉讼理论的最新研究成果,在此基础上系统介绍公益诉讼法学知识,具有较强的前沿性和实践性。

本教材在体例上共分为三编十六章。第一编阐述公益诉讼的基本原理与原则,包括公益诉讼法学的基本概念与基础理论、公益诉讼法律制度的历史变迁与演变发展规律、在公益诉讼的整个过程中或者在重要的诉讼阶段起指导作用的基本原则。第二编行政公益诉讼，包括行政公益诉讼的受案范围、行政公益诉讼诉前程序、行政公益诉讼的管辖、行政公益诉讼当事人、行政公益诉讼证据以及行政公益诉讼的审判程序六章。第三编民事公益诉讼，依次论述民事公益诉讼的受案范围、民事公益诉讼诉前程序、民事公益诉讼的管辖、民事公益诉讼的证据、民事公益诉讼的审判程序、民事公益诉讼的执行以及刑事附带民事公益诉讼。通过这种体例安排构建了公益诉讼法学系统性和完整性的知识结构，因而具有体系性和科学性。

鉴于公益诉讼是新兴学科，大多数学生对本学科相关知识较为模糊，因此在编写过程中十分注重语言的完整与清晰表达。考虑到本学科的跨学科应用实际，本教材还将所涉及的其他相关法学学科知识在公益诉讼运行过程中进行梳理，便于学生学习、理解与掌握。

第一编
公益诉讼的基本原理与原则

第一章 公益诉讼和公益诉讼法概述

公益诉讼是维护公共利益而提起诉讼及诉讼运行的系列制度的总称，是以法治思维和法治方式推进国家治理体系和治理能力现代化的重要制度设计，是公益诉讼法学的主要研究对象。此外，学习、研究、制定和实施公益诉讼法，也必须从公益诉讼的基本概念、基本范畴入手。本章主要介绍公益诉讼的概念、特征、提起主体、受案范围以及公益诉讼法的法律渊源等公益诉讼法学的基本概念与基础理论。

第一节 公共利益与公益诉讼

本节讨论的问题是公益诉讼的本体论部分，主要回答"公共利益是什么"这一先决问题，"公益诉讼是什么"这一中心问题，以及"公益诉讼的案件范围有哪些"这一重要问题，这些是奠定公益诉讼理论架构的基本要素。

一、公共利益

（一）公共利益的内涵

"公共利益"是典型的不确定法律概念，主要表现为利益内容的不确定性以及受益对象的不确定性。明确公共利益的概念是公益诉讼制度存在的必要前提，没有公共利益的界定，公益诉讼制度很难建立。对公共利益的内涵进行明晰与阐释,是公益诉讼理论体系构建不可回避的先决问题。

关于"公共",根据《辞源》解释,公共,谓公众共同也。《现代汉语词典》对"公共"的解释是,"属于社会的;共有公共用的"。申言之,"公共"在范围和数量上难以具体化和精确化,在范围上只要是开放的,在数量上只要是不特定的,就符合"公共"的含义。

关于"利益","天下熙熙,皆为利来;天下攘攘,皆为利往"[1];"谦得益"。可见,在我国典籍中,"利"和"益"分别存在,多指好处,逐渐形成了"利益"一词。英文的利益"interest"一词源于拉丁文 interesse(有份),原意是"处于……之中",指主体从对客体的参与,意味着主体的关心,后逐渐演变为利害关系,即为"利益",是一个关系性概念。[2]

鉴于"公共"和"利益"概念的不确定性,加之利益内容的不确定性和受益对象的不确定性,且公共利益与国家利益、社会利益、集体利益等概念相似,对"公共利益"概念进行界定也极其不易。在西方法哲学论著中,主要存在三种主流观点:第一,个人利益总和说。亚当·斯密认为,个人在追求自身财富增加的过程中,客观上增加了社会财富,而增加的社会财富又客观上促进了社会福利和公共利益的产生。[3] 我国学者也有相似的观点,认为在私法上,市民利益最大化的最终表现就是社会公共利益。[4] 第二,公民全体利益说。该学说认为,公共利益具有整体性和普遍性,它是社会组成后体现全体公民利益的一种表现形式。[5] 第三,

---

[1] 司马迁:《史记》,中华书局1959年版,第3256页。

[2] 如德国学者 Walter Klein 所说,利益是一个主体对一个客体的享有,或是主体及客体之间的关系;或是在主体及客体关系中,存在价值判断或价值评判。故利益是被主体所获得或肯定的积极的价值,是主体与客体之间所存在的某种关系的一种价值形成。

[3] [英]亚当·斯密:《国民财富的性质与原理》(第六卷),赵旭东、丁毅译,中国社会科学出版社2007年版,第2018页。

[4] 张千帆:《"公共利益"是什么?——社会功利主义的定义及其宪法上的局限性》,载《法学论坛》2005年第1期。

[5] 孙笑侠:《法的现象与观念》,山东人民出版社2001年版,第68—69页。

大多数人利益说。该学说是相对于公民全体利益说而出现的,基于德国学者 C.E.Leuthold 提出的"地域基础理论"①,该理论认为,公共利益不一定是全体公民的利益,某一个区域大多数人的利益也应该是公共利益。

综上所述,公共利益可界定为不特定多数社会成员可享受的利益。此种意义上的公共利益,"作为一个整体,它不指向任何特定的具体目标,而仅仅是提供最佳渠道,无论哪个成员都可以将自己的知识用于自己的目的"。②

(二)公共利益的特征

尤尔根·哈贝马斯曾说,"要想提炼一个具有特殊历史意义的概念,就必须把它在一个十分复杂的社会现实中所具有的一系列典型特征描述清楚"。③ 所以,可以通过其特征来进一步理解公共利益的概念。公共利益具有如下特征:

1.公共利益的内容具有多样性。凡是与公民经济生活和社会生活相关的,能够为多数人共享的领域和范围,公共利益都存在。

2.公共利益所涵盖的范围具有广泛性。公共利益的地域范围非常广泛,主体范围也是不特定多数人。

3.公共利益的社会效果具有正向有益性。公共利益的存在是社会存在和发展的必要前提,是为了维护社会公序良俗,推动社会文明和进步。

4.公共利益具有层次性。公共利益是动态变化的,因价值标准的差

---

① 以地区为划分,且多以国家之(政治、行政)组织为单位,地区内的大多数人就足以形成公共,而少部分人则为个别。因此,只要居于某区域内的人民是居多数的,那么,他们即可形成公共的利益。C.E.Leuthold 的"地域基础理论"可见于其文章《公共利益与行政法的公共诉讼》,转引自陈新民:《德国公法学基础理论》,山东人民出版社 2001 年版,第 184 页。

② [英]弗里德里希·冯·哈耶克:《经济、科学与政治》,冯克利译,江苏人民出版社 2000 年版,第 393 页。

③ [德]尤尔根·哈贝马斯:《公共领域的结构转型》,曹卫东等译,学林出版社 1999 年版,第 2 页。

异会产生不同公共利益相互冲突的情况,如经济发展和生态环境保护。

5.公共利益具有相对稳定性。公共利益的事项在一定时间内可以多次使用,反复发挥作用。当然,公共利益还处于变化中,要根据客观情形的改变进行合理调整。

6.公共利益具有共享性。公共利益为不特定多数人共同共有,不特定多数人不受外界阻扰,在条件允许时,都能切实享受到公共利益所带来的实惠。

二、公益诉讼

(一)公益诉讼的概念

诉讼的产生,本质上是基于对合法权益予以保护的实际需要。基于此,公益诉讼的概念界定的出发点和落脚点都应是公共利益的保护。结合我国实际,公益诉讼是指特定主体对于侵害国家利益或者社会公共利益的行为,在法律授权的前提下依法向人民法院提起的诉讼。根据我国目前法律规定,特定主体包括法律规定的社会组织、行政机关和检察机关。公民个体尚不能作为公益诉讼的提起主体参与到公益诉讼中。

(二)公益诉讼的分类

1.根据诉讼类型的不同,可划分为民事公益诉讼和行政公益诉讼。民事公益诉讼是民事诉讼的一种特殊类型,本质上属于民事诉讼范畴,是指法律授权的社会组织、行政机关和检察机关对违反法律、侵害社会公共利益的行为,向人民法院提起诉讼,由法院按照民事诉讼程序依法审判并追究违法者法律责任的诉讼。其中,民事公益诉讼还包括刑事附带民事公益诉讼。刑事附带民事公益诉讼是指具有程序性诉讼实施权的检察院在针对特定领域损害公共利益的犯罪行为提起刑事公诉时,附带向审理刑事案件的法院提起,请求判令致使公共利益受到损害的有责主体承担民事责任的诉讼。行政公益诉讼是行政诉讼的一种特殊类型,本质上属于行政诉讼范畴,是指当行政主体的违法作为或不作为对公共利益造成侵害或侵害之虞时,检察机关为维护公共利益而向法院提起的诉讼。

2. 根据提起诉讼主体不同，可划分为社会组织提起的公益诉讼、行政机关提起的公益诉讼和检察机关提起的公益诉讼。社会组织提起的公益诉讼是指特定的社会组织在有法律授权的基础上，为维护社会公共利益，向法院提起诉讼，法院对被诉行为依法审查并作出相应裁判的诉讼活动。行政机关提起的公益诉讼是指根据法律授权，负有监督管理职责的行政机关对特定领域损害国家利益的行为向法院提起诉讼，请求法院依法作出判决的诉讼活动。检察机关提起的公益诉讼是指检察机关根据法律的授权，对侵犯国家利益、社会公共利益或不特定多数人利益的行为，向法院提起诉讼，由法院依法追究侵害公共利益的人、组织或行政机关法律责任的诉讼活动。① 从目前我国司法实践来看，检察机关提起的公益诉讼案件数量占绝对多数。②

3. 根据是否有损害结果，可划分为预防型公益诉讼和救济型公益诉讼。预防型公益诉讼是指公益诉讼提起主体在侵害行为尚未发生或即将发生或刚刚发生但尚未造成损害事实时，提起公益诉讼，以达到预防危

---

① 有学者曾对行政公诉制度加以界定，认为行政公诉制度是为了保障公共利益不受侵害，由代表公共利益的国家机关针对行政机关侵害公共利益的违法行为提起诉讼的制度。目前来看，检察公益诉讼的概念显然要比行政公诉更为宽泛一些。参见田凯：《行政公诉论》，中国检察出版社2010年版，第27页。

② 截至2021年9月，全国检察机关已累计办理53万余件（其中，两年试点期间共立案办理公益诉讼案件9053件；2017年7月至12月共立案办理公益诉讼案件10925件；2018年共立案办理民事公益诉讼4393件、行政公益诉讼108767件；2019年共立案办理民事公益诉讼7125件、行政公益诉讼119787件；2020年共立案办理民事公益诉讼1.4万件、行政公益诉讼13.7万件）。参见《最高人民检察院工作报告》，载新华网，http://www.xinhuanet.com/politics/2021lh/2021-03/15/c_1127212980.htm，2021年11月5日访问。
2021年1月至9月共立案办理民事公益诉讼13924件、行政公益诉讼110143件。参见《最高检发布1月至9月全国检察机关主要办案数据》，载中华人民共和国最高人民检察院门户网，https://www.spp.gov.cn/xwfbh/wsfbt/202110/t20211018_532387.shtml#1，2021年11月5日访问。在检察机关立案办理的535557件公益诉讼案件中，90%以上为行政公益诉讼案件。在全部行政公益诉讼案件中，有95%以上都通过诉前程序达到了维护公益的目的。此外，民事公益诉讼案件数量每年也以绝对增速上升并实现了公益的有效维护。

害发生的效果,最大限度地保护国家利益或者社会公共利益。救济型公益诉讼是指公益诉讼提起主体在侵害行为已经发生并且造成损害事实时,提起公益诉讼,以达到纠正违法行为、最大限度恢复公益原状的目的。两者最为突出的区别在于前者启动于损害尚未发生或损害结果出现之前,强调对公益侵害风险的防范;后者则是在损害结果出现之后对公益损害进行的弥补和救济,属于事后的权利保障。

4. 根据诉讼客体的不同,还可划分为生态环境公益诉讼、食品药品公益诉讼、消费者权益保护公益诉讼、国有资产保护公益诉讼、英雄烈士保护公益诉讼、个人信息保护公益诉讼以及互联网公益诉讼等。本类型划分具有开放性特征,可因各种法律规范和司法实践对公益诉讼受案范围的拓展而不断丰富。

(三)公益诉讼的特征

诉讼是国家、社会团体和个人等主体在其合法权益受到侵害或与他人利益发生冲突时,由司法机关通过行使司法权来保护其权益的方式。公益诉讼作为诉讼的一种,具有诉讼的国家公权性、程序性、强制性、终局性和权威性等一般特征。除此之外,公益诉讼摆脱了基于利害关系而形成的诉讼基本理论,保护国家利益和社会公共利益是整个公益诉讼的根本性目标,故还有其基于自身属性和目标形成的独有特征:

1. 以保护公共利益为诉讼目的。在公益诉讼中公共利益是全体社会成员共同享有的,公共利益遭到损害,很多情况下并无特定的法律上的直接利害关系人,由法律授权的特定主体为保护公共利益而提起诉讼,请求法院救济已遭损害的公共利益或者制止使公共利益处于危险状态的行为,进而实现维护公共利益的目的。

2. 提起主体与案件没有直接利害关系。在一般诉讼中,原告取得起诉资格的核心条件在于,其与侵权行为存在直接利害关系。在公益诉讼中,提起公益诉讼的主体无论是法律法规授权的社会组织、行政机关还是检察机关,均与违法侵权、损害公共利益的行为无直接利害关系，其提起公益诉讼的出发点和落脚点在于对国家利益和社会公共利益的维护。

3. 提起主体诉讼权利处分权的有限性。不同于其他诉讼中，利害关系人以原告身份依法向法院提起诉讼，其可以就诉讼的继续、诉讼的推进、诉讼的终结等进行处分。根据法律法规授权提起公益诉讼的特定主体，虽能启动公益诉讼，但其本身并非诉讼的直接利害关系人，而且诉讼处分对象涉及国家利益和社会公共利益，因而在诉讼权利的处分上要受到一些限制，比如对于撤诉、和解、调解以及自认等行为有严格限制。

4. 诉讼功能的预防性。不同于其他诉讼是对已经发生的私益损害进行的事后救济和事后补偿，预防性是公益诉讼的一个显著特征。在公益诉讼中，公益诉讼提起主体的诉讼请求不仅可以要求侵害人对已经发生的损害进行赔偿①和恢复，还可以要求对尚未发生的损害进行预防，如要求侵害人停止加害行为并要求其采取一定措施，防止侵害的发生甚或扩大。

5. 判决效力的单方扩张性。其他诉讼主要解决私人间的争议，法院判决的效力也局限于当事人之间。在公益诉讼中，法律授权的特定主体所代表的是不特定多数人的共同利益。因此，法院的裁判不局限于诉讼当事人之间，裁判的效力具有扩张性。这种扩张性是单方面的，已经提起的公益诉讼并不排除其他权益受直接影响的主体因同一侵权行为提起私益诉讼。此时裁判效力的辐射范围限于已被公益诉讼裁判文书认定的事实部分，在后提起的私益诉讼中，原告就该部分举证，可直接援引。判决的既判力限于对原告有利的事实，若是不利的事实，原告可以举证推翻该事实部分。

除上述特征外，公益诉讼在诉讼请求权、诉讼程序的设计以及举证责任的分配等一系列问题上也都和其他诉讼存在不同，本书其他章节将

---

① 公益诉讼中的赔偿与传统诉讼中的赔偿不同，这里更多是间接性赔偿。

予以探讨,此处不再赘述。

三、公益诉讼的受案范围

公益诉讼的受案范围,即人民法院受理公益诉讼案件的范围,决定着提起主体可以针对哪些类型的案件提起公益诉讼,是公益诉讼程序的首要问题和先决条件,具有重要的法律意义。

具体而言,公益诉讼又因其诉讼目的的特殊性、诉讼结果的扩张性、受益主体的不特定性和广泛性以及法律规定的提起主体须遵循必要性原则等决定了其案件范围需要特别的立法规制。

(一)公益诉讼受案范围的相关规定

1.针对公益诉讼受案范围,《民事诉讼法》和《行政诉讼法》采取列举的方式对公益诉讼的受案范围作出了一般性规定。

《民事诉讼法》第58条[①]规定:"对污染环境、侵害众多消费者合法权益等损害社会公共利益的行为,法律规定的机关和有关组织可以向人民法院提起诉讼。人民检察院在履行职责中发现破坏生态环境和资源保护、食品药品安全领域侵害众多消费者合法权益等损害社会公共利益的行为,在没有前款规定的机关和组织或者前款规定的机关和组织不提起诉讼的情况下,可以向人民法院提起诉讼。前款规定的机关或者组织提起诉讼的,人民检察院可以支持起诉。"

《行政诉讼法》第25条第4款规定:"人民检察院在履行职责中发现生态环境和资源保护、食品药品安全、国有财产保护、国有土地使用权出让等领域负有监督管理职责的行政机关违法行使职权或者不作为,致使国家利益或者社会公共利益受到侵害的,应当向行政机关提出检察建议,督促其依法履行职责。行政机关不依法履行职责的,人民检察院依法向人民法院提起诉讼。"

---

① 2021年12月24日《民事诉讼法》第四次修正之前为第55条。

2.《英雄烈士保护法》《未成年人保护法》《安全生产法》《个人信息保护法》《军人地位和权益保障法》对于公益诉讼案件范围的特别规定。

《英雄烈士保护法》第25条第2款规定:"英雄烈士没有近亲属或者近亲属不提起诉讼的,检察机关依法对侵害英雄烈士的姓名、肖像、名誉、荣誉,损害社会公共利益的行为向人民法院提起诉讼。"

《未成年人保护法》第106条规定:"未成年人合法权益受到侵犯,相关组织和个人未代为提起诉讼的,人民检察院可以督促、支持其提起诉讼;涉及公共利益的,人民检察院有权提起公益诉讼。"

《安全生产法》第74条第2款规定:"因安全生产违法行为造成重大事故隐患或者导致重大事故,致使国家利益或者社会公共利益受到侵害的,人民检察院可以根据民事诉讼法、行政诉讼法的相关规定提起公益诉讼。"

《个人信息保护法》第70条规定:"个人信息处理者违反本法规定处理个人信息,侵害众多个人的权益的,人民检察院、法律规定的消费者组织和由国家网信部门确定的组织可以依法向人民法院提起诉讼。"

《军人地位和权益保障法》第62条规定:"侵害军人荣誉、名誉和其他相关合法权益,严重影响军人有效履行职责使命,致使社会公共利益受到损害的,人民检察院可以根据民事诉讼法、行政诉讼法的相关规定提起公益诉讼。"

3.《最高人民法院、最高人民检察院关于检察公益诉讼案件适用法律若干问题的解释》[①]《人民检察院公益诉讼办案规则》[②] 以及《最高人

[①] 2018年2月23日最高人民法院审判委员会会议、2018年2月11日最高人民检察院检察委员会会议通过,2018年3月1日公布,自2018年3月2日起施行;2020年12月23日最高人民法院审判委员会会议、2020年12月28日最高人民检察院检察委员会会议修正。

[②] 2020年9月28日通过,2021年6月29日公布,自2021年7月1日起施行。

民法院关于互联网法院审理案件若干问题的规定》①中对于公益诉讼的受案范围都有列举式解释性规定。

《最高人民法院、最高人民检察院关于检察公益诉讼案件适用法律若干问题的解释》第13条第1款规定了民事公益诉讼的受案范围,即"人民检察院在履行职责中发现破坏生态环境和资源保护,食品药品安全领域侵害众多消费者合法权益,侵害英雄烈士等的姓名、肖像、名誉、荣誉等损害社会公共利益的行为,拟提起公益诉讼的,应当依法公告,公告期间为三十日"。第21条第1款规定了行政公益诉讼的受案范围,即"人民检察院在履行职责中发现生态环境和资源保护、食品药品安全、国有财产保护、国有土地使用权出让等领域负有监督管理职责的行政机关违法行使职权或者不作为,致使国家利益或者社会公共利益受到侵害的,应当向行政机关提出检察建议,督促其依法履行职责"。

《人民检察院公益诉讼办案规则》第67条规定:"人民检察院经过对行政公益诉讼案件线索进行评估,认为同时存在以下情形的,应当立案:(一)国家利益或者社会公共利益受到侵害;(二)生态环境和资源保护、食品药品安全、国有财产保护、国有土地使用权出让、未成年人保护等领域对保护国家利益或者社会公共利益负有监督管理职责的行政机关可能违法行使职权或者不作为。"第85条规定:"人民检察院经过对民事公益诉讼线索进行评估,认为同时存在以下情形的,应当立案:(一)社会公共利益受到损害;(二)可能存在破坏生态环境和资源保护,食品药品安全领域侵害众多消费者合法权益,侵犯未成年人合法权益,侵害英雄烈士等的姓名、肖像、名誉、荣誉等损害社会公共利益的违法行为。"

《最高人民法院关于互联网法院审理案件若干问题的规定》第2条规

---

① 2018年9月3日通过,2018年9月6日公布,自2018年9月7日起施行,法释〔2018〕16号。

定："北京、广州、杭州互联网法院集中管辖所在市的辖区内应当由基层人民法院受理的下列第一审案件：……（九）检察机关提起的互联网公益诉讼案件；……"

（二）关于公益诉讼受案范围的"等"外探索

在我国公益诉讼发展过程中，公益诉讼的受案范围是逐步扩张的。上述法条列举的案件范围是当下公益诉讼重点保护领域，而非仅限于这些领域，即上述规定并非公益诉讼受案范围的限制。在包罗万象的社会中，仅仅基于列举的方式是无法穷尽对公共利益损害的情形的。所以，无论是《民事诉讼法》《行政诉讼法》或者其他单行法，还是相关司法解释，在规定公益诉讼的案件范围时均用"等"字进行兜底表示，这无疑为积极探索并进一步拓展公益诉讼受案范围留下了广阔空间。

党的十九届四中全会强调"拓展公益诉讼案件范围"，从推进国家治理体系和治理能力现代化的战略高度对新时代公益诉讼的发展提出了更高要求。具体来说，一方面，应从国家治理现代化的高度理解拓展公益诉讼案件范围的重要意义。公益诉讼制度是在推进国家治理体系和治理能力现代化的探索中应运而生的，既是国家治理体系的重要组成部分，又是国家治理体系的重要保障。大量司法实践表明，公益诉讼是推进国家治理体系和治理能力现代化的生动体现，也是中国特色社会主义制度优势转化为治理效能的一个具体写照，体现了国家治理体系完善的中国智慧，又是助力提升国家治理能力的中国方案。从这个意义上讲，拓展公益诉讼案件范围势必能够更加充分地发挥公益诉讼制度效用，更好地维护公共利益，促进国家治理。另一方面，应从新时代人民群众对美好生活新需要的角度把握拓展公益诉讼案件范围的时代背景。从法律法规已经确定的案件范围来看，公益诉讼聚焦生态环境和资源保护、食品药品安全等与人民群众切身利益密切相关领域的社会公共利益保护，正契合了坚持以人民为中心，将人民群众对美好生活的期待和向往置于最高位置，将改进人民生活、增进人民福祉作为党和国家工作重心的新时代内涵。从更广泛的角度来看，新时代的重要内涵之一就体现为发展目标的全面性和多元化。人民群众对民主、法治、公平、正义、安全、环境方面有了更高水平要求。比如，进入大数据时代，公民个人信息安全日益受到挑战；在城市公共安全领域，高铁和轨道沿线隐患、危险品运输等问题，严重影响公众安全；在消费者保护领域，共享单车退押金难、保健品欺诈、电信骚扰等问题层出不穷。人民群众希望能够依法适当扩大公益诉讼的受案范围，以便更好发挥其保护国家利益和社会公共利益的效能，对社会公众关心关注的损害公益问题进行及时有效地保护。由此可见，拓展公益诉讼案件范围是完善国家和社会治理之需，更是"民有所呼，法有所应"的客观需要。

第二节　公益诉讼的提起主体

公益诉讼的提起主体是指根据法律法规授权，在国家利益或者社会公共利益受到侵害或有侵害之虞时，有权启动公益诉讼程序的主体。与设置公益诉讼之初相比[①]，公益诉讼的提起主体已经发生了相当大的变化。目前，按照相关法律的规定，公益诉讼的提起主体有社会组织、行政机关以及检察机关。在此，将根据公益诉讼提起主体的变迁顺序进行分别讨论。

一、社会组织

社会组织作为公益诉讼提起主体，仅存在于民事公益诉讼中。2012 年修

[①] 2012 年修订的《民事诉讼法》第 55 条第 1 款规定："对污染环境、侵害众多消费者合法权益等损害社会公共利益的行为，法律规定的机关和有关组织可以向人民法院提起诉讼。"该条文一方面界定了公益诉讼最初的范围，另一方面对有权提出公益诉讼的主体作出了最初的规定。

订的《民事诉讼法》原则性地确立了"有关组织"①提起民事公益诉讼的主体地位,但对于"具体哪些组织可以提起民事公益诉讼"并没有详细具体且具有可操作性的规定。一般认为判断标准为,"该社会团体是依法登记成立,有一定的组织机构和固定的住所,有独立承担民事责任的能力,有与其业务活动相适应的工作人员和经费来源,诉讼请求与该团体设立的宗旨一致"。② 目前,有关社会组织诉讼主体资格的规定也都是开放式的,如下:

《环境保护法》第58条第1款规定:"对污染环境、破坏生态,损害社会公共利益的行为,符合下列条件的社会组织可以向人民法院提起诉讼:(一)依法在设区的市级以上人民政府民政部门登记;(二)专门从事环境保护公益活动连续五年以上且无违法记录。"《最高人民法院关于审理环境民事公益诉讼案件适用法律若干问题的解释》第2条规定:"依照法律、法规的规定,在设区的市级以上人民政府民政部门登记的社会团体、基金会以及社会服务机构等,可以认定为环境保护法第五十八条规定的社会组织。"

《消费者权益保护法》第47条规定:"对侵害众多消费者合法权益的行为,中国消费者协会以及在省、自治区、直辖市设立的消费者协会,可以向人民法院提起诉讼。"《最高人民法院关于审理消费民事公益诉讼案件适用法律若干问题的解释》第1条第1款规定:"中国消费者协会以及在省、自治区、直辖市设立的消费者协会,对经营者侵害众多不特定消费者合法权益或者具有危及消费者人身、财产安全危险等损害社会公共利益的行为提起消费民事公益诉讼的,适用本解释。"

由目前法律规定来看,能够提起民事公益诉讼的社会组织仅限于环保组织和消费者协会。

---

① 此处的"有关组织"一般是指社会公益组织等非政府组织,这些组织的成立不是以营利为目标,而是以社会公共事业为其追求目标,旨在增加社会福祉或者维护社会公共利益。

② 颜运秋:《公益诉讼理念与实践研究》,法律出版社2019年版,第183页。

二、行政机关

行政机关作为公益诉讼的提起主体,也仅存在于民事公益诉讼中。同样,《民事诉讼法》原则性地确立了"法律规定的机关"可以提起民事公益诉讼,但"法律规定的机关"是不是指"行政机关"并没有在该法律条文中得以明确。按照全国人大常委会法制工作委员会民法室编著的《2012民事诉讼法修改决定条文释解》中表述,"行政主管部门等有关机关作为公共利益的主要维护者和公共事务的管理者,作为诉讼主体较为合适,既可以促使其依法积极行政,也可以利用诉讼救济的方式弥补其行政手段的不足"。由此可见,行政机关具有民事公益诉讼主体地位。① 随后,行政机关作为公益诉讼提起主体的诉讼主体地位在法律中得以规定:《海洋环境保护法》第89条第2款规定:"对破坏海洋生态、海洋水产资源、海洋保护区,给国家造成重大损失的,由依照本法规定行使海洋环境监督管理权的部门代表国家对责任者提出损害赔偿要求。"该条文不仅确立了海洋监督管理行政部门提起海洋环境公益诉讼的主体地位,而且确定了海洋监督管理行政部门为海洋环境公益诉讼的唯一适格主体。如此规定,主要是鉴于海洋问题的复杂性、专业性、跨区域性以及国际敏感性,由社会组织和检察机关提起海洋环境公益诉讼,会增加其负担和办案成本、降低司法效率。②

中共中央办公厅、国务院办公厅于2015年12月3日印发了《生态环境损害赔偿制度改革试点方案》,根据该《试点方案》,行政机关在污染责任人不愿意磋商或者磋商不成时,就所造成的生态环境损害赔偿

---

① 在2012年《民事诉讼法》实施后的一段时间看,行政机关其实并未真正成为民事公益诉讼的主体,或者说,由行政机关提起的民事公益诉讼寥寥无几。
② 杨华:《海洋环境公益诉讼原告主体论》,载《法商研究》2021年第3期。

问题应当向法院提起诉讼。① 在试点取得成功经验的基础上，中共中央办公厅、国务院办公厅于 2017 年发布了新的改革方案，一方面把改革试点的范围推向全国，另一方面把被授权主张生态损害赔偿的主体从省一级政府扩展到设区的市一级政府。②《最高人民法院关于审理生态环境损害赔偿案件的若干规定（试行）》也有此类规定。③

三、检察机关

检察机关提起公益诉讼既存在于民事公益诉讼，又存在于行政公益诉讼。2017 年 6 月 27 日，全国人大常委会对《民事诉讼法》和《行政诉讼法》进行了修改，通过《民事诉讼法》第 55 条第 2 款④ 和《行政诉讼法》第 25 条第 4 款，将检察机关作为民事公益诉讼和行政公益诉讼提起主体写入了法律，检察机关提起公益诉讼制度确立。⑤

---

① 《生态环境损害赔偿制度改革试点方案》（中办发〔2015〕57 号）已失效，《生态环境损害赔偿制度改革方案》在《试点方案》的基础上进行补充完善，于第 4 条第 4 款规定："经调查发现生态环境损害需要修复或赔偿的，赔偿权利人根据生态环境损害鉴定评估报告，就损害事实和程度、修复启动时间和期限、赔偿的责任承担方式和期限等具体问题与赔偿义务人进行磋商，统筹考虑修复方案技术可行性、成本效益最优化、赔偿义务人赔偿能力、第三方治理可行性等情况，达成赔偿协议。对经磋商达成的赔偿协议，可以依照民事诉讼法向人民法院申请司法确认。经司法确认的赔偿协议，赔偿义务人不履行或不完全履行的，赔偿权利人及其指定的部门或机构可向人民法院申请强制执行。磋商未达成一致的，赔偿权利人及其指定的部门或机构应当及时提起生态环境损害赔偿民事诉讼。"
② 《生态环境损害赔偿制度改革方案》第 4 条第 3 款第 1 项规定："国务院授权省级、市地级政府（包括直辖市所辖的区县级政府，下同）作为本行政区域内生态环境损害赔偿权利人。省域内跨市地的生态环境损害，由省级政府管辖；其他工作范围划分由省级政府根据本地区实际情况确定。省级、市地级政府可指定相关部门或机构负责生态环境损害赔偿具体工作。省级、市地级政府及其指定的部门或机构均有权提起诉讼。跨省域的生态环境损害，由生态环境损害地的相关省级政府协商开展生态环境损害赔偿工作。"
③ 《最高人民法院关于审理生态环境损害赔偿案件的若干规定（试行）》第 1 条规定："具有下列情形之一，省级、市地级人民政府及其指定的相关部门、机构，或者受国务院委托行使全民所有自然资源资产所有权的部门，因与造成生态环境损害的自然人、法人或者其他组织经磋商未达成一致或者无法进行磋商的，可以作为原告提起生态环境损害赔偿诉讼……"
④ 2021 年 12 月 24 日《民事诉讼法》第四次修正后为第 58 条第 2 款。
⑤ 详见本章第一节中"公益诉讼案件范围"相关条文列举。

首先,检察机关对于那些破坏生态环境和资源保护、食品药品安全领域侵害众多消费者合法权益、损害社会公共利益的行为,提起民事公益诉讼。这类案件的侵权主体通常是侵害消费者合法权益的个人或者企业单位,受害者则属于人数众多的不特定消费者。检察机关提起这类民事公益诉讼,维护的是社会公共利益。当然,检察机关亲自提起民事公益诉讼只是迫不得已的办法,假如有法律规定的机关或有关组织提起民事公益诉讼的,检察机关就不必亲自提起民事公益诉讼,而可以支持起诉。如果在某一领域中没有法定的机关和组织,或者有关机关或者组织没有提起民事诉讼的,检察机关才可以提起民事公益诉讼。可以说,检察机关提起民事公益诉讼实为最后的救济手段。

其次,检察机关在履行职责中发现生态环境和资源保护、食品药品安全、国家财产保护、国有土地使用权出让等领域负有监督管理职责的行政机关违法行使职权或者不作为,致使国家利益或者社会公共利益受到侵害的,应当向行政机关提出检察建议,督促其依法履行职责。行政机关不履行职责的,检察机关可依法向法院提起行政公益诉讼。可见,这类案件的侵权主体通常是依法负有监督管理职责的行政机关,如环境保护部门、国土资源管理部门、食品药品监督管理部门、国有资产管理部门等,它们或者存在违法行使职权行为,或者存在不履行职责的不作为现象。这种由特定行政机关违法行使职权或者不作为所造成的后果,既可能是国家利益受到侵害,也有可能是社会公共利益受到侵害。检察机关作为国家利益和社会公共利益的代表,通过两种方式来纠正有关行政机关的违法行为:一是发出检察建议,督促其依法履行职责;二是提起行政公益诉讼,前者属于检察机关优先选择的途径,后者则属于最后的救济手段。需要说明的是,在行政公益诉讼中,按照我国目前的法律规定,检察机关是唯一诉权主体。

第三节 公益诉讼的理论基础

制度的建设植于深厚的理论基础之上，不同的理论基础会建构不同的制度体系。同样，对于一个新制度体系的公益诉讼而言，其建构的理论基础不同会产生不同的制度运行模式，进而会产生不同的社会效益。建构公益诉讼的理论基础是公益诉讼制度运行和建设的起点，对这些理论基础进行深入探析，不仅可以明晰公益诉讼制度之所以建构的根源，还有助于进一步确定公益诉讼相关程序规则，检视公益诉讼司法实践的发展轨迹，适时矫正该制度的发展完善方向。

一、当事人适格理论的扩张

诉权的概念起源于罗马法中诉（Action）的制度，是指"可以进行诉讼的权利"，罗马法也因此被称为诉权法。不过，在罗马法时代，诉不过是类型化的诉讼形式，并不具有相当实体法上的权利的意义。[①] 随着后来诉权学说的发展和变迁，诉实际上包含着现代法理上的实体法上的请求权和诉讼上的诉权的双重性质。[②]

当事人适格是诉权的要件之一，是指对属于诉讼标的的特定权利或者法律关系，以自己名义成为特定诉讼当事人的资格，它所要解决的是谁可以作为正当的当事人参与诉讼并承受判决结果的问题。诉讼当事人分为实质当事人和形式当事人两类。

诉讼当事人是有争议的实体法律关系的主体的，为实质当事人；诉讼当事人不是有争议的实体法律关系的主体的，为形式当事人，形式当事人

[①] ［日］谷口安平：《程序的正义与诉讼》，王亚新、刘荣军译，中国政法大学出版社2002年版，第65页。

[②] ［日］中村宗雄：《从诉讼法学立场对实体法学的学术方法及其构造提出的质疑》，载《以自然科学追求规范型民事诉讼理论的再构成》，有斐阁1993年版，第81页。

存在于诉讼担当（或者称诉讼信托）情形中，其又可分为法定诉讼担当和任意诉讼担当两类。也就是说，诉权不再被有争议实体法律关系主体所独占，也可以由与有争议实体法律关系没有实体联系的主体行使。①

公益诉讼强调的是对公共利益的保护，公益诉讼中的原告不仅主张自己的利益，还试图排除对与原告处于同一立场的利益阶层的扩散性利益的侵害。这种诉讼模式不是以私人权益为中心，而是针对某种公共现象的存在方式。扩张当事人适格的范围，更多的人参与对社会某一普遍不正义的控诉中，将促进诉讼观念从私益向公益的改变。当事人适格理论的扩张说明了一个问题：公益诉讼的提起者可以不限于与被侵害公共利益有法律上利害关系的人，而社会组织、行政机关和检察机关能够提起公益诉讼正和这一理论相契合。

二、客观诉讼理论

该理论由法国学者莱昂·狄骥创立，在德国等大陆法系国家广为传播，成为大陆法系诉讼法学的重要理论。根据诉讼标的的性质不同，可以将诉讼分为主观诉讼和客观诉讼。②

主观诉讼以私益救济为目标，诉讼构造侧重于主观权利和损害争议的审查和裁判。与主观诉讼更侧重于对私益的保护不同，客观诉讼更倾向于对公益的保护，这符合公益诉讼的价值追求。与主观诉讼相比，客观诉讼的当事人不一定是权利受到侵害的直接关系人，与受侵害的权利有间接的、道德的关系，也可以提起客观诉讼，从这个意义上分析，法律规定的公益诉讼提起主体正是具备了这种性质从而使公益诉讼有了正当性。

客观诉讼中的当事人双方不是水火不容的关系，更多情况下需要双

---

① 王超：《论检察职能在民事、行政诉讼中的收缩与扩张》，载《南京师大学报（社会科学版）》2004年第2期。
② 有关主观诉讼与客观诉讼的详细内容及其区分标准等，参见薛刚凌、杨欣：《论我国行政诉讼构造："主观诉讼"抑或"客观诉讼"？》，载《行政法学研究》2013年第4期。

方的协商，共同研究出现的问题，一起努力解决纠纷，最终达到保护公共利益的目的，这是公益诉讼诉前程序设计的理论基础。客观诉讼主要针对行为所侵害的公共利益而展开，对公共利益的损害主体、损害范围、损害程度、后期修复关注得更多，为公益诉讼审查内容的确定提供了方向。与主观诉讼的判决仅在当事人之间产生效力的判决相对性不同，客观诉讼的判决针对的是一切对公共利益已经或者可能造成损害的不特定人，具有绝对效力，这与公益诉讼判决效力的扩张性相符合。

三、公共利益代表理论

建立公益诉讼制度，首先要解决的问题就是公共利益代表权，即谁能够代表公共利益向法院提起诉讼的问题。

在检察公益诉讼中，检察机关从起初的"国王代理人"身份，维护王权利益到代表国家行使追诉权，维护社会公益，不少国家将检察官定义为"公益代表人"。对于检察机关而言，在履行传统职责的基础上，必然要担负一定的社会管理责任。由检察机关提起公益诉讼案件过程中，除了解决案件本身涉及的公共利益损害之外，往往同时还会发现社会管理上存在的漏洞，推进整个地区的社会管理工作更加完善。

公共行政具有持续性和主动性的特点，政府是公共利益的最直接参与者和最佳保护者。行政机关对公共利益的保护应该是全过程性的、全方位性的，在国家利益和社会公共利益受到损害或者有被损害之虞时，行政机关应当作为公共利益的代表有效保护公共利益。

若仅规定公共利益的代表权由检察机关、行政机关享有，仅仅依靠国家机关和公职人员的力量来维护公共利益[1]，是远远不能适应现代社会

---

[1] 从现实的角度看，政府通常代表的是较为短期、局部的国家利益，而经常与国家的长期性利益、全局性利益发生冲突。近年来，在地方发展与环境和资源保护、追求地方税收提高与食品药品安全、追求"短平快"的地方政绩与国有资产流失和国有土地使用权转让等一系列领域，就存在地方政府利益与国家利益的突出矛盾。

发展需要的。现代社会法治更为关注社会终极价值的实现，社会组织作为社会整体的一分子，维护社会公共利益应是其义务和责任，在公共利益遭受损害之时理应挺身而出，作为公共利益代表来维护社会公共利益。

因此，按照目前我国法律法规以及司法解释的规定，检察机关、行政机关以及社会组织都可以作为公共利益的代表提起公益诉讼，从而力求全面、有效保护国家利益和社会公共利益。

四、法律监督理论

法律监督理论是检察机关提起公益诉讼的重要理论基础。检察制度是一项具有中国特色的政治和司法制度，检察机关是国家的法律监督机关，主要通过公权力对公权力的监督来实现对公共利益的保护。它渊源于人民代表大会的监督权，是由国家权力机关的监督职能派生的专门监督职能。

就行政公益诉讼实施的可行性上而言，行政权作为国家权力中对国家政治事务、经济事务和社会事务影响最直接、最深刻的一种权力，最容易对国家和社会公共利益造成损害，时常会出现越权和滥权的情况，滥权背后消减的是国家公权力的权威性，必然损害公民对国家权力的信任度。虽然行政机关内部已经建立了较为完备的自我监督体系，但现实执法过程中仍然存在行政机关工作人员有法不依、选择性执法等情况。因此，检察机关借助行政公益诉讼的方式对行政权力进行监督，可以实现司法权对行政权的有效监督和制约。

就民事公益诉讼实施的可行性上而言，当社会公共利益遭到损害，国家作为负有维护责任的抽象主体，是不能作为诉讼原告出现的，因而通常要求具体的国家机关作为代表，为维护国家和社会的公共利益担当原告，提起诉讼。而在我国所有的国家机关中，检察机关是最适合的代表国家利益和社会公共利益的诉讼主体。作为法律监督机关，维护国家利益和社会公共利益、消除违法状态是检察机关本来的职责。因此，检察机关有效地运用法律手段维护国家利益和社会公共利益，提起民事公益诉讼，也是其法律监督权实施的方式之一。

第四节　公益诉讼法的法律渊源

当前，我国还没有一部单独的《公益诉讼法》，有关公益诉讼的法律条文散见于《民事诉讼法》《行政诉讼法》《环境保护法》等。此外，还有最高人民法院、最高人民检察院制定的有关公益诉讼案件适用的司法解释以及地方人大常委会通过的立法性决定等。因此，我国公益诉讼法的法律渊源包括：

一、宪法

宪法中关于公民权利属性、国家基本政治、司法制度，国家司法机关组织和活动原则以及检察机关的性质与定位，是公益诉讼制度存在的基础。如《宪法》第2条规定："中华人民共和国的一切权力属于人民。人民行使国家权力的机关是全国人民代表大会和地方各级人民代表大会。人民依照法律规定，通过各种途径和形式，管理国家事务，管理经济和文化事业，管理社会事务。"社会组织提起公益诉讼，也是人民广泛参与国家各项事务管理的一种重要方式。《宪法》第134条规定："中华人民共和国人民检察院是国家的法律监督机关。"由检察机关提起公益诉讼以维护国家利益和社会公共利益，符合宪法将检察机关定位为国家法律监督机关的立法意旨。

二、国家机关组织法

除宪法外，《国务院组织法》《人民法院组织法》《人民检察院组织法》等国家机关组织法规定的有关国家组织的组织、职权、相互制约和监督关系等方面的法律规范，也是公益诉讼法的法律渊源。如《人民法院组织法》规定了我国审判权行使的基本规则以及法院的组织和职权、审判人员和其他人员的资格及其产生程序等内容。《人民检察院组织法》明确了人民检察院对国家的和社会的利益的维护职责，其第2条第2款规定："人民检察院通过行使检察权，追诉犯罪，维护国家安全和社会秩序，维护个人和组织的合法权益，维护国家利益和社会公共利益，保障法律正确实施，维护社会公平正义，维护国家法制统一、尊严和权威，保障中国特色社会主义建设的顺利进行。"

三、其他实体法中有关公益诉讼的规定

现行有关民事、行政等实体法中对公益诉讼进行规定的法律规范也是公益诉讼的重要法律渊源。例如，在司法实务中，民事公益诉讼以往多参照适用侵权责任法中的责任规范。进入《民法典》时代后，民法典编纂实现了重要民商事法律的法典化和体系化，总则编中规定了"民事责任"，侵权责任编置于法典最后一编，其第七章专门规定了"环境污染和生态破坏责任"，并吸收了司法解释中公益性诉讼请求和责任承担方式的内容，如第1234条[①]、第1235条[②]，为推动公益诉讼制度发展提供了规范保障。又如，《环境保护法》进一步明确规定社会组织具有提起公益诉讼的主体资格。《海洋环境保护法》明确规定了"拥有海洋环境监督管理权的部门有权代表国家对责任者提出损害赔偿要求，请求

[①] 《民法典》第1234条规定："违反国家规定造成生态环境损害，生态环境能够修复的，国家规定的机关或者法律规定的组织有权请求侵权人在合理期限内承担修复责任。侵权人在期限内未修复的，国家规定的机关或者法律规定的组织可以自行或者委托他人进行修复，所需费用由侵权人负担。"

[②] 《民法典》第1235条规定："违反国家规定造成生态环境损害的，国家规定的机关或者法律规定的组织有权请求侵权人赔偿下列损失和费用：（一）生态环境受到损害至修复完成期间服务功能丧失导致的损失；（二）生态环境功能永久性损害造成的损失；（三）生态环境损害调查、鉴定评估等费用；（四）清除污染、修复生态环境费用；（五）防止损害的发生和扩大所支出的合理费用。"

造成海洋环境污染损害的责任者承担排除危害并赔偿损失的责任"。《英雄烈士保护法》《未成年人保护法》《安全生产法》《个人信息保护法》等从单行法律的层面规定了特定领域的公益诉讼制度。

四、民事诉讼法和行政诉讼法

《民事诉讼法》和《行政诉讼法》是分别专门调整民事诉讼法律关系和行政诉讼法律关系的法律，且《民事诉讼法》和《行政诉讼法》都从基本法律的层面创立了公益诉讼制度。作为两大诉讼法确立的一种新的诉讼类型，公益诉讼程序上依托的是民事诉讼程序制度和行政诉讼程序制度，应当遵循诉讼制度的基本原则和基本制度，主要是《民事诉讼法》和《行政诉讼法》中一些适用于公益诉讼的基本原则、审判制度以及程序规定等。但值得注意的是，在公益诉讼中，还应当遵循公益诉讼的特殊规定，才能更好发挥特殊制度设计的作用。近年来，越来越多的人大代表和政协委员就完善公益诉讼相关立法提出意见和建议，认为不宜将公益诉讼规定于一般的民事诉讼和行政诉讼法律中，建议制定专门的"公益诉讼法"，就公益诉讼所涉及的核心问题进行系统性规定。

五、司法解释及规范性司法文件

公益诉讼有别于普通诉讼，在区域管辖、诉前程序、调查取证、证据规则、结案方式等方面均有特殊之处，但目前还没有专门的"公益诉讼法"对以上方面作出特别规定。为了弥补公益诉讼实践中面临的程序法律困境，解决司法实践中制约公益诉讼发展的突出问题，相关司法解释陆续出台，一定程度上确保了公益诉讼制度的有序开展与进行。故而，最高人民法院、最高人民检察院针对公益诉讼实践中出现的问题所作出的有关司法解释是公益诉讼的重要法律渊源。如最高人民法院发布《关于审理环境民事公益诉讼案件适用法律若干问题的解释》，设置了较为系统的环境民事公益诉讼司法审判规则。最高人民法院颁布《关于适用〈中华人民共和国民事诉讼法〉的解释》,其中"公益诉讼"部分对《民事诉讼法》第 58 条规定进行了细化,明确了审理公益诉讼案件适用的一般规则。最高人民法院和最高人民检察院联合发布的《关于检察公益诉讼案件适用法律若干问题的解释》统一了公益诉讼称谓,确定了公益诉讼的起诉条件、审理规则等内容,对公益诉讼司法实践具有重要指引和规范作用。

此外,最高人民法院和最高人民检察院发布的规范性司法文件等,存在影响公益诉讼司法实践的规范效果,也可视为公益诉讼法律渊源。如最高人民检察院发布的《人民检察院公益诉讼办案规则》,明确了检察机关办理公益诉讼案件的基本原则,细化了公益诉讼案件调查方式和保障措施,规范了检察机关提起公益诉讼案件的程序。①

六、地方人大常委会通过的立法性决定

在国家层面统一完善公益诉讼立法规范之前,各地方立法机关积极探索,纷纷制定了调整和强化公益诉讼的地方立法性决定。截至 2021 年 8 月,全国已有 25 个省级人大常委会② 出台了关于加强公益诉讼工作的相关决定,发布时间集中在 2019 年至 2021 年,所涉及内容包括公益诉讼的立法指导理念、公益诉讼的范围、公益诉讼的运行机制以及公益诉讼的保障体系等,形成了具有高度共识的制度规范体系。由于各地

---

① 为了更好地规范、保障公益诉讼检察权的正确行使,及时回应实践需求,提高办案质效,最高人民检察院在征求各方面意见的基础上,研究制定《人民检察院公益诉讼办案规则》,经最高人民检察院第十三届检察委员会第五十二次会议审议通过,于 2021 年 7 月 1 日起正式施行。《人民检察院公益诉讼办案规则》分为总则、一般规定、行政公益诉讼、民事公益诉讼、其他规定、附则等六章,共 112 条。

② 河北省、山西省、内蒙古自治区、辽宁省、吉林省、黑龙江省、上海市、江苏省、浙江省、安徽省、福建省、山东省、河南省、湖北省、湖南省、广东省、广西壮族自治区、海南省、重庆市、云南省、陕西省、甘肃省、青海省、宁夏回族自治区、新疆维吾尔自治区共 25 个省级人大常委会出台了关于加强检察公益诉讼的决定(决议)。

的地域特点，公益诉讼发展水平不完全一致，所作出的公益诉讼立法性决定也不尽相同。但总体上看，公益诉讼的地方立法性决定对公益诉讼机制的完善进行了有益探索，体现了问题意识、前瞻意识、创新意识、协同意识、系统意识和法治意识。这不仅为地方公益诉讼的有效开展提供了切实有力的制度保障，也在相当大的程度上克服了我国公益诉讼立法供给不足所带来的现实困境。尤其是，这种既具有地方特色又具有共性因素的制度创建探索性努力，也为我国公益诉讼的统一立法模式提供了经验性佐证和规律性启迪，对将来公益诉讼的全国统一性立法具有重要的参考价值。

七、其他规范性文件和指导性案例

除上述法律渊源之外，内容涵盖规范公益诉讼制度的一些中央文件[①]，也对公益诉讼司法实践具有事实上的规范拘束力，可视为公益诉讼的法律渊源。

最高人民法院和最高人民检察院发布的指导性案例，是法院和检察院借鉴、参照和办理公益诉讼的重要依据，也可视为公益诉讼的法律渊源。

[①] 如《国务院关于完善进出口商品质量安全风险预警和快速反应监管体系切实保护消费者权益的意见》提出的"加强重点领域质量安全公益诉讼工作"；最高人民检察院、中华全国妇女联合会《关于建立共同推动保护妇女儿童权益工作合作机制的通知》提出的"针对国家机关、事业单位招聘工作中涉嫌就业性别歧视，相关组织、个人通过大众传播媒介或者其他方式贬低损害妇女人格等问题，检察机关可以发出检察建议，或者提起公益诉讼"；最高人民检察院、中央军委政法委员会《关于加强军地检察机关公益诉讼协作工作的意见》提出的"积极稳妥探索办理在国防动员、国防教育、国防资产、军事行动、军队形象声誉、军人地位和权益保护等方面的公益诉讼案件"；《2020年推动长江经济带发展工作要点》提出的"探索开展危化、尾矿、交通等安全生产领域公益诉讼检察工作"。

【思考题】

1. 如何理解公益诉讼的概念及其特征？
2. 公益诉讼的分类有哪些？
3. 公益诉讼的基本理论有哪些？
4. 目前我国公益诉讼法的法律渊源有哪些？

第二章 公益诉讼制度的历史发展

公益诉讼历史悠久,一般认为是奠基于罗马法,成熟于美国。古罗马帝国时期,就有"为保护社会公共利益的诉讼",公益诉讼是为了保护社会公共利益的诉讼,除法律有特别规定者外,凡市民均可提起。① 进入现代以来,不论是具有大陆法系传统还是具有英美法系传统,众多国家纷纷建立了公益诉讼制度,如美国、巴西、印度、法国、德国等。

第一节 英美法系国家公益诉讼制度的历史发展

一、美国

(一)美国公益诉讼制度概述

一般认为,美国是现代公益诉讼制度的创始国。美国的公益诉讼制度主要包括"纳税人诉讼"和"公民诉讼",由于司法制度体系特点,在美国并不对行政和民事做明显的区分。"纳税人诉讼"是指对特定公权机关或公共团体的违法用款行为及违法财产管理行为,公民可以纳税人的身份向法院提起诉讼要求撤销违法行政行为。"公民诉讼"制度则主要存在于环境公益保护领域,公民可以依法就企业违反法定环境保护义务、污染环境的行为或者主管机关没有履行法定职责的行为提起诉讼。

---

① 周枏:《罗马法原论》,商务印书馆1996年版,第886页。

在美国，检察官是政府的代表，代表政府行使诉讼权利，大量参与涉及公共利益的民事诉讼。总检察长是美国政府、各州政府的首席法律官员，是联邦政府和州政府机构及立法机关的法律顾问和公共利益的代表。检察官是在联邦（州）法院的民事和刑事诉讼中代表美国（州）政府的律师；而政府基于国民的授权，行使管理社会的职责，政府本身就应当是社会公共利益的维护者，因此，对于一切侵害公共利益的行为，无论是刑事的还是民事的，政府都有职责表明自己的立场，使法律得以推行。检察机关提起的民事公益诉讼涉及面较广，涵盖反垄断案、欺骗政府案、环境污染案、侵害消费者权益案等领域。公民得以提起公益诉讼的依据，则源自"私人检察总长"理论，对于行政机关的违法行为而言，国会有权制定法律授权除检察机关以外的当事人（无论他是不是政府官员）以私人检察总长的身份提起诉讼，主张公共利益。这一观点最早见于1905年，当时的表述是"反对违法的行政行为的私人，拥有作为公共利益之代表的诉之利益"。该理论最大的价值在于赋予私人基于维护公共利益的需要而提起诉讼的权利。

（二）美国公益诉讼制度的发展概况

1. 纳税人诉讼

纳税人诉讼简单地说就是一种为监督和纠正政府违法的财政行为，而允许纳税人向法院起诉的公益诉讼制度。

特别是在美国内战之后，地方政府在经济管理中扮演了越来越重要的角色，此类案件也随之多起来，主要集中在公共债务、公共合同和许可等领域。1872年，Tweed官员贪腐丑闻曝光后，各州陆续通过立法的形式授权地方一级的纳税人诉讼资格。当今美国所有的州都允许市一级的纳税人诉讼资格。一些州也开始在没有先例的指导下，承认市纳税人的诉讼资格。这些审理案件的法官开始积极类推适用股东派生诉讼（stockholder derivative suits）来论证纳税人的诉讼资格，即政府好比是公司，纳税人好比是公司的股东，纳税人可以和股东一样为了全体纳税人的利益起诉政府。

到19世纪末，纳税人可以像起诉市政府一样起诉州政府了。尽管州法院赋予州纳税人诉讼资格的进展较为缓慢，因为一方面州法院认为纳税人缴纳给州的税款要比市的少，所以相应的利益也要小些；另一方面考虑到州政府行为审查的急迫性也没有市政府那么强烈。不过发展至今，除了新墨西哥州和纽约州外，美国州法院都已经通过立法或者判例确立了州纳税人诉讼制度。①

2. 公民诉讼

早在1863年，美国就制定了《反欺骗政府法》，规定"任何个人或公司在发现有人欺骗美国政府索取钱财后，有权以美国联邦政府的名义控告违法的一方，并在胜诉后分得一部分罚金"。该法的颁布意味着个人开始有权代表国家利益启动诉讼，而且在胜诉之后，可以分得一部分罚金。这一规定突破了为个人私益诉讼的传统，可谓现代公益诉讼制度的肇端。

1890年，美国国会通过的主要为了禁止企业间横向联合进行限制竞争行为和垄断行为、企业兼并行为的《谢尔曼法》中，规定了对于违反托拉斯法案的公司、团体以及个人都可以提出诉讼。随后1914年，美国制定《克莱顿法》以补充《谢尔曼法》，进一步赋予了检察官提起诉讼的权力。

在20世纪60年代以前，美国法律规定只有在法律上与案件有利害关系的人，才能成为案件的原告。但是到20世纪中叶，世界各地公害事件接连发生，公害事件所导致的痛苦和不安，让公众产生了一种生存危机感。公众为了安全和健康的生活，掀起了反污染环境运动，在法律上就表现为民众要求扩大起诉资格。美国"参议院因应此一趋势乃于1970年《清洁空气法》中特别加入公民诉讼条款，赋予民众借助联

---

① 章海珠：《美国纳税人诉讼制度及其启示》，载《人民论坛》2014年第5期。

邦法院督促执法的权利"。自从《清洁空气法》第304条规定"任何人都可以以自己的名义对任何人（包括美国政府、政府机关、公司及个人等）就该法规定的事项提起诉讼"这一公民诉讼条款后，1972年的《海洋倾废法》和《噪声控制法》、1973年的《濒危物种法》、1976的《安全饮用水法》和《资源保护与恢复法》、1977年的《有毒物质控制法》等环境保护法律，均对公民诉讼作了规定。据此，公众可以通过公民诉讼促进、监督法令的执行。

二、巴西

（一）巴西公益诉讼制度概述

我国学者所讨论的公益诉讼制度，在巴西被称为"集合诉讼制度"，是指由具有集合性之诉讼主体资格的人作为原告，为保护属于某个群体的整体性权利，或者说为保护超个人的集合性权益而提起的，其判决对该群体均具有约束力的诉讼。①这一制度是借鉴美国的集团诉讼所创立，最终形成独具特色的制度创新，直接或间接地影响着其他拉美国家群体性诉讼制度的创建。其诉讼形式主要有公共民事诉讼、民众诉讼两类，这两类诉讼都离不开检察机关的参与。

根据巴西法律的规定，公共民事诉讼是指检察院以及有关政府机构或者民间社会团体对于损害社会公共利益的人，可以依法提起民事诉讼以追究其民事责任的诉讼制度。民众诉讼则是一种可由任何巴西公民提起的旨在诉前法院宣告损害公共财产、公共行政准则、环境、历史与文化遗产的行政管理行为无效的诉讼。其适用案件范围仅限于请求宣告上述损害公共利益的行政管理行为无效的情形。在这一诉讼形式下，原告仅限于公民个人，且其诉讼请求应是为整个民众利益。即便是在此类案

---

① 刘学在：《民事公益诉讼制度研究——以团体诉讼制度的构建为中心》，中国政法大学出版社2015年版，第243页。

件中，法律也强制规定了检察官的参与，以减少败诉可能或者不适当诉讼的风险。①

（二）巴西公益诉讼制度的发展概况

20世纪80年代，巴西在借鉴美国集团诉讼的基础上，设计出具有本国特色的检察公益诉讼制度。随着制度的逐步完善和司法实践深入，巴西检察机关在涉及公共利益的诉讼中发挥了极其重要的作用，充分体现"公共利益代表"的角色定位。

1985年巴西颁布的《公共民事诉讼法》授权检察机关、其他政府机构和社会组织在公共利益遭受损失时，可以提起公益诉讼。公益诉讼保护的权益范围涵盖环境利益、消费者权益以及艺术、美学、历史、旅游和风景价值等财产和权利。1988年通过的《巴西联邦宪法》明确检察机关作为永久性机构，在维护法律秩序、民主体制以及社会和个人不可或缺利益的国家司法功能中起核心作用，具体职能包括刑事起诉、反贪腐调查、监督政府履职和民事起诉等方式保护公共利益等；同时赋予检察机关保护公共和社会遗产、环境和其他分散性和集体性权益，展开民事调查和提起公共民事诉讼等职责。② 之后，1989年出台的关于证券市场上对投资者损害赔偿责任的法律、1990年出台的《消费者保护法典》以及《保护青少年儿童法》、2000年出台的《反垄断法》、2003年出台的《老年人法》等法律，都规定了如何通过公共民事诉讼保护这些领域内的社会利益，而检察机关均有资格以当事人地位提起上述公益诉讼。

目前，这一制度广泛适用于除"涉及税收、社会保障捐款、政府强制性解聘基金或者其他具有公共机构性质的且其受益人可以个别地

---

① 刘学在：《民事公益诉讼制度研究——以团体诉讼制度的构建为中心》，中国政法大学出版社2015年版，第250页。
② 易小斌：《独具特色的巴西检察公益诉讼》，载《检察日报》2020年11月5日，第7版。

予以确定的基金方面的请求"之外的任何类型的扩散性权益、集合性权益以及同类的个人权益保护领域。① 具有起诉资格的原告则包括检察院、联邦政府、州政府、市政府、联邦特区政府、行政管理机构、私人团体（非政府组织）等。

三、印度

（一）印度公益诉讼制度概述

学界一般认为，美国是现代公益诉讼的创始国。20世纪60年代在美国发展起来的这一制度很快传到其他国家。印度是第一个引入公益诉讼制度的国家，并在印度特定的社会和经济背景下，融入了自身的特点。②

印度的公益诉讼概念具有其特定的含义。1981年，最高法院法官P.N.Bhagwati在S.P.Gupta诉印度政府一案③中阐述了公益诉讼的概念，"如果侵犯了某一个人或某一阶层人的法律权利而对其造成了法律上的错误或损害，但该人或这一阶层的人由于社会经济地位造成的无力状态不能向法院提出法律救济时，任何公民或社会团体都可以向高等法院或最高法院提出申请，寻求对这一阶层的人遭受的法律错误或损害给予司法救济"。从这一概念的界定中，我们看到印度的最高法院通过激进的变革的方式，放松了对诉讼主体资格的限制，任何个人和民间团体都有权提起公益诉讼，而不必证明其与案件有直接的利害关系，这是印度公益诉讼制度的最典型的特征。

---

① 扩散性权益是指由实现没有任何的关系而只是基于特定的事实原因才产生联系的、成员具有不确定性的群体所共同拥有的超个人的、不可分割的权益；集合性权益指的是由基于某种法律上的关系而相互产生联系或对方当事人产生联系的一群、一类或一个集团的人所拥有的超个人的、不可分割的权益；同类的个人权益是指因共同的事由而产生的具有相同性质的个人权益。

② 蒋小红：《通过公益诉讼推动社会变革——印度公益诉讼制度考察》，载《环球法律评论》2006年第3期。

③ S.P. Gupta v. Union of India, 1981（Supp）SCC 87.

印度的公益诉讼产生之初是为了保护公民的宪法权利，因此主要以宪法为依据，确立了其毋庸置疑的合法地位。这也使大多数公益诉讼案件的被告是政府或者行政机关，而在诉讼过程中，公益诉讼也常被看作促进政府、法院等国家权力部门履行和实施宪法义务一种合作方式，而非申诉人与被告人之间的对抗，法院则更多的是发挥调解各方关系的作用。其社会价值已经远远超过了司法价值，不仅使印度普通民众、弱势群体能够运用法律武器保卫自己的权利，也实现了能动司法对社会的管理。

（二）印度公益诉讼制度的发展概况

1975年6月开始，印度进入了为期两年的紧急状态，国家实行新闻审查。在紧急状态结束后，新闻自由开始恢复，新闻媒体开始揭露社会中出现的镇压、暴力等侵犯人权的现实，这些问题引起了律师、法官和社会工作者的关注。在此背景下，印度最高法院的两名大法官 P.N.Bhagwati 和 Krishna Iyer 于1977年提供了一份报告，建议有必要设立一种特别的诉讼形式，这种诉讼形式应该是为印度人民量身定制的。这就是印度公益诉讼制度的开始。

随后20世纪70年代末至80年代初，最高法院通过审理一系列涉及囚犯人权、环境问题和劳动者权利案件，对公益诉讼概念、原告资格和涉及问题等作了进一步阐述，逐步建立了印度的公益诉讼制度。

在制度建立初期，印度的公益诉讼案件主要是为了保护社会弱势群体的基本国民权利，随后逐步扩展到生态环境保护领域，到1990年后开始监督政府行为，贪污腐败问题也被纳入公益诉讼的监督范畴。

发展至今，印度公益诉讼所涉及的案件范围主要包括：[①]

公共利益事项。如涉及契约劳工；被遗弃儿童；剥削、无偿压榨劳

---

① 胡云红：《比较法视野下的域外公益诉讼制度研究》，载《中国政法大学学报》2017年第4期。

动者；有计划地虐待或骚扰某类人群；环境污染、破坏生态平衡、药品、食品卫生、文化遗产、文物、森林和野生生物的保护与维护；暴乱牺牲者的请求以及其他重要公共事项。

个体性质事项。如个人对请愿者的威胁或骚扰；寻求排除地方警察的调查；土地纠纷；服务事项；医学或工程学院的录取；高级法院或其下属法院不认为是公共利益事项而被搁置的要求听证事项。

信函请求事项。某些以邮寄方式送达的请求即使不涉及公共利益方面，经最高法院首席法官认可，也有可能以申请令状对待。如个人关于在狱中或被警察骚扰、虐待或致死的诉求；对妇女的暴力行为（包括强奸、谋杀、拐卖等）；请求家庭补助金；警察拒绝登记申请令状等事项一旦经首席法官认可，并须采取紧急措施的情况下，首席法官可要求相关权力机关提交报告。该信函也被按照令状申请登记入册。

第二节　大陆法系国家公益诉讼制度的历史发展

一、法国

（一）法国公益诉讼制度概述

作为近代检察制度的起源之地，法国的公益诉讼主要由检察官提起。在法国，检察官是公共利益的代表者与维护者，凡涉及公共利益的民事活动，检察官均有权作为主要当事人提起诉讼或作为联合当事人参与其中，并通过诉讼活动的方式实现维护公共利益的目的。

法国检察机关开展公益诉讼的范围主要包括三个方面：一是涉及特定人身关系的案件，检察机关有责任向妇孺老残等行为能力上可能存在欠缺的特殊公民提供特别保护；二是涉及法人、公司破产等产生广泛影响的案件；三是检察机关或法院认为检察机关有必要参加的案件。法国检察机关担任的是维护国家利益与社会公共利益的角色，较多地参与到私权领域，强调对特定公民利益的特殊保护，对人事纠纷的涉足比较广泛，某种程度上体现出"家庭事务官"的性质。

行政公益诉讼在法国则具体表现为"越权之诉"，这是法国最具特色和影响的诉讼制度，在保护公共利益方面发挥了积极作用。"越权之诉"的原告不仅包括公民，也包括社会团体以及负有维护公益职责的行政机关。其中就公民个人而言，不仅行政决定的直接相对人可提起越权之诉，因违法行政决定而受到直接利益侵害的第三人也可以提起。越权之诉保护的公共利益不仅包括物质性利益，也包括诸如宗教尊严、集体荣誉在内的精神性的利益。同时，越权之诉保护的公共利益不仅包括现实利益，也包括将来的利益。

（二）法国公益诉讼制度的发展概况

16世纪，法国以成文法形式把以往仅仅代表国王私人处理与诸侯发生的涉及财产、税务和领土方面纠纷的国王代理人更名为国王检察官，初创了检察制度。17世纪，路易十四正式定名为总检察长、检察官，标志着近代检察制度在法国正式诞生。检察制度诞生之初，其仅代表王权利益，少有关注公民诉求以及公共利益。

1789年法国资产阶级革命胜利后，随着近代检察制度的进一步发展，检察官逐渐开始演变为公共秩序的维护者。现代法国的诉讼理论认为，检察官是国家利益的代表，也是公共利益的代表。正是在这一诉讼理论的指引下，法国检察官垄断了维护公共利益的权利，从此他们不再代表国王利益，而成为公共利益的维护者。

1804年，法国公布了世界上第一部资产阶级民法典——《拿破仑法典》，在该法典的"在人"卷中规定，检察官可以为了社会公益而就人的身份证明、结婚、离婚、收养、禁止产等民事活动进行干预，以制止不法行为。并且就以上案件，检察官可以提起或参与诉讼，法院的裁判，非经听取检察官的意见，不得为之。

1806年法国又制定了《民事诉讼法典》，该法典亦规定了检察机关对民事活动干预的职权，明确了在关系到国家安全或与政府有关，与国家公用土地和房地产有关的案件，检察官均有权参与。新的《法国新民事诉讼法典》第421条规定："检察院作为主当事人进行诉讼，或者作为从当事人参加诉讼。于法律规定的情形，检察院代表社会。"第422条规定："在法律有特别规定之情形，检察院依职权进行诉讼。"第423条规定："除法律有特别规定情形外，在存在妨害公共秩序的事实时，检察院得为维护公共秩序进行诉讼。"

1913年，法国通过判例的方式确定了团体诉讼，认为"当某一行为直接或间接地侵害该团体的利益时，该团体可以作原告"，即不仅在涉及团体的利益时可以行使诉权，而且如果损害行为间接侵害了团体成员的利益时，该团体也可行使诉权。[①] 同时，为了防止各类团体滥用诉权，法律一般对其团体宗旨和目的、运作时间、具体活动及其代表性等条件也作出了严格的限制，只有符合法定条件或是经过政府机关承认的团体或者集团才享有起诉资格。因此，真正能够提起公益诉讼的社会团体其实并不多。

二、德国

（一）德国公益诉讼制度概述

德国的公益诉讼制度又被称为团体诉讼，是处理多数人利益受侵犯时一种特别的救济方式。它指的是为保护不特定多数人的权益，在多数人同时受害，且损害额相当微薄，以致无能力或无兴趣起诉以获取赔偿或防止违法行为的继续，而由某一有权利能力的法人团体或经认可的机构为维护公共利益，依法律规定就特定事件以自己名义对他

---

① 肖建华：《群体诉讼与我国代表人诉讼的比较研究》，载《比较法研究》1999年第2期。

人违反特定禁止性规定的行为,向法院请求命令他人终止或撤回其行为的民事诉讼。

德国团体诉讼的实质是将具有共同利益的众多法律主体提起诉讼的权利"信托"给具有公益性质的社会团体,由该社会团体提起符合其章程、设立目的的诉讼。判决是针对该团体及其被告作出的,有利判决的效力间接地惠及于团体的成员,产生"事实上的既判力"。德国的团体诉讼并不是群体性诉讼,但它是解决群体性纠纷的一种方式,它不像美国的集团诉讼那样利用现行的程序逐渐扩大展开,而是通过采取立法措施,规定一定领域内具有法人资格的某些团体享有当事人资格,可以作为原告提起诉讼。这一制度的特点在于形式上是由单一的法人,而不是多数当事者来充当原告。虽然作为原告的团体多数是由自然人或法人组成的,但是因团体被法律特别赋予诉讼实施权,而组成团体的成员一般不能同时享有诉讼实施权。虽然团体诉讼不是多数人诉讼,不是群体诉讼,但它可以起到群体诉讼所发挥的某些作用。团体诉讼的目的仍然是维护社会公共利益,解决群体性纠纷,它显然是典型的公益诉讼形式。①

(二)德国团体诉讼制度的发展概况②

第二次世界大战结束后,德国迅速发展了工业经济特别是化学工业,在带来社会经济繁荣同时也造成了严重的环境污染及国民身体健康的损害。20世纪60年代末,在自然环境为共有财产之理念下,德国开始制定和完善保护自然环境的法律。

随着环境立法的展开以及环境团体的作用日受关注,有关赋予环境团体公益诉权之研究不断加强。1979年,不来梅州率先在修改《自然保护

---

① 颜运秋、周晓明:《公益诉讼制度比较研究——兼论我国公益诉讼制度的建立》,载《法治研究》2011年第11期。
② 陶建国:《德国环境行政公益诉讼制度及其对我国的启示》,载《德国研究》2013年第2期。

法》时赋予了环境团体公益诉权，开启了德国环境公益诉讼之先河，随后其他各州亦先后建立了这一制度。但直到2002年之前，德国一直未在联邦法上设置环境团体诉讼条款，而仅仅体现于各州立法之中。这是由于法学界普遍认为，对环境问题的规制应主要借助行政机关来完成，若引入环境团体诉讼恐难与德国传统法律制度和立法模式相协调。出于这一现实情况，德国在20世纪70年代制定《联邦污染防治法》《联邦自然保护法》时尽管导入了环境团体参与机制，但明确表明不采用团体诉讼制度。

直到1998年，联合国欧洲经济委员会通过了《在环境问题上获得信息、公众参与决策和诉诸法律的公约》（以下简称《奥胡斯公约》），其中要求"当环境遭到破坏或公众权利受到侵害时，应确保公众可使用诉讼等司法手段"。德国作为欧盟成员国，遂于2002年修改《联邦自然保护法》时，在该法中赋予了环境团体行政公益诉权，联邦层面的环境公益诉讼制度由此诞生。其中第64条为环境团体诉权制度，主要规定了环境团体行政公益诉讼针对的违法行为和起诉条件。

随后，2006年又制定了《环境法律救济法》，主要规定了环境团体行使诉权的资格、起诉条件、诉讼对象、申请诉讼资格的程序和批准机关等。为了将欧盟2004年的《环境责任指令》国内法化，德国于2007年又制定了《环境损害法》，主要规定了经营者防止损害自然环境的义务、承担损害赔偿责任的条件和方式，证明规则、环境团体诉权等。

第三节 我国公益诉讼制度的历史发展

中国的公益诉讼工作开端可追溯到清末时期。清末修律引入西方制度，其中就涉及了公益诉讼，起初即赋予了检察官之公益诉讼职权，1908年的《高等以下各级审判庭试办章程》规定检察官的职权包括"民事保护公益陈诉权"。其后，北洋政府1914年的《平政院编制令》和《行政诉讼法》规定,对行政官署侵犯人民权利的行政处分,人民没有在法定时间内提起行政诉讼的,肃政史可以原告身份提起行政诉讼。① 在新民主主义革命时期,检察机关提起公益诉讼制度得到了较大的发展。1939年陕甘宁边区政府发布的《陕甘宁边区高等法院组织条例》,规定了检察处检察员有"为诉讼当事人或公益当事人"的职权。1941年《晋冀鲁边区高等法院组织条例》也确定了检察员作为诉讼当事人或公益代表人参与诉讼。

可见,在新中国成立以前,公益诉讼的身影就在中国国土上有迹可循。新中国成立后,关于公益诉讼制度,同样有明确的建设轨迹可循。

一、公益诉讼制度的萌芽(1949—2002年)

1949年的《中央人民政府最高人民检察署试行组织条例》第3条第5项明文规定:"对于全国社会与劳动人民利益有关之民事案件及一切行政诉讼,(检察机关)均得代表国家公益参与之。"1951年的《中央人民政府最高人民检察署暂行组织条例》第3条第6项承继了该项规定,指出:"(检察机关)代表国家参与有关全国社会和劳动人民利益之重要民事案件及行政诉讼。"1954年的《人民检察院组织法》第4条第6项规定:"对于有关国家和人民利益的重要民事案件有权提起诉讼或者参加诉讼。"但是,这一时期中国的法律体系尚不完备,也没有完整的诉讼法。因此,即使检察机关具有强大的职权,但是在公益诉讼领域并无具体详细的操作途径。

20世纪50年代末以后,检察公益诉讼的发展陷入了停滞,我国公益诉讼制度的发展亦停止。直到1979年通过的《刑事诉讼法》第53条规定:"被害人由于被告人的犯罪行为而遭受物质损失的,在刑事诉

---

① 最高人民检察院民事行政检察厅编:《检察机关提起公益诉讼实践与探索》,中国检察出版社2017年版,第31页。

过程中，有权提起附带民事诉讼。如果是国家财产、集体财产遭受损失的，人民检察院在提起公诉的时候，可以提起附带民事诉讼。"这是改革开放以后我国第一部规定有公益诉讼条款的法律。

1997年5月，河南省南阳市方城县人民检察院接到群众举报后，经调查确认，方城县工商局独树镇工商所将价值6万余元的门面房以2万元的价格出卖造成国有资产流失。方城县人民检察院以原告身份向人民法院提起诉讼。1997年12月3日，该案件获得了胜诉判决。这一案件可誉为检察公益诉讼案件的破冰之举，中国检察公益诉讼制度再次得到了公众和法律界的广泛关注，此后全国各地开始了检察公益诉讼制度的探索。这一时期，国家利益在公共利益保护中占据着主导地位，检察机关提起公益诉讼制度的发展也主要侧重于国有资产保护领域。但随着最高人民检察院于2000年发布《关于强化检察职能，保护国有资产的通知（讨论件）》，其中明确提出检察机关要依法支持起诉，特别是对侵犯国有资产的违法行为，应当按照支持起诉的规定，依法立案。2001年10月24日，最高人民检察院在《关于加强民事行政检察工作若干问题的意见》中要求"积极稳妥地开展支持起诉工作，对侵害国家利益、社会公共利益的案件，支持有起诉权的当事人向人民法院提起民事、行政诉讼"。因此，检察机关提起公益诉讼的探索重心逐渐向其他领域转移。

这一时期，随着经济的高速发展，严重的环境污染事件开始出现，其中海洋环境污染尤其明显。[①] 因此，公益诉讼的制度探索首先延伸到了这一领域，在海洋环境保护方面，首次以立法形式确立了海洋环境监

---

① 当时，我国海域赤潮、溢油、违章倾倒以及贝类传染病毒等污损事件发生频率越来越高，对沿海经济发展带来了重大影响。据不完全统计，1980年至1997年在我国海域共发现赤潮近380起，而1972年至1979年间，仅发现20起。特别是20世纪80年代末以后，赤潮发生的次数越来越多，对海洋生物资源和渔业生产造成了严重损害。1997年福建"安福"号油轮在湄洲湾触礁搁浅，船体破裂，漏油500吨，造成渔民重大损失，引起了极大反响。参见王曙光：《海洋环境保护刻不容缓》，载《海洋开发与管理》1999年第1期。

督管理部门代表国家保护国家利益的主体地位,1999年《海洋环境保护法》第 90 条第 2 款规定:"对破坏海洋生态、海洋水产资源、海洋保护区,给国家造成重大损失的,由依照本法规定行使海洋环境监督管理权的部门代表国家对责任者提出损害赔偿要求。"① 此为带有公共利益保护性质的损害赔偿诉讼之肇始,并得以延续。与此同时,检察机关在水污染、环境污染、大气污染等诸多领域也陆续提起了一系列具有影响意义的公益诉讼案件,产生了良好的社会效果。②

二、公益诉讼制度的确立与探索(2012—2017 年)

2012 年 8 月 31 日全国人大常委会通过了《关于修改〈中华人民共和国民事诉讼法〉的决定》,第一次从法律上确立了民事公益诉讼制度,回应了长期以来社会各界的呼吁,对保护社会公共利益具有重要意义。修改后的《民事诉讼法》第 55 条③ 规定将民事公益诉讼的适用范围限定为"污染环境、侵害众多消费者合法权益等损害社会公共利益的行为"。对此,立法起草部门的解释是:"我国公益诉讼尚处于初步建立阶段,适用范围不宜过宽,可将环境污染、侵害众多消费者权益这类情况严重、案件多发的领域,作为建立公益诉讼制度的突破口。"

为配合《民事诉讼法》之修订,2013 年 10 月 25 日第十二届全国人大常委会第五次会议通过了《关于修改〈中华人民共和国消费者权益保护法〉的决定》。修改后的《消费者权益保护法》第 47 条规定:"对侵害众多消费者合法权益的行为,中国消费者协会以及在省、自治区、直辖市设立的消费者协会,可以向人民法院提起诉讼。"确立了消费公益诉讼制度。2014 年 4 月,全国人大常委会审议通过的新《环境保护法》

---

① 2017 年 11 月 4 日《海洋环境保护法》第三次修正后为第 89 条第 2 款。
② 具体案例可参见最高人民检察院民事行政检察厅编:《检察机关提起公益诉讼实践与探索》,中国检察出版社 2017 年版,第 33—44 页。
③ 2021 年 12 月 24 日《民事诉讼法》第四次修正后为第 58 条。

第58条第1款亦对环境公益诉讼的起诉主体作了细化规定:"对污染环境、破坏生态,损害社会公共利益的行为,符合下列条件的社会组织可以向人民法院提起诉讼:(一)依法在设区的市级以上人民政府民政部门登记;(二)专门从事环境保护公益活动连续五年以上且无违法记录。"

2015年7月1日,全国人民代表大会常务委员会发布了《关于授权最高人民检察院在部分地区开展公益诉讼试点工作的决定》(以下简称《授权试点决定》)。该《授权试点决定》授权北京、江苏、吉林、山东、云南等13个各具地域特性的省、自治区、直辖市的人民检察院开展公益诉讼工作。2015年7月2日,最高人民检察院发布了《检察机关提起公益诉讼试点方案》,制定了检察机关提起公益诉讼的详细制度规则。此后,最高人民检察院于2016年1月7日发布了《人民检察院提起公益诉讼试点工作实施办法》。最高人民法院于2016年2月25日发布了《人民法院审理人民检察院提起公益诉讼案件试点工作实施办法》,并于4月24日发布了《关于审理消费民事公益诉讼案件适用法律若干问题的解释》。结合最高人民法院2015年1月6日发布的《关于审理环境民事公益诉讼案件适用法律若干问题的解释》,2015年1月30日公布的《关于适用〈中华人民共和国民事诉讼法〉的解释》关于公益诉讼的相关制度内容,初步搭建了检察机关提起民事公益诉讼的制度框架。

随着上述一系列政策、法律规范的实施,我国公益诉讼案件数量总数大幅上升,各试点地区的公益诉讼案件受理率、诉讼质量、胜诉率均得到了实质提升,检察公益诉讼案件呈现"井喷"之势,检察机关作为起诉主体的参与直接改善了公益诉讼领域的发展状态,促使公益诉讼制度真正对我国公民的社会实际生活产生了重要的影响,同检察机关介入前的公益诉讼状态形成了鲜明的对比。

三、公益诉讼制度的发展(2017年至今)

经过为期两年的试点探索,为了巩固试点期间的工作成果,并将其以法律的形式加以确认，2017年6月27日，第十二届全国人民代表大会常务委员会第二十八次会议通过《关于修改〈中华人民共和国民事诉讼法〉和〈中华人民共和国行政诉讼法〉的决定》，对两部基本诉讼法律作出了修改。修改后的《民事诉讼法》第55条[①]规定："对污染环境、侵害众多消费者合法权益等损害社会公共利益的行为，法律规定的机关和有关组织可以向人民法院提起诉讼。人民检察院在履行职责中发现破坏生态环境和资源保护、食品药品安全领域侵害众多消费者合法权益等损害社会公共利益的行为，在没有前款规定的机关和组织或者前款规定的机关和组织不提起诉讼的情况下，可以向人民法院提起诉讼。前款规定的机关或者组织提起诉讼的，人民法院可以支持起诉。"《行政诉讼法》第25条第4款规定："人民检察院在履行职责中发现生态环境和资源保护、食品药品安全、国有财产保护、国有土地使用权出让等领域负有监督管理职责的行政机关违法行使职权或者不作为，致使国家利益或者社会公共利益受到侵害的，应当向行政机关提出检察建议，督促其依法履行职责。行政机关不依法履行职责的，人民检察院依法向人民法院提起诉讼。"

2018年2月23日最高人民法院审判委员会、2018年2月11日最高人民检察院第十二届检察委员会通过了《最高人民法院、最高人民检察院关于检察公益诉讼案件适用法律若干问题的解释》（以下简称《解释》），自2018年3月2日起施行。该《解释》是为明确检察机关作为公益代表人的独特身份，正确适用《民事诉讼法》《行政诉讼法》关于人民检察院提起公益诉讼制度的规定，提出关于检察公益诉讼案件办理的细则而制定的。该《解释》对于检察公益诉讼中的通用性规则、民事公益诉讼及行政公益诉讼中分别予以适用的制度进行了规定，明确了人民法院、人民检察院办理公益诉讼案件主要任务是充分发挥司法审判、法律监督职能作用，

[①] 2021年12月24日《民事诉讼法》第四次修正后为第58条。

维护宪法法律权威,维护社会公平正义,维护国家利益和社会公共利益,督促适格主体依法行使公益诉权,促进依法行政、严格执法,为实践中的案件办理机关指明了方向。除了该部司法解释外,最高人民法院和最高人民检察院分别从自身工作的实际出发,陆续发布了相关司法解释及规范性司法文件,对公益诉讼案件的实际办理工作进行了指示,主要包括:最高人民法院出台的《人民法院审理人民检察院提起公益诉讼案件试点工作实施办法》(2016年),最高人民检察院出台的《检察机关民事公益诉讼案件办案指南》(2018年)、《检察机关行政公益诉讼案件办案指南》(2018年)、《人民检察院公益诉讼办案规则》(2021年)等。

除了司法解释及规范性司法文件之外,为了全面配合检察公益诉讼工作的开展,其他相关法律也随之作出了修改和变动。《人民检察院组织法》(2018年修订)在人民检察院的职权部分规定,人民检察院依照法律规定提起公益诉讼,赋予了检察机关提起公益诉讼的职权。2018年通过的《人民陪审员法》第16条也适时将公益诉讼案件纳入人民陪审员和法官审判的第一审案件范围之内。除此之外,《英雄烈士保护法》(2018年通过)、《未成年人保护法》(2020年修正)、《安全生产法》(2021年修正)、《个人信息保护法》(2021年修正)、《军人地位和权益保障法》(2021年修正)等法律也陆续规定了公益诉讼条款。

至此,我国公益诉讼制度全面发展,逐步完善,正式形成了国家行政机关、社会组织、检察机关多主体并行的结构。

【思考题】

1. 世界各国公益诉讼制度有何异同?
2. 简述世界各国公益诉讼制度的产生和发展背景。
3. 如何理解我国公益诉讼制度发展的经验?
4. 我国公益诉讼制度的探索建立过程中主要有哪些法律规范?

第三章 公益诉讼的基本原则

第一节 公益诉讼基本原则概述

一、公益诉讼基本原则的概念和特征

（一）公益诉讼基本原则的概念

公益诉讼的基本原则，是在公益诉讼的整个过程中或者在重要的诉讼阶段起指导作用的准则。其集中体现公益诉讼的目的，反映公益诉讼的基本原理和内在规律，承载公益诉讼程序价值的要求，概括当事人与法院在公益诉讼中的作用分担，是制定、适用、解释公益诉讼的依据，也是人民法院、当事人以及其他诉讼参与人进行公益诉讼活动所必须遵循的根本性规则。

（二）公益诉讼基本原则的特征

公益诉讼的基本原则既有别于公益诉讼的目的与价值，也不同于公益诉讼的基本制度与具体程序规范，具有规范性、根本性、普适性、概括性、稳定性以及包容性等特点。

1. 基本原则的规范性

公益诉讼基本原则的规范性是指公益诉讼基本原则对公益诉讼活动的进行，对检察机关、行政机关、社会组织和诉讼参与人具有法律拘束力。就原则而言，它不具有规范的形式，但却具有规范的内容。也就是说，法律原则虽然在形式上与一般法律规范（规则）有所区别，但它同样具有规范的效力，对其调整对象具有法律拘束力。公益诉讼基本原则

作为公益诉讼法律规范体系的一部分，规范性当然是其基本属性。正是由于这种规范性，使法律原则与其他法律规则一样成为人们进行法律行为的准则和法官制作裁判的直接或间接依据。公益诉讼基本原则的规范作用主要通过以下两种途径得以发挥：一是在法律有明文规定的情况下，与普通条文一样被适用。二是在法律没有明文规定的情况下发挥规范作用，在此种情况下公益诉讼的基本原则主要是为了解释相关法律条文提供依据以及补充法律漏洞。

2. 基本原则的根本性

公益诉讼基本原则的根本性是指公益诉讼基本原则在公益诉讼法律规范体系中处于根本性规范的地位。公益诉讼基本原则的这种根本性地位体现在：公益诉讼基本原则作为一种法律原则，构成了其他程序规则的原理、基础和出发点。公益诉讼基本原则的根本性特征决定了其必然具有效力贯穿上的始终性，即公益诉讼基本原则应当贯穿于公益诉讼的全过程。

公益诉讼基本原则内容的根本性，来源于公益诉讼基本原则对公益诉讼基本价值的直接承载和体现。正是由于公益诉讼基本原则直接体现了公益诉讼的基本价值和目标，它才构成了公益诉讼程序规则的基础和本原。具体而言，在立法层面上，程序规则的制定必须以公益诉讼基本原则为出发点，不得违背公益诉讼基本原则的内容和精神；在司法层面上，司法机关在审理案件时，必须依据公益诉讼基本原则对所适用的法律条文进行解释，如果遇到有相反含义时，应当采纳符合公益诉讼基本原则的含义。法律解释的方法多种多样，但是不论采用何种解释方法，解释的结果都不能违背公益诉讼的基本原则。

3. 基本原则的普遍性

公益诉讼基本原则是一种普遍性规范，它对公益诉讼法律关系进行整体的宏观的调整、规范。公益诉讼基本原则作为公益诉讼机制内在规律和特质的反映，具有公理性意义，它超越了具体的国与国、人与人之间的差别而在世界范围内具有普遍适用性。例如，各国虽然社会政治、经济、文化背景不同，但都在一定程度上贯彻了公益最大化保护等原则。这说明公益诉讼基本原则是一种具有公理性和普适性的法律原则。

4. 基本原则的概括性

与公益诉讼的基本制度与具体程序规范相比，公益诉讼基本原则具有高度的概括性。公益诉讼基本原则是一种高度抽象并体现公益诉讼基本价值观念的规范，这种高度的概括性保障了公益诉讼基本原则在公益诉讼全过程发生效力，也为具体程序规范的制定提供了依据，同时为通过司法补充法律的漏洞创造了契机。

5. 基本原则的稳定性

公益诉讼基本原则是对公益诉讼规律的概括和总结，是特定社会对公益诉讼真理性认识的折射，这些因素决定了公益诉讼原则具有相对稳定性，规定基本原则的条款不能轻易改变。公益诉讼基本原则的根本性特征也使公益诉讼基本原则相对于程序规则在公益诉讼法律规范体系中处于更加稳定的状态。一项程序规则往往可增删变化，但是一项公益诉讼基本原则却能在一定历史阶段内长期保持相对的稳定性。

6. 基本原则的包容性

公益诉讼基本原则的包容性是指基本原则具有不确定性和模糊性，这一特点使基本原则对公益诉讼具体程序的处理具有指导性和涵盖性。基本原则虽然具有相对稳定性，但并不意味着基本原则不发生变动。随着社会的发展和由此引发的诉讼价值观的变化，基本原则也应随之作出调整。公益诉讼基本原则可能存在因时空、人文背景所带来的内容上的差异，即公益诉讼基本原则在反映公益诉讼发展的普遍规律的同时，也将反映特定国家在特定历史时期的社会文化和价值取向。这种价值的相对性，使公益诉讼基本原则在保持基本的质的规定性的同时，在具体适用上也表现出相当程度的包容性和伸缩度。这种包容性也使各国公益诉讼基本原则的体系中，除具有公理性的原则之外，还存在一些政策性原则。

二、基本原则的功能

（一）立法准则的功能

公益诉讼法的制定必须反映立法目的，而立法目的本身过于抽象，这就需要在立法目的与具体程序之间架设桥梁，公益诉讼的基本原则便承担了这一使命。基本原则的联结，使各项具体程序规则成为围绕立法目的的有机统一体。因此，公益诉讼的基本原则需要产生于具体程序规则之前，它是各项具体程序规则的基础和来源，并通过具体程序规则得到贯彻和落实。

（二）行为准则的功能

作为公益诉讼法律规范体系的重要组成部分，公益诉讼基本原则还是人民法院、人民检察院、当事人以及其他诉讼参与人进行公益诉讼的基本行为准则，违反基本原则所实施的诉讼行为有可能产生无效的后果。当然，由于基本原则的概括性与抽象性的特点，决定了基本原则的行为准则功能所发挥的空间相当有限，即主要是在程序规则未对有关诉讼程序作出规定，或者是虽有规定，但是程序规则规定模糊或相互矛盾的情况下才表现出这一功能。

（三）引导创造性司法的功能

在公益诉讼中，法院据以裁判的程序法依据应当是具体制度与程序规则，通常不能直接适用公益诉讼的基本原则。但是公益诉讼活动的复杂性与立法的局限性的矛盾决定了公益诉讼未来的立法可能存在疏漏、模糊乃至相互矛盾的情形。在前述情形下，法官无法依据现有的具体制度与程序规则作出判断，或者虽然可以依此作出判断但明显违背基本的公平正义观念时，法官可以行使自由裁量权，通过解释基本原则并将其直接作为法院裁判的依据以弥补立法的不足。由此，基本原则便具有了引导法官进行创造性司法的功能。不过与实体法相比，由于法院对当事人诉讼行为的评价往往与法院的利益相关,为了避免法官适用基本原则而回避具体程序规范可能造成的对当事人诉讼权利的不当侵犯,公益诉讼基本原则的这一功能应当受到严格的限制。由最高人民法院根据基本原则的导向作出司法解释,并使之成为法官适用的依据可能更为符合司法理念的要求。

第二节 公益最大化保护原则

公益最大化保护原则是指公益诉讼的目标在于实现整体、全局而非个别、局部的利益,公益诉讼要实现公共利益的最大化保护。

从内涵来看,公益最大化保护原则的基本立场是从整体、全局的视野出发,为所有群体获得更多、更长远且可持续的利益。换言之,公益最大化保护原则的主旨在于让所有群体均能获益。公益最大化保护原则是公益诉讼的根本,是具体程序制度生态化的基础。实现公益保护,关键是必须确保公益诉讼具体程序制度,始终以实现公益最大化为最高价值目标。

公益最大化保护原则,是公益诉讼制度确立其内在公正性的原则基础。无论是环境公益诉讼、消费公益诉讼、英烈保护公益诉讼还是其他领域的公益诉讼,其根本目的是增进或维护不特定多数社会成员利益,在程序制度设置上,不会对任何一个社会成员的特殊分配利益需要予以特别的照顾,也不会使社会正义的天平向任何一个社会成员倾斜。只有以实现公益最大化保护为公益诉讼的最高价值目标,才能充分地体现立法目的,维护国家利益和社会公共利益,它与私益诉讼制度相比,所具有的优势也才能充分凸显出来。

公益诉讼立法的其他各项原则,以及具体程序制度规范设置,应当是紧密围绕这一首要、根本性原则展开。这也意味着,在公益诉讼领域，公益最大化保护原则始终是立法机关和司法机关考虑和解决各类问题的出发点和落脚点，是各项制度的创设基础，是最基本原则，其他各项原则都衍生于此，是这一原则的具体体现。

第三节 预防原则

一、预防原则概述

一般认为，预防原则起源于20世纪70年代德国的事前考虑原则，逐渐作为欧洲的环境政策发展起来。[1] 1992年《里约宣言》第15条原则表明："为了保护环境，各国应按照本国的能力，广泛适用预防措施。遇有严重或不可逆转损害的威胁时，不得以缺乏科学充分确实证据为理由，延迟采取符合成本效益的措施防止环境恶化。"这一规定虽然没有使用预防原则的表达，但已清楚地揭示出其基本内涵，成为较为普遍接受的预防原则定义。[2]

此后，区别于防止原则的预防原则日渐推广。首先，预防的前提是存在"风险"，即必然存在某种可能发生的危害，预计可能危及生命权、健康权、国家安全等重大法益。[3] 这是启动预防原则的必要前提，否则无须在风险发生之前采取限制公民权利与自由的预防措施，事后的责任追究与救济机制足以解决问题。其次，必须存在科学认识上的不确定

---

[1] 王贵松：《风险行政的预防原则》，载《比较法研究》2021年第1期。

[2] 《关于环境与发展的里约热内卢宣言》，载《中国人口·资源与环境》1992年第4期。1992年6月，在巴西里约热内卢召开联合国环境与发展大会，会议通过了《里约热内卢环境与发展宣言》，简称《里约宣言》。李鹏总理代表中国政府在宣言上签字。在该次会议上通过的《生物多样性公约》在序言中同样确认了这一原则（生物多样性遭受严重减少或损失的威胁时，不应以缺乏充分的科学定论为理由，而推迟采取旨在避免或尽量减轻此种威胁的措施）。1992年6月11日，李鹏总理代表中国政府签署该公约，同年11月7日全国人大常委会予以批准。也就是说，风险预防原则对中国也是有效的。

[3] 苏宇：《风险预防原则的结构化阐释》，载《法学研究》2021年第1期。

性,即某种产品或活动的危害后果不能被清楚而充分地认知。若不存在此种不确定性,则可直接运用各种价值衡量方法对相关活动之损益进行估量以决定采取何种措施,如行政法上的比例原则及成本收益分析方法等,均能指引规制措施的选择,不需要专门创设预防原则。再次,预防原则必然包含"预防",涉及预防措施的选择。治理者需要确定整体预防水平或强度,并决定采取何种具体预防措施。最后,对风险的认识及预防措施的选择处于动态变化之中,只要风险活动的实施者(或类似的其他主体)能够令人信服地证明已不存在或可消除预期危害,治理者就可以变更或解除风险预防措施。

综上所述,预防原则作为公益诉讼的一项基本原则,预防模式并非否定常规的损害控制模式,而是一种诉讼技术上的补强。可尝试在公益诉讼的各个领域构建风险预防机制,从而将风险问题消除在萌芽之中。

二、预防原则的具体体现

目前,我国有关民事公益诉讼预防原则的规定,主要集中在《最高人民法院关于审理环境民事公益诉讼案件适用法律若干问题的解释》《最高人民法院关于审理消费民事公益诉讼案件适用法律若干问题的解释》中对诉讼请求以及诉讼目的的规定,以及《环境保护法》《食品安全法》等相关实体法律之中得以具体体现。

《最高人民法院关于审理环境民事公益诉讼案件适用法律若干问题的解释》第 1 条规定:"法律规定的机关和有关组织依据民事诉讼法第五十五条[1]、环境保护法第五十八条等法律的规定,对已经损害社会公共利益或者具有损害社会公共利益重大风险的污染环境、破坏生态的行为提起诉讼,符合民事诉讼法第一百一十九条[2]第二项、第三项、第

---

[1] 2021 年 12 月 24 日《民事诉讼法》第四次修正后为第 58 条。
[2] 2021 年 12 月 24 日《民事诉讼法》第四次修正后为第 122 条。

四项规定的,人民法院应予受理。"第 19 条第 1 款规定:"原告为防止生态环境损害的发生和扩大,请求被告停止侵害、排除妨碍、消除危险的,人民法院可以依法予以支持。"这些规定成为提起预防性环境民事公益诉讼,实现环境事前预防保护的法律依据。第 1 条应理解为尽管现有的开发利用生态环境的行为没有造成实际损害,但依据现有的知识和经验能够判断如果对该行为不加以制止,有极大可能会造成生态环境的损害。第 19 条第 1 款规定的"防止损害的发生和继续扩大"应理解为两层含义:一是指对尚未发生的风险的防范。二是损害已经发生,不加制止将会造成难以估计的损害。上述规定是"预防原则"含义的具体体现,在事前采取预防措施以防止生态环境损害的发生。《最高人民法院关于审理消费民事公益诉讼案件适用法律若干问题的解释》第 13 条第 1 款也有类似规定:"原告在消费民事公益诉讼案件中,请求被告承担……消除危险……民事责任的,人民法院可予支持。"

  此外,《环境保护法》第 5 条规定:"环境保护坚持保护优先、预防为主、综合治理、公众参与、损害担责的原则。"《食品安全法》第 3 条规定:"食品安全工作实行预防为主、风险管理、全程控制、社会共治,建立科学、严格的监督管理制度。"《土壤污染防治法》第 3 条规定:"土壤污染防治应当坚持预防为主、保护优先、分类管理、风险管控、污染担责、公众参与的原则。"上述条款中的"保护优先、预防为主"的司法理念,旨在排除对生态环境食品安全领域具有损害危险的行为,并预防生态环境和食品安全风险。该理念突破了传统的事后救济司法模式,能够从根源解决生态环境和食品安全领域的潜在风险行为。

第四节　督促原则

一、督促原则概述

督促原则是指检察机关在履行职责中发现特定领域存在损害社会公共利益行为,在提起公益诉讼之前,依法督促或者支持对公益诉讼享有优先权的法律规定的机关和有关组织起诉。法律要求检察机关在提起诉讼前,先行通过制发检察建议的方式督促行政机关履职。通过检察建议的方式督促行政机关尽快履行义务或者主动纠正违法行政,体现了"在公共利益保护方面,政府执法优先于最终的司法救济",能够及时有效地维护或恢复客观秩序,契合法律监督的目的。当检察建议并不足以有效督促行政机关纠正违法行为时,检察机关可以支持适格主体依法行使公益诉权或者直接提起公益诉讼,尽管后两者并不直接督促行政机关履职,但究其本质,仍是通过诉讼的方式督促行政机关履职。检察机关只有在履行完诉前督促或支持起诉程序之后,相应适格起诉主体仍不作为或没有相应适格起诉主体时,才能行使公益诉权。这种诉讼程序开启的不主动介入性,合理地限制了检察机关环境诉权,保证了检察机关的诉讼谦抑性。[①]

二、督促原则的具体内容

(一)公益诉讼诉前程序中的督促

诉前程序中的督促主要来自检察机关,具体形式包括督促履职通知书、检察建议、公告等。

《人民检察院公益诉讼办案规则》第 2 条规定:"人民检察院办理公益诉讼案件的任务,是通过依法独立行使检察权,督促行政机关依法履

[①] 张锋:《检察环境公益诉讼之诉前程序研究》,载《政治与法律》2018 年第 11 期。

行监督管理职责，支持适格主体依法行使公益诉权，维护国家利益和社会公共利益，维护社会公平正义，维护宪法和法律权威，促进国家治理体系和治理能力现代化。"

1. 行政公益诉讼诉前程序对行政机关依法履职的督促

在行政公益诉讼中，主要是通过诉前程序督促行政机关依法履行监督管理职责。《人民检察院公益诉讼办案规则》第81条规定："行政机关经检察建议督促仍然没有依法履行职责，国家利益或者社会公共利益处于受侵害状态的，人民检察院应当依法提起行政公益诉讼。"《最高人民法院、最高人民检察院关于检察公益诉讼案件适用法律若干问题的解释》第2条规定："人民法院、人民检察院办理公益诉讼案件主要任务是充分发挥司法审判、法律监督职能作用，维护宪法法律权威，维护社会公平正义，维护国家利益和社会公共利益，督促适格主体依法行使公益诉权，促进依法行政、严格执法。"第21条第1款规定："人民检察院在履行职责中发现生态环境和资源保护、食品药品安全、国有财产保护、国有土地使用权出让等领域负有监督管理职责的行政机关违法行使职权或者不作为，致使国家利益或者社会公共利益受到侵害的，应当向行政机关提出检察建议，督促其依法履行职责。"

2. 民事公益诉讼诉前公告程序对起诉主体的起诉督促

民事公益诉讼中的诉前公告程序，是为了更好地支持适格主体依法行使公益诉权。《人民检察院公益诉讼办案规则》第91条第1款第2项规定："告知适格主体可以向人民法院提起诉讼，符合启动生态环境损害赔偿程序条件的案件，告知赔偿权利人启动生态环境损害赔偿程序。"《最高人民法院、最高人民检察院关于检察公益诉讼案件适用法律若干问题的解释》第13条规定："人民检察院在履行职责中发现破坏生态环境和资源保护，食品药品安全领域侵害众多消费者合法权益，侵害英雄烈士等的姓名、肖像、名誉、荣誉等损害社会公共利益的行为，拟提起公益诉讼的，应当依法公告，公告期间为三十日。公告期满，法律规定的机关和有关组织、英雄烈士等的近亲属不提起诉讼的,人民检察院可以向人民法院提起诉讼。人民检察院办理侵害英雄烈士等的姓名、肖像、名誉、荣誉的民事公益诉讼案件,也可以直接征询英雄烈士等的近亲属的意见。"

(二)起诉后对行政主管部门的告知督促

除诉前督促程序外,起诉后,法院也需通过告知程序,以督促行政主管部门依法履职,以尽可能节约司法资源。

具体体现在:《最高人民法院关于适用〈中华人民共和国民事诉讼法〉的解释》第284条规定:"人民法院受理公益诉讼案件后,应当在十日内书面告知相关行政主管部门。"被告知的行政主管部门是对被告实施的损害社会公共利益的行为负有监督管理职责的部门,对被告具有包括行政处罚在内的行政执法权,因而在收到告知后很可能会对被告的违法行为进行处理。《最高人民法院关于审理消费民事公益诉讼案件适用法律若干问题的解释》第6条规定:"人民法院受理消费民事公益诉讼案件后,应当公告案件受理情况,并在立案之日起十日内书面告知相关行政主管部门。"《最高人民法院关于审理环境民事公益诉讼案件适用法律若干问题的解释》第10条第1款规定:"人民法院受理环境民事公益诉讼后,应当在立案之日起五日内将起诉状副本发送被告,并公告案件受理情况。"

第五节 双赢多赢共赢原则

一、双赢多赢共赢原则概述

根据《现代汉语词典》的解释,"双赢"是指双方都得益;"多赢"是指相关的多方都能得益;"共赢"是指(各方)共同得益。双赢多赢共赢原则是对传统二维竞争的剥离,不再强调从对手的失败中获得利益,而是树立了一种新的三维竞争的理念,从共同得利和发展需要的角度出发,用"和合"、和谐理念,构建双赢环境和氛围,使参与的多方都能从中获得利益,最终站在整体的视角实现全人类的获益。

"双赢多赢共赢"理念最早由最高人民检察院提出,是习近平新时代中国特色社会主义思想在法律监督领域的反映,强调检察机关建设监督与被监督的良性、积极关系,使法律监督在主观和客观方面都能发挥促进和保障执法司法机关更全面更深刻理解法律、共同履行好职责的作用,共同推进严格执法、公正司法,努力实现双赢多赢共赢。

在公益诉讼中,检察机关与政府部门虽分工不同,但工作目标、追求效果完全一致,并非"零和博弈"。检察机关、行政机关目的一致,不是以诉讼为目的,而是以公益最大化保护为目标。公益诉讼检察的本质是助力依法行政,共同维护人民根本利益,把以人民为中心落到实处。

作为一个具有目标性和引领性的理念,双赢多赢共赢同时也是公益诉讼各方主体在公益诉讼中都应当遵守的一项基本原则。如此才既能切实监督纠正错误、差误,被监督者也易于接受,更有利于治本,真正实现保护公益的最终目的。

二、双赢多赢共赢原则的具体体现

(一)检察机关要充分发挥诉前程序作用

检察机关作为公益诉讼起诉主体之一,绝大多数公益诉讼案件都由检察机关提起。《行政诉讼法》将提出检察建议作为检察机关向人民法院提起行政公益诉讼的前置程序。为了诉前程序相关工作的开展,《最高人民法院、最高人民检察院关于检察公益诉讼案件适用法律若干问题的解释》对诉前程序的环节、调取证据的手段措施有了可操作性的规定。完整的诉前程序是一个从立案调查、审查、终结审查、提出检察建议、行政机关反馈到异议救济的过程。与检察机关传统的行政监督形式不同，国家通过立法将检察机关作为公益诉讼起诉人引入行政诉讼并将检察机关发出检察建议设置为提起诉讼前置程序，目的是通过检察机关的法律监督地位来加强对公共利益的保护。在行政公益诉讼案件中，检察机关通过检察建议的方式，及时和相关行政部门沟通以解决公益受损。虽然行政公益诉讼有制约权力、形成监督的作用，但行政公益诉讼制度设计的目的并不意味着要在现行的国家机构设置体系中对检察权进行大幅的"扩张"，而是要力图达到双赢多赢共赢的局面。检察机关更要注重与其他机关的配合，以共同服务于贯彻落实国家法律及政策、保护公共利益不受侵害的最终目的。

（二）行政机关要充分发挥诉前磋商功能

根据《生态环境损害赔偿制度改革方案》规定，一些地方的行政机关在污染责任人不愿意磋商或者磋商不成时，可就所造成的生态环境损害赔偿问题向法院提起诉讼。鉴于政府具有的行政权力，且政府还有提起诉讼作为后续手段，赔偿责任人拒绝磋商的情况比较少见，磋商不成的概率也会相对较小。[①] 双方达成赔偿协议后，对不能或者无法及时履行的赔偿协议，双方还可以申请司法确认，使协议获得申请强制执行的效力。考虑到将来被强制执行的可能性，赔偿责任人在能够履行的情况下也会主动履行。行政机关作为起诉主体参与案件使这类污染造成的赔偿问题多数都能够在政府发起的磋商环节得到解决，需要通过诉讼解决的会逐步减少，能够很大程度上节约司法资源，在有限的资源配置上实现最大的利益输出，从而实现多方共赢。

[①] 李浩：《民事公益诉讼起诉主体的变迁》，载《江海学刊》2020年第1期。

第六节　有限处分原则

一、有限处分原则概述

有限处分原则是指公益诉讼当事人有权对实体性权利和程序性权利作出处分，但是这种处分权应当受到一定限制，即以在法律允许的范围内，不损害公共利益为前提，否则国家权力就要对其进行干预。

公益诉讼有限处分原则确立的根据，主要有两方面原因：一是源于公益诉讼制度确立的目的。公益诉讼的目的在于维护和保障环境公益，其诉讼价值具有公共性，因此确保公益诉讼承载的保护公共利益的核心价值最大化实现，最直接的方法就是在诉讼中合理限制当事人（主要是公益诉讼提起主体，包括检察机关、行政机关和社会组织）减损公共利益的处分权。二是源于诉讼主体的权利来源。诉讼当事人的处分行为会对诉讼产生影响，其诉讼结果也会及于社会。公共利益具有公共性，只有法律确定的机关或组织才能代表这种不可分利益，公益诉讼主体之所以具有提起公益诉讼主体资格，源于国家对其的委托，而这种委托则要求被授权主体在诉讼中尽心尽责地维护和保障公共利益。公益诉讼提起主体有碍或有损公共利益实现的，均被视为是一种权利滥用。

二、有限处分原则的具体内容

（一）对实体性权利的有限处分

这主要体现在对审理对象和范围的确定，例如，公益诉讼提起主体确定起诉什么，公益诉讼提起主体在诉讼中变更、放弃诉讼请求；被告承认或反驳原告的诉讼请求等。公益诉讼事关公众利益，在诉讼中，公益诉讼提起主体行使处分权，应始终秉持坚守公益底线。公益诉讼提起主体诉讼上的处分权源自公益保护需求，与其说是一种权利，其实更多体现的是一种义务或责任。

这一原则具体体现于公益诉讼的诉请请求应合理提起、自认效力的受限、和解调解权利的受监督行使等多个方面：

《最高人民法院、最高人民检察院关于检察公益诉讼案件适用法律若干问题的解释》第 18 条规定："人民法院认为人民检察院提出的诉讼请求不足以保护社会公共利益的，可以向其释明变更或者增加停止侵害、恢复原状等诉讼请求。"

《最高人民法院关于适用〈中华人民共和国民事诉讼法〉的解释》第 287 条规定："对公益诉讼案件，当事人可以和解，人民法院可以调解。当事人达成和解或者调解协议后，人民法院应当将和解或者调解协议进行公告。公告期间不得少于三十日。公告期满后，人民法院经审查，和解或者调解协议不违反社会公共利益的，应当出具调解书；和解或者调解协议违反社会公共利益的，不予出具调解书，继续对案件进行审理并依法作出裁判。"

《最高人民法院关于审理环境民事检察公益诉讼案件适用法律若干问题的解释》第 16 条规定："原告在诉讼过程中承认的对己方不利的事实和认可的证据，人民法院认为损害社会公共利益的，应当不予确认。"第 25 条规定："环境民事公益诉讼当事人达成调解协议或者自行达成和解协议后，人民法院应当将协议内容公告，公告期间不少于三十日。公告期满后，人民法院审查认为调解协议或者和解协议的内容不损害社会公共利益的，应当出具调解书。当事人以达成和解协议为由申请撤诉的，不予准许。调解书应当写明诉讼请求、案件的基本事实和协议内容，并应当公开。"

（二）对程序性权利的有限处分

程序性权利的处分体现在公益诉讼提起主体的起诉权、撤诉权、上诉权的行使；被告反诉权、上诉权等权利的行使会受到限制。同样基于公益保护目的需要，不能随意撤诉或者私自和解（调解或和解是程序处分。当事人通过程序处分，选择诉讼、仲裁、调解或者和解程序），这也是公益诉讼最鲜明的特点——一切为了公共利益。

《最高人民法院关于适用〈中华人民共和国民事诉讼法〉的解释》第288条规定:"公益诉讼案件的原告在法庭辩论终结后申请撤诉的,人民法院不予准许。"《人民检察院公益诉讼办案规则》第99条第1款规定:"民事公益诉讼案件可以依法在人民法院主持下进行调解。调解协议不得减免诉讼请求载明的民事责任,不得损害社会公共利益。"《最高人民法院关于审理环境民事公益诉讼案件适用法律若干问题的解释》第17条规定:"环境民事公益诉讼案件审理过程中,被告以反诉方式提出诉讼请求的,人民法院不予受理。"第26条规定:"负有环境保护监督管理职责的部门依法履行监管职责而使原告诉讼请求全部实现,原告申请撤诉的,人民法院应予准许。"第27条规定:"法庭辩论终结后,原告申请撤诉的,人民法院不予准许,但本解释第二十六条规定的情形除外。"

在诉讼过程中,当事人对实体权利的处分和对程序权利的处分常常是交织在一起的,当事人对实体权利的处分往往是通过处分诉讼权利来实现的。为了在公益诉讼中正确贯彻实施有限处分原则,更好地实现公共利益,还需要正确认识和处理当事人有限处分权(主要针对公益诉讼提起主体)与国家干预之间的关系。在公益诉讼中,有限处分与国家干预的目标基本是一致的:公共利益。紧密围绕或坚守公共利益的底线,是处理和协调国家干预和当事人有限处分关系的基本要求。国家干预和当事人处分是彼此制约、相辅相成、并行不悖的,它们共同服务于公共利益实现。

第七节 职权主义原则

一、职权主义原则概述

职权主义原则是指在公益诉讼中,法院为维护国家利益和社会公共利益，对当事人实体权利和程序处分权进行限制、主动依职权调查事实和收集证据、对程序性事项进行控制的过程。

在民事公益诉讼中实体权利、请求权与诉权三者相分离，这不仅产生了利己本能与利他行为之间无法避免的紧张关系，也在客观上造成了诉权主体与实体请求权主体的信息隔离，极有可能严重侵害社会公共利益或者降低公益保护的效率。因此，法院通过职权主义的适用缓解"两造失衡"，以维护社会公共利益尤为必要。

公益诉讼中不可避免地会出现公益性和社会性等有别于私益诉讼程序的特点，再加上诉讼原告并非案件的实际利害关系人，与案件结果也没有直接的利害关系，若强行适用当事人主义的诉讼模式，极有可能在诉讼请求、调查取证、当事人处分权的规范行使等诸多方面存在局限与障碍，使诉讼价值难以有效实现。因此，应强调法院积极主动介入诉讼程序进行，选择适度强化职权控制的职权主义模式。

二、职权主义原则的具体内容

职权主义在内容上主要表现为职权干预主义、职权探知主义和职权进行主义三方面。职权干预主义是指法院为实现对国家利益和社会公共利益的保护，防止当事人任意行使处分权对公共利益造成损害，依职权对当事人诉讼实体请求和权利主张进行控制。职权探知主义是指法院主动依职权调查事实和收集证据，不受制于当事人主张的事实和提供的证据，在当事人没有其他证据或者其他证据不足以证明案件事实真相时，由法院依职权探知。职权进行主义是指法院主导诉讼过程，对程序性事项进行控制。法官在民事公益诉讼中可突破当事人处分原则而主动调查收集证据，主动启动调查、鉴定等程序。

（一）公益诉讼中的职权干预主义

公益诉讼中的职权干预主义在我国司法解释中就有相关体现，如《最高人民法院关于审理环境民事公益诉讼案件适用法律若干问题的解释》第 9 条规定："人民法院认为原告提出的诉讼请求不足以保护社会公共利益的,可以向其释明变更或者增加停止侵害、恢复原状等诉讼请求。"第 16 条规定："原告在诉讼过程中承认的对己方不利的事实和认可的证据,人民法院认为损害社会公共利益的,应当不予确认。"

(二) 公益诉讼中的职权探知主义

法官依职权调查证据在公益诉讼中有诸多体现,《最高人民法院关于审理环境民事公益诉讼案件适用法律若干问题的解释》第 16 条明确规定："原告在诉讼过程中承认的对己方不利的事实和认可的证据,人民法院认为损害社会公共利益的,应当不予确认。"在上述条件下,原告自认的事实不能对抗法院依职权查明的事实,自认事实对法院的裁判不产生约束力。此外,对当事人自认的限制在《最高人民法院关于民事诉讼证据的若干规定》第 8 条第 1 款中也有所体现,按该款规定,《最高人民法院关于适用〈中华人民共和国民事诉讼法〉的解释》第 96 条第 1 款规定的"涉及可能损害国家利益、社会公共利益的"事实不适用有关自认的规定。

(三) 公益诉讼中的职权进行主义

《最高人民法院关于审理环境民事公益诉讼案件适用法律若干问题的解释》第 14 条规定："对于审理环境民事公益诉讼案件需要的证据,人民法院认为必要的,应当调查收集。对于应当由原告承担举证责任且为维护社会公共利益所必要的专门性问题,人民法院可以委托具备资格的鉴定人进行鉴定。"该条文即体现了法院审理中可以主动启动调查、鉴定程序的职权进行主义内涵。例如,《最高人民法院关于审理消费民事公益诉讼案件适用法律若干问题的解释》第 5 条规定："人民法院认为原告提出的诉讼请求不足以保护社会公共利益的,可以向其释明变更或者增加停止侵害等诉讼请求。"该条文是法院职权干预主义在民事公益诉讼中的体现。法院通过限制当事人的实体处分权,防止随意处分实体权益给社会公共利益造成损害以完成保护公益的宪法职责。

【思考题】

1. 简述公益诉讼基本原则的特征和功能。
2. 简述公益最大化保护原则。
3. 简述公益诉讼预防原则。
4. 简述公益诉讼督促原则。
5. 简述公益诉讼双赢多赢共赢原则。
6. 简述公益诉讼有限处分原则。
7. 简述公益诉讼职权主义原则。

第二编
行政公益诉讼

第一章 行政公益诉讼的案件范围

行政公益诉讼的案件范围是指法院受理因行政机关违法行使职权或者不作为而损害国家利益或者社会公共利益的案件之界限，即哪些类型的行政公益诉讼案件法院可以受理，哪些不能受理；哪类损害国家利益或者社会公共利益的行政行为应当由法院审查，哪类不能被审查。行政公益诉讼的案件范围体现了行政公益诉讼的目的，蕴含着独特的价值。

第一节 生态环境和资源保护类行政公益诉讼

在生态环境和资源保护领域，生态环境部门、自然资源部门、林业部门、海洋渔业部门、农牧业部门以及水利部门等应按照法律法规规定依法履行相应的监督管理职责。在行政公益诉讼中，生态环境和资源保护领域可诉行政行为其实就是负有监督管理职责的行政机关违法行使职权或者不作为。主要包括以下几点：

一、违法发放许可证

行政许可[①]是授益性的行政行为，是对普遍禁止的解除。防止生态环境破坏，加强对自然资源的保护是负有相关监管职责的行政机关工作

---

① 行政许可是指行政机关根据相对人的申请，经依法审查，以颁发特定证照等方式，依法赋予特定的相对人某种权利，获得从事某种活动资格的法律行为。

的重要内容,通常需要通过行政许可制度来实现。在生态环境与资源保护领域,行政许可表现为或赋予特定行政相对人从事某种活动的权利和资格,如捕捞;或表现为在法规已有禁止的情况下,解除禁止行为,如采矿。负有监督管理职责的行政机关不得违法给予行政相对人在生态环境和资源保护领域的某种许可,否则会损害国家利益和社会公共利益。在生态环境和资源保护领域的行政执法实践中,负有监督管理职责的行政机关违法发放许可证的情况不在少数,比如,违法许可排污(大气、水)、违法许可采矿、违法许可林木采伐、违法许可河道采砂、违法许可临时占用草原、违法许可建设用地规划、违法许可放牧以及违法许可海洋开发等,所造成的生态环境和自然资源的破坏是不可逆转的,且一旦造成破坏,修复时间将是长期的,修复成本将是巨大的。因此,检察机关针对生态环境和资源保护领域违法发放许可证的行政行为提起行政公益诉讼具有重要意义。例如,贵州省江口县人民检察院发现铜仁市国土局向某公司颁发采矿许可证,许可其在梵净山国家级自然保护区进行采矿,梵净山保护区管理局亦对某公司的采矿行为予以认可。某公司置报批的开采方案不顾,采取爆破方式破坏性开采,造成资源巨大浪费、生态环境严重破坏。江口县人民检察院向铜仁市国土局、梵净山保护区管理局分别发出检察建议书。而后,发现其仍未依法履职,导致国家和社会公共利益仍处于受侵害状态。江口县人民检察院针对铜仁市国土局、梵净山保护区管理局怠于履行监督管理法定职责的行为提起行政公益诉讼。[1] 本案判决确认铜仁市国土局、梵净山保护区管理局违法并要求其依法履行职责,监督某公司修复受损生态环境。可见,行政公益诉讼对于加强自然保护区生态环境和自然资源保护,矫正"靠山吃山""牺牲环境谋发展"的错误发展观,树立绿色发展理念,坚守生态

---

[1] 详见贵州省江口县人民检察院诉铜仁市国土资源局、贵州梵净山国家级自然保护区管理局行政公益诉讼案。

红线,还自然以宁静、和谐、美丽具有重要意义。

二、怠于收取资源补偿费或资源税

资源补偿费或资源税是指开采或者利用自然资源①的自然人(或组织)消耗了国家自然资源而需要缴纳的费用,是一定行政机关凭借国家行政权向行政相对人授予自然资源使用权而收取的对价或取得的财政收入。资源补偿费或者资源税可以保障自然资源的有效开发和合理利用,维护国家对自然资源的合法权益,实现资源开发和生态环境保护共赢,推动经济社会高质量发展、可持续发展。《矿产资源补偿费征收管理规定》第2条规定:"在中华人民共和国领域和其他管辖海域开采矿产资源,应当依照本规定缴纳矿产资源补偿费,法律、法规另有规定的,从其规定。"《水土保持补偿费征收使用管理办法》第5条第1款规定:"在山区、丘陵区、风沙区以及水土保持规划确定的容易发生水土流失的其他区域开办生产建设项目或者从事其他生产建设活动,损坏水土保持设施、地貌植被,不能恢复原有水土保持功能的单位和个人(以下简称缴纳义务人),应当缴纳水土保持补偿费。"《环境保护税法》第2条规定:"在中华人民共和国领域和中华人民共和国管辖的其他海域,直接向环境排放应税污染物的企业事业单位和其他生产经营者为环境保护税的纳税人,应当依照本法规定缴纳环境保护税。"《资源税法》第1条规定:"在中华人民共和国领域和中华人民共和国管辖的其他海域开发应税资源的单位和个人,为资源税的纳税人,应当依照本法规定缴纳资源税。应税资源的具体范围,由本法所附《资源税税目税率表》(以下简称《税目税率表》)确定。"有关行政机关应当按照法律法规及规范性文件的规定,向符合收费(税)情形的组织和个人收取资源补偿费或资源

---

① 《辞海》(第七版)对自然资源的定义为:人类可直接从自然界获得,并用于生产和生活的物质资源,如土地、矿藏、气候、水利、生物、森林、海洋、太阳能等,具有有限性、区域性和整体性特点。

税、怠于收取时，检察机关可以向其发出诉前检察建议，仍不及时履行相关职责，检察机关可启动行政公益诉讼程序。例如，江西省赣州市大余县人民检察院履职中发现大余县某公司等3家采矿企业欠缴矿产资源补偿费100余万元，向大余县矿产资源管理局发出检察建议书，建议采取有效措施依法向3家欠缴费企业追缴拖欠的矿产资源补偿费及相应滞纳金。随后大余县矿产资源管理局虽采取了一定措施，但矿产资源补偿费仍未全部征收入库。大余县人民检察院针对大余县矿产资源管理局未依法履行征收矿产资源补偿费的行为提起行政公益诉讼。在本案审理过程中，大余县矿产资源管理局将欠缴的矿产资源补偿费全部征收入库。

三、对环境违法行为未及时查处

环境行政处罚是环境保护主管部门为了维护公共利益和社会秩序，保护公民、法人或者其他组织的合法权益，针对违反环境法律规范的行为采取的制裁措施。作为一种重要的行政执法手段，环境行政处罚在环境保护领域中被广泛应用。环境行政处罚是行政处罚的重要组成部分，是国家运用公权力惩治危害环境行为，保护国家利益和社会公共利益的主要方式。《行政处罚法》《环境保护法》等相关法律以及《环境行政保护处罚办法》对环境行政处罚的实施主体、职责范围、处罚种类以及实施程序进行了规定，相关行政机关应依法履行职权，切实担负起保护环境的责任。环境保护主管部门在执法过程中，针对的是已发生的或是预期发生的违法破坏环境行为，因环境问题相较于其他问题更为复杂，一些环境保护主管部门未履行监管和查处责任，未及时作出环境行政处罚；受鉴定水平和鉴定结论的影响，一些环境保护主管部门未采取有效手段预测环境污染的程度或未认真研判污染损害的程度，作出的环境行政处罚力度与违法行为所造成的损害结果相比明显不匹配；环境污染是一个持续性的过程，污染所造成的损害结果大多难以恢复，部分环境保护主管部门虽作出环境行政处罚，但却没有积极履行后续监督管理职责,没有及时督促被处罚人履行环境修复义务。以上行政行为都会使国家利益或者社会公共利益处于持续受侵害状态。

【案例拓展】

麻城市人民检察院诉红安县林业局不履行林业行政处罚法定职责案

2010年6月,红安县觅儿寺镇茶庵庙村民委员会与张某某签订开采协议书,将该村委会所属范围内山石资源开发利用权承包给张某某开采加工碎石。同年10月,张某某注册成立红安县大金山石材有限公司。2011年12月,大金山公司办理了临时占用林地手续。2013年12月,临时占用林地许可期限届满后,该公司在未续办征用、占用林地许可手续的情况下,仍在该地采伐林木、爆破取石,造成林地毁坏。另查明,2014年7月,红安县森林公安局对张某某非法占用农用地(林地)立案侦查。2015年5月12日,红安县人民法院一审判决认定大金山公司、张某某违反土地管理法规,其行为构成非法占用农用地罪。2016年10月,红安县人民检察院对大金山公司采伐林木、占用林地情况进行调查,向红安县林业局发出检察建议,督促"红安县林业局规范执法,对大金山公司非法占用林地的行为依法履行监管职责"。2016年11月,红安县林业局向大金山公司作出《林业行政处罚决定书》。但经红安县人民检察院调查,截至2016年底,大金山公司仍未办理林地使用手续,红安县林业局只对大金山公司非法占用的49.4亩林地中的1.4亩作出了处罚,而未对剩余的48亩非法占用林地面积作出行政处罚。后该案经黄冈市人民检察院指定管辖,由麻城市人民检察院提起行政公益诉讼。法院经审理认为,虽然被告对大金山公司非法占用林地48亩,造成林地大量毁坏的违法行为进行立案调查后,认为其涉嫌刑事犯罪,并移送司法机关且已受到刑事追究,但是大金山公司占用、毁坏林地的违法行为没有得到消除,当地生态环境仍处于受破坏状态,损害了国家和社会公共利益。被告作为林政主管部门,应当依据法律规定,对大金山公司作出除罚款以外的责令恢复原状的行政处罚,但被告没有依法履行其法定职责,故判决确认被告红安县林业局未依法履行作出责令恢复原状行政处罚的法定职责行为违法。

四、未及时采取行政强制措施或未及时强制执行

行政强制措施是指行政机关在行政管理过程中,为制止违法、防止证据损毁、避免危害发生、控制危险扩大等情形,依法对公民的人身自由实施暂时性限制,或者对公民、法人或者其他组织的财物实施暂时性控制的行为。[①] 行政强制执行是指国家机关或者行政机关申请人民法院,对于在规定期限内拒不履行行政决定的当事人,依法采取有关强制手段,迫使其履行义务,或达到与履行义务相同的状态。[②] 依据《行政强制法》《环境保护法》《环境保护主管部门实施查封、扣押办法》等相关法律法规的规定,在生态环境和资源保护领域,负有监督管理职责的行政机关有采取行政强制措施以及履行行政强制执行或者申请法院履行行政强制执行的法定职权,其最终目的是保护自然资源,维护生态平衡。保护生态环境、治理环境污染以及恢复被破坏的自然资源具有紧迫性和艰巨性,负有监督管理职责的部门应及时采取相应措施。如果行政机关不及时采取强制措施立即停止可能造成或者已经造成生态环境及自然资源破坏的违法行为,或者不及时强制执行对已被破坏的生态环境及自然资源进行修复,将很难挽回所产生的严重后果。为有效保护生态环境和自然资源,检察机关可通过行政公益诉讼,督促负有监督管理职责的行政机关依法、及时履职。

---

① 《行政强制法》第 2 条第 2 款规定。
② 《行政强制法》第 2 条第 3 款规定。

【案例拓展】

湖北省松滋市人民检察院诉松滋市水利局不正确履行水行政监管法定职责案

2015年4月,当事人冯某未经许可在松滋市新江口镇某村松西河右岸河道滩地修建钢构板房一栋,建筑面积630平方米,用于从事餐饮服务。同年10月,松滋市水利局对冯某的违法行为予以立案,并于当日发出责令停止违法行为通知书,责令其立即停止建设妨碍行洪的构筑物的违法行为。2016年9月,松滋市水利局作出行政处罚决定书,要求冯某清除违法建筑,恢复原貌。2016年10月,松滋市人民检察院接到举报,称该违法建筑物仍然存在。松滋市人民检察院向市水利局发出检察建议书,建议市水利局严格依法履行监督管理职责。2016年12月,市水利局仍未依法正确履行监管职责,使国家和社会公共利益持续处于受侵害状态。松滋市人民检察院向松滋市人民法院提起行政公益诉讼,请求确认被告对冯某违法在河道管理范围内建设建筑物的行为不正确履行监管职责违法。松滋市人民法院经审理认为,松滋市水利局作为水行政主管部门对"冯某未办理任何手续,擅自在河道管理范围内建设妨碍行洪建筑物"的违法行为,既要依照防洪法履行其行政处罚之法定职权,又要依照水法、行政强制法履行其行政强制执行之法定职权,故松滋市人民检察院要求确认被告不正确履行监管职责违法及判令依法正确履职的诉讼请求合理合法,责令被告松滋市水利局在本判决生效后依照《中华人民共和国水法》和《中华人民共和国行政强制法》的相关规定履职。

五、怠于履行后续监管职责 ①

行政公益诉讼中的"怠于履行后续监管"不同于普通行政执法中的"怠于履职"。一般情况下,行政相对人申请行政机关履职,行政机关拒绝履职的,属于怠于履职。在行政公益诉讼中,没有特定的利害关系人要求行政机关履行保护生态环境、矿产资源的职责,需要行政机关依法、主动、积极、全面履职。在生态环境和资源保护领域,行政机关怠于履行后续监管职责的行为大都表现出一个特点:并非行政机关对污染环境、破坏资源的违法行为完全不作为,而是行政机关虽有执法行为,即已经作出行政处罚,已经采取强制执行措施或已经申请法院强制执行等,但行政相对人的违法行为仍在继续,生态环境和自然资源被破坏的后果仍然持续存在。此时,负有监督管理职责的行政机关要积极履行后续监管责任。需要说明的是,生态环境与资源保护是一项持续性的工作,环境污染和资源破坏事件通常在短期内难以解决,有时需要花费几年甚至几十年的时间才可能恢复。在这种情况下,行政机关只要不是故意怠于履行后续监管职责,一般不认定为怠于履职。其中,行政相对人违法行为停止与否可以作为判断行政机关后续监管职责是否履行的一个标准。例如,在莒南县人民检察院对日照市环境保护局岚山分局怠于履行监管职责提起行政公益诉讼一案中,日照市岚山区人民检察院依法向日照市环境保护局岚山分局发出检察建议,督促其对刘某某等多家塑料颗粒加工户擅自从事塑料颗粒生产经营活动的环境污染行为严肃查

---

① 判定行政机关是否存在不履行监督管理职责的情形,应从其有无监督管理职责、有无具体履职手段和是否穷尽履职手段三个方面来审查。在行政公益诉讼中,行政机关的监督管理职责不同于普通诉讼中行政机关的法定职责。法定职责是指行政机关的对外管理职责,而监督管理职责既包括对外管理职责,也包括对内监督职责等。行政机关的履职手段既包括对违法行为的处罚、责令纠正违法、征收税费等执法性措施,也包括检查报告、转交、代为修复等事实性手段。在判断行政机关是否履行监督管理职责时,应重点从其主观上是否有不履行的故意,客观上是否穷尽法律法规授权的履职手段进行审查,而不能简单将公共利益是否脱离受损状态的结果作为判断依据。

处。日照市环保局岚山分局书面回复称刘某某等大部分加工户已经停止生产并拆除了部分设备。但经核查，刘某某等加工户仍在违法生产塑料颗粒，致使当地环境持续受到污染，损害了国家和社会公共利益。法院经审理认为，日照市环境保护局岚山分局作为辖区内的环境保护主管部门，对刘某某等加工户污染环境的行为，负有法定监管职责，但其未依法充分履职，导致刘某某等加工户污染环境行为长期存在，损害了国家和社会公共利益，故依法支持了检察机关的诉讼请求。

第二节 食品、药品安全类行政公益诉讼

在食品安全[①]和药品安全[②]领域，食品、药品监督管理部门应按照法律法规的规定依法履行相应的职责。在行政公益诉讼中，食品、药品安全领域可诉行政行为其实就是负有监督管理职责的行政机关违法行使职权或者不作为。主要包括以下几点：

一、违法许可食品、药品的生产和经营

食品、药品领域的行政许可主要有以下两种：一是食品、药品生产

[①]《食品安全法》第150条规定："……食品，指各种供人食用或者饮用的成品和原料以及按照传统既是食品又是中药材的物品，但是不包括以治疗为目的的物品。食品安全，指食品无毒、无害，符合应当有的营养要求，对人体健康不造成任何急性、亚急性或者慢性危害……"

[②]《药品管理法》第2条规定："本注所称药品，是指用于预防、治疗、诊断人的疾病，有目的地调节人的生理机能并规定有适应症或者功能主治、用法和用量的物质，包括中药、化学药和生物制品等。药品安全，则是指通过对药品研发、生产、流通、使用全环节进行监管所表现出来的消除了外在威胁和内在隐患的综合状态，以及为达到这种状态所必要的供应保障和信息反馈，其内涵可以界定为质量符合标准、不良反应在可接受的范围内、临床无用药差错和可及性四个部分。"

许可,《食品安全法》①和《药品管理法》②对食品生产许可和药品生产许可制度作了规定,通过食品、药品生产许可证制度,从源头上管理食品、药品的生产过程,严格落实食品、药品质量和安全市场准入制度。二是食品、药品经营许可,食品、药品经营是食品、药品质量保障的重要环节,通过经营许可制度对食品、药品经营领域实施有效监管,关系到公众生命健康权益的维护和保障,《食品安全法》《食品经营许可管理办法》③以及《药品管理法》④对此作了规定。消费者出于对国家食品、药品管理制度的信任,进而对从事食品生产、销售等主体,以及药店和医疗机构等同样信任,如果从事食品经营等主体或者药店和医疗机构等未从食品、药品上市许可持有人或者具有食品、药品经营资格的企业购进药品,将会侵害广大消费者的合法权益,甚至冲击国家食品、药品管理制度的权威性,因此督促食品、药品监督管理部门履行好辖区内食品、药品安全领域行政职责意义重大。在行政执法实践中,食品、药品安全监督管理部门存在失职或渎职行为,违法作出行政许可,使不符合安全标准,甚至有毒有害的食品、药品流入市场,对国家利益以及广大人民群众最基本、最重大的食品、药品安全权益造成了不同程度的侵害。所以,检察机关对于在食品、药品领域损害国家利益或者社会公共利益的违法许可行为,可以提出检察建议、提起行政公益诉讼的方式履行法律监督职责。

---

① 《食品安全法》第35条第1款规定:"国家对食品生产经营实行许可制度。从事食品生产、食品销售、餐饮服务,应当依法取得许可。"

② 《药品管理法》第41条第1款规定:"从事药品生产活动,应当经所在地省、自治区、直辖市人民政府药品监督管理部门批准,取得药品生产许可证。无药品生产许可证的,不得生产药品。"

③ 《食品经营许可管理办法》第2条规定:"在中华人民共和国境内,从事食品销售和餐饮服务活动,应当依法取得食品经营许可。"

④ 《药品管理法》第51条第1款规定:"从事药品批发活动,应当经所在地省、自治区、直辖市人民政府药品监督管理部门批准,取得药品经营许可证。从事药品零售活动,应当经所在地县级以上地方人民政府药品监督管理部门批准,取得药品经营许可证。无药品经营许可证的,不得经营药品。"

【案例拓展】

福建省闽侯县人民检察院督促闽侯县市场监督管理局、福州高新区市场监督管理局履行职权案

2018年4月,央视"每周质量报告"曝光了闽侯县域内四家食用调和油生产商存在偷工减料、非转基因虚假标识等现象。这些食用调和油生产商通过在普通植物油勾兑出的低端油中添加低价大豆油等方式降低成本,以低价油冒充高价油,并在产品标签中虚假标注原料配比、虚假标识非转基因,以转基因原料冒充非转基因原料,严重损害了社会公共利益。央媒曝光后,闽侯县人民检察院立即深入闽侯县市场监督管理局、福州高新区市场监督管理局等部门调查了解相关情况,并监督其对涉案企业开展检查。2018年4月,针对调查中发现的食用油安全、偷工减料、非转基因虚假标识等问题,分别向闽侯县市场监督管理局、福州高新区市场监督管理局等部门发出检察建议,督促其依法履行监管职责,对涉事企业违法生产经营依法予以查处,依法采取没收涉案企业违法生产经营的食用油及违法所得、处以罚款等措施。闽侯县市场监督管理局、福州高新区市场监督管理局迅速行动,成立专案组;对涉案产品展开调查,对涉事企业从原料采购、生产过程、购销台账、库存产品和未使用的标签等进行全面清查;对涉案企业依法予以行政处罚,落实食品安全主体责任,督促食用油问题整改。目前,央媒曝光的闽侯县内4家涉嫌生产标签不合格食用油的生产企业现已基本整改完毕,共没收封存约9700瓶、召回销毁46箱违法生产经营的食品油,涉案金额累计26万余元,共处罚款224.8万元。

二、对违法行为未及时处罚

负有食品、药品安全监督管理职责的行政机关有权依据法定权限,对食品、药品的生产、运输、储藏、销售、使用等各个环节进行监督和

管理，对违反食品、药品安全法律规范的行为进行行政处罚，以达到规范食品、药品市场，维护公共利益和社会秩序，保护公民、法人或者其他组织的合法权益的目的。具体来讲，食品监管部门对没有取得生产经营许可就从事生产经营活动的，未经许可生产食品添加剂的，在食品中添加化学物质等可能危害人体健康的物质的，用非食品材料生产食品的，生产经营的食品或食品添加剂中兽药残留、重金属、农药残留、生物毒素等其他危害人体健康的物质超标的；药品监督管理部门对于无证生产经营药品的，生产、销售假药劣药的，药品的生产经营企业、药物临床试验机构、药物非临床安全性评价研究机构违反药品管理法律法规以及规章的，食品药品安全监督管理部门可以作出警告、通报批评、罚款、没收违法所得、没收非法财物、暂扣许可证件、降低资质等级、吊销许可证件、限制开展生产经营活动、责令停产停业、责令关闭、限制从业、行政拘留等行政处罚。在行政执法实践中，食品药品监督管理部门存在怠于履职的现象，对应当进行行政处罚的行为未及时查处或查处不到位，致使国家利益或者社会公共利益处于被侵害状态。当行政主体怠于行使行政处罚权的时候，检察机关应积极发挥法律监督职能，通过行政公益诉讼督促和支持行政机关依法履职。

三、未及时采取行政强制措施或未及时强制执行

食品、药品监督管理领域的行政强制措施是指负有食品、药品监督管理职责的行政机关在行政执法过程中，在有初步证据的前提条件下，为预防或制止可能或正在发生的食品、药品违法行为，保全行政相对人违反食品、药品法律法规的相关证据，避免危害食品、药品安全事件的发生或控制已经发生的食品、药品安全事件的损害规模，依照法定程序对行政相对人的相关财物实施的暂时性控制。相较于在食品、药品安全事件发生后对违法相对人进行事后追责，做好食品、药品安全事件的事前预防对维护公众健康无疑更有意义。要做到食品、药品安全事件

的预防就需要食品、药品监督管理机关通过运用各类监管措施保证监管实效。行政强制措施作为广泛运用在各类行政执法领域中的监管措施以"预防食品、药品安全事件的发生或扩大""收集行政相对人违法证据""制止食品、药品违法行为"为最终目的,是食品、药品监管机关在食品、药品执法时重要的监管手段。如《食品安全法》第63条第5款规定:"食品生产经营者未依照本条规定召回或停止经营的,县级以上人民政府食品安全监督管理部门可以责令其召回或者停止经营。"又如,在药品稽查过程中,为案件办理中的证据的固定和违法经营行为中涉案药品的控制等。食品、药品监督管理领域的行政强制执行是指负有食品、药品监督管理职责的行政机关依《食品安全法》《药品管理法》等相关法律法规对食品、药品的生产、运输、储藏、销售、使用等各个环节违反食品、药品安全法律规范的行为进行行政处罚,行政相对人拒不履行限处罚决定的,食品、药品监督管理部门依法申请人民法院强制执行。

食品、药品安全问题属于重大的民生问题和社会问题,负有监督管理职责的部门应当及时采取相应措施。如果行政机关不及时采取强制措施立即停止可能造成或者已经造成危害食品、药品安全的违法行为或者不及时申请强制执行,将产生难以挽回和难以弥补的严重后果。为了守护"舌尖上的安全",检察机关可通过行政公益诉讼,督促食品、药品安全领域负有监督管理职责的行政机关及时履行相关职责,切实保障食品、药品安全。

四、怠于履行后续监管职责

习近平总书记多次强调,要切实加强食品药品安全监管,用最严谨的标准、最严格的监管、最严厉的处罚、最严肃的问责,加快建立科学完善的食品药品安全治理体系。为落实食品、药品安全"四个最严"要求,负有食品、药品监督管理职责的行政机关在履职过程中应该积极充分履职。在行政执法实践中，食品、药品安全监督管理领域存在监管链条长、监管体量大以及监管力量相对薄弱等突出问题，怠于履行后续监管职责情形时有发生，需要检察机关及时介入，通过行政公益诉讼，与食品、药品监督管理部门联动，共同实现食品、药品安全"四个最严"要求的新型治理机制。值得注意的是，对食品、药品领域"怠于履行后续监管职责"的认定应当坚持实质和形式合法性的双重标准，部分行政机关仅仅从形式上片面地理解"履职"的含义，停留在作出形式性监管动作上。检察机关应看重问题是否得到实质性解决，国家利益和社会公共利益是否得到有效维护，以此来判断是否存在"怠于履行后续监管职责"的情形。具体来说，可以考量行政机关纠正违法行为或者履行职责的期限、勤勉程度、是否穷尽所有法定手段，以及履职的实际效果等。尽管行政机关实施了行政行为，作出了行政处罚或者采取了行政强制执行等行政行为，但是国家利益和社会公共利益仍没有得到完善的保障，还是有被认定为"怠于履行后续监管职责"的可能。因此，在食品、药品监督管理领域，尽管一些行政机关实施了作为行为，但是没有采取有效措施弥补社会公共利益因不法行为遭受的损失，或者没有充分保障此领域的社会公共利益，检察机关可将其认定为"怠于履行后续监管职责"而进入诉讼程序。

【案例拓展】

湖北省松滋市人民检察院督促保护零售药品安全行政公益诉讼案

松滋市某药店经营者黄某于2017年通过微信向他人购买无随货同行单的"波立维""阿司匹林"等药品，金额4万余元。上述药品除已被公安机关扣押的130盒阿司匹林肠溶片外，其他药品均无存货，且无购销记录。2018年7月，松滋市公安局对黄某销售假药案立案侦查。同月，松滋市食品药品监督管理局对该药店涉嫌销售假药立案调查。经鉴定，涉案"阿司匹林肠溶片"为假药。2019年5月，松滋市市场监督管理局向该药店下达行政处罚决定书,认定其从不具有药品经营资格的企业购进药品并销售假药,违反了《药品管理法》第34条和第48条规定,责令其改正违法行为,并作出停业整顿6个月的行政处罚。松滋市人民检察院认为松滋市市场监督管理局作出的行政处罚存在错误:(1)对违法事实认定不全面。该药店还违反了《药品管理法》第17条、第18条规定,即未建立并执行进货检查验收制度,验明药品合格证明和其他标识,也没有真实完整的购销记录;(2)行政处罚适用法律不全面,行政机关并未对违法行为人予以警告、没收违法所得和并处罚款。对于情节严重的,还应考虑吊销《药品经营许可证》,并对责任人员实施禁业限制。该院于2019年10月向松滋市人民法院提起行政公益诉讼。法院审理后作出判决支持检察机关的全部诉讼请求,认为行政相对人被刑事立案后,行政机关仍应当履行行政监管职责;行政机关在检察建议督促后,仍未对药品违法行为全面履行监管职责,且作出的行政处罚适用法律错误;原药店注销后,行政机关还应当追究危害药品安全个人的行政法律责任。判决生效后,行政机关撤销了之前作出的《行政处罚决定》,重新作出了行政处罚,并吊销了原药店的《药品经营许可证》。

第三节 国有财产保护类行政公益诉讼

国有财产包括国家所有的各种财产、物资、债权和其他权益。国有财产保护领域的行政公益诉讼案件,主要指对国有财产负有监督管理职责的行政机关违法行使职权或者不作为,致使国家利益受到侵害的案件。具体包括以下几个方面:

一、怠于监管偷漏税的行为

税,亦称税收,是国家税收机关凭借其行政权力,依法强制无偿取得财政收入的一种手段。① 负有纳税义务的个人、单位必须依法纳税，否则会受到法律的制裁，这是税收强制性的体现。国家税收主要用于国家发展和军队建设、基础设施建设、科教文卫体等事业单位发展、公务员工资的发放、环境保护、救灾赈济和发放社会福利等。税收是国民收入再分配的一种方式，可以平衡贫富差距、合理调整社会经济结构，是实现共同富裕的有效途径之一，在国民经济发展中发挥着不可替代的作用。行政机关应积极履行法律赋予的税收征收管理权，维护国家利益和社会公共利益。

实践中存在行政机关怠于监管偷漏税的情况，检察机关通过行政公益诉讼监督税务机关依法行使税收征收管理权，可有效追缴纳税义务人拖欠的税款，减少国有财产的流失。例如，兰州市城关区人民检察院发现某房地产开发有限公司一直未缴纳营业税，发出检察建议督促兰州市税务局履行行政监管职责，采取有效措施依法追缴某公司所欠缴税款。及至履行期限，兰州市税务局仍未追回欠缴的税款。兰州市城关区人民检察院提起诉兰州市税务局不履行法定职责的行政公益诉讼，法院经审理，责令被告税务局履行法定职责，将第三人欠缴的税款追缴到位。②

二、怠于征收费款

费，即各种社会费用，是一定行政机关凭借国家行政权所确立的地位，为行政相对人提供的公益服务，或授予国家资源和资金的使用权而收取的对价。目前，我国的社会费用主要有公路运输养路费、车辆购置附加费、港口建设费、排污费、教育费附加等。③ 不同于税收的无偿

---

① 应松年等:《行政法与行政诉讼法》，高等教育出版社2018年版，第157页。
② 详见兰州市城关区人民检察院诉兰州市税务局不履行法定职责案[(2018)甘7101行初125号]。
③ 应松年等:《行政法与行政诉讼法》，高等教育出版社2018年版，第157—158页。

性^①，费的征收建立在有偿服务的基础上，收费可以调节社会收入分配、实现社会公平负担。

在国有财产保护领域，行政机关怠于征收费款的行为主要表现在人防建设方面，一是对未依法缴纳修建防空地下室易地建设费的行为怠于监管。如福建省建宁县人民检察院在履行职责中发现，建宁县人民防空办公室对该县防空地下室建设工作负有法定管理职责，存在怠于收取闽赣公司、竣邦公司人防易地建设费用的行为。建宁县人民检察院向建宁县人民防空办公室发出检察建议，要求其采取有效措施依法依规收缴人防易地建设费用，避免国有资产流失。建宁县人民防空办公室在收到检察建议后，仍未依法充分履行职责，人防易地建设费未完全收缴，国家和社会公共利益仍处于受侵害状态。建宁县人民检察院针对建宁县人民防空办公室怠于征收费款的系列不作为行为提起行政公益诉讼。^②二是采取形式上批准暂交少量易地建设费，实际上减免征收的方法违规审核项目。

三、怠于收取国家资产收益

由国家已有资产的收益所形成的应属于国家所有的财产，其中包括国有房屋出租收取的租赁费用财产。为避免国有财产的流失，国有房屋招租时应采用透明、公开的方式，明确房屋的租金标准、出租时间、方式、用途，实行公开招租或拍租，避免出现出租房屋随意定价或明显低于同地段的市场价格等"友情租赁"现象，也不得在房屋出租后任意减少租金、变相转移国有资产租赁收入。在行政执法实践中，负有国有财

---

① 税收无偿性是指国家征税以后对具体纳税人既不需要直接偿还，也不需要付出任何直接形式的报酬，纳税人从政府支出所获利益通常与其支付的税款不完全成——对应的比例关系。

② 详见福建省建宁县人民检察院诉建宁县人民防空办公室不作为系列案〔（2016）闽0430行初28号、（2016）闽0430行初29号、（2017）闽0430行初9号〕。

产保护监督管理职责的部门会出现违法履行职责或者监管缺位的情况，致使应收取的国有房屋租赁费用未全部收取或收取不到位，导致国有资产流失，致使国家利益受到侵害。例如，广州市海珠区人民检察院在履行职责中发现某物业管理有限公司在海珠区×号直管房的租赁管理中，实际收取承租人房屋租金后，将30%左右的租金上缴给海珠区国土资源和房屋管理局，剩余70%左右租金以市场管理费的名义非法占有。另查明，根据广州市房地产租赁管理所公布的广州市房屋租金参考价，上述直管房的房屋租金明显低于同期该地段的租金标准。针对上述行为，海珠区人民检察院向海珠区国土资源和房屋管理局发出检察建议书，督促其依法履行直管房管理职责，及时调整租金标准并足额收取应收租金及利息。但直至检察建议履行期限届满，该直管房应收的租金及利息依然没有被追回，国家利益仍处于受侵害的状态。随后，海珠区人民检察院针对海珠区国土资源和房屋管理局怠于收取国家资产收益的行为提起行政公益诉讼。

另外，国有房屋的租金收入应当纳入财政预算，进行统一管理，不得将租金直接用于单位的经费支出，不得将租金直接用于计入往来款目，更不得将其形成本单位的"小金库"，用于发放职工工资或公款旅游等。

四、怠于监管骗取补贴的行为

财政补贴是指国家为了实现特定的政治经济和社会目标，向企业或个人提供的一种补偿，主要是在一定时期内对生产或经营某些销售价格低于成本的企业或因提高商品销售价格而给予企业和消费者的经济补偿。[1] 财政补贴可以促进社会资源的优化配置，加快经济发展，调整产业结构，提供社会福利，有效调节社会供求平衡。但在实践中，

---

[1] 夏征农、陈至立主编：《辞海》（第七版），上海辞书出版社2015年版，第1853页。

存在个别企业或个人通过不法手段骗取财政补贴的行为,严重影响行业竞争,加重财政负担。为避免此类情况发生,负有监督管理职责的行政部门在发放各类财政补贴时,应严格审查、核实相关材料,避免因怠于监管造成国有财产的流失,将财政补贴更好地服务于生产、流通、消费等居民生活的各个方面,以及交通、建筑、外贸、工农商等国民经济的各部门。

骗取国家补贴的行为主要表现为养殖场骗取畜禽国家补贴、公交公司骗取燃油补贴、不符合农机补贴政策的购机对象骗取农机补贴、屠宰场骗取病害猪无害化处理补贴等。检察机关通常在开展国有资产保护领域行政执法专项活动中发现此类线索,并常以类案形式出现。

如山东省聊城市阳谷县人民检察院在履职过程中发现阳谷县林业局在林业贷款中央财政贴息项目的审核、验收和资金发放过程中,未认真履行监管职责,对企业提供的伪造的申报材料未严格审核即违规予以上报,致使多家公司骗取了财政贴息资金,给国有资产造成了重大损失。阳谷县人民检察院向阳谷县林业局发出检察建议,督促其依法履行职责,追回被骗取的财政贴息资金。阳谷县林业局收到检察建议后,仍不依法履职,也未追回被骗取的财政贴息资金,国家利益仍处于受侵害状态。阳谷县人民检察院针对阳谷县林业局林业贷款财政贴息项目及后续的监督过程中怠于履行监管职责的行为提起行政公益诉讼。①

五、违法审批、发放社会保障金

社会保障类国有财产是指国家通过收入再分配,保障无收入、低收入以及遭受各种意外灾难的公民能够维持生存,保障劳动者在年老、失业、患病、工伤、生育时的基本生活不受影响而支出的国有财产。在现

---

① 详见山东省聊城市阳谷县人民检察院诉阳谷县林业局不作为案〔(2016)闽0430行初28号〕。

有经济制度下，社会保障金在缓和社会矛盾、促进社会和谐稳定发展方面发挥着重要作用，必须建立科学的社会保障金管理体系，明确各部门职责，合理制定社会保障金的发放标准，建立公开透明的保障金发放制度，实现社会保障金的专款专用，将社会保障金切实服务于我国的民生建设。

在行政执法实践中，行政机关违法审批、发放社会保障金以及对低保资金监督管理不到位，会导致国有财产流失，严重损害国家利益。如十堰市茅箭区人民检察院在履职中发现，茅箭区民政局未依法调查核实，对不符合享受低保政策规定的低保申请人作出了审批批准决定；未依法定期核查，对批准时符合享受低保待遇条件，批准后其家庭收入和财产状况明显超出最低生活保障标准的低保户及时停发其低保资金，致使国有资产受损，侵害了国家和社会公共利益。为切实保障国有资产不受侵害，维护国家和社会公共利益，茅箭区人民检察院向茅箭区民政局发出检察建议，督促茅箭区民政局依法严格履行职责，切实加强对低保工作的管理；积极挽回国家损失，追回被套取得低保资金。及至检察建议履行期限，茅箭区民政局仍未及时履行相应职责，致使国家利益仍处于受侵害状态。后茅箭区人民检察院针对茅箭区民政局违法审批、发放低保金，不依法履行定期核查低保户情况及时停发低保金的行为提起行政公益诉讼。

第四节　国有土地使用权出让类行政公益诉讼

国有土地使用权出让领域行政公益诉讼案件，主要是指在国有土地供应、土地使用权出让收入征收、出让土地使用监管等环节负有监督管理职责的行政机关违法履行职权或者不作为，造成国家利益或者社会公共利益受到侵害的案件。常见类型有以下几种：

一、违法履职或怠于履职致国有土地使用权出让收入流失

国有土地使用权出让是指国家以土地所有者的身份将土地使用权在一定年限内交付与土地使用者,签订出让合同并由土地使用者向国家支付土地使用权出让金的行为。① 具体来说,按照国有土地所有权与使用权相分离的原则,国家依法授权市、县人民政府自然资源部门(自然资源局)作为本行政区域内国家土地所有者的代表,将城市中的拟开发的特定地块以一定年限、用途、面积、规划设计和其他附属条件,让与土地使用者占有、使用、经营和管理,并收取土地使用权出让金。但在土地出让实践过程中,因行政机关违法履职或怠于履职,会产生各种扭曲、蜕化正常市场交易的行为,直接导致国家利益或社会公共利益受到侵害。主要表现为:(1)行政机关违法低价出让土地使用权②;(2)行政机关应以招标、拍卖、挂牌和协议等出让方式供地,违法以划拨方式供地的;(3)行政机关违法以土地换项目、先征后返、补贴等形式变相减免土地使用权出让金;(4)土地使用者未按照出让合同约定足额支付土地使用权出让金,行政机关未依法处理;(5)土地成交后,土地使用者既不在规定时间内签订出让合同,也不足额支付土地使用权出让金,行政机关未依法处理;(6)土地使用者转让划拨土地使用权应当缴纳土地使用权出让金而不缴纳,行政机关未依法处理;(7)土地使用者改变出让合同约定的土地用途、容积率等土地使用条件应当补缴土地使用权出让金而不补缴,行政机关未依法处理;(8)其他与土地使用权出让或变更有关收入流失的情形。此时,需要检察机关根据受损程度进行调查,

---

① 参见《城市房地产管理法》第8条。
② 现实中,地方政府为了"招商引资",非法低价出让土地使用权,尤其是经济不发达的地区,以此作为重要手段吸引资金。但政府低价出让土地使用权,可能导致土地权利人得不到应有的土地征收补助金,也会造成土地资源的浪费和国有财产的流失。

发出检察建议，如果还不依法履职即可提起行政公益诉讼，督促相关行政主管部门追缴国有土地使用权出让金，有效避免国有财产流失，维护国家利益和社会公共利益。

【案例拓展】

贵州省铜仁市德江县人民检察院诉德江县国土资源局不作为案

德江县人民检察院在履行职责过程中发现，德江县国土资源局在出让该县县城城南新区一块面积168.2亩国有建设用地使用权的过程中存在出让程序不规范，出让价款没有按照出让合同约定收取的问题。出让程序不规范主要表现在，重庆钦正房地产开发有限公司缴纳保证金2000万元并以2.805亿元竞得该宗土地使用权，但因该公司未在成交确认书约定的期限内与德江县国土资源局签订出让合同，德江县国土资源局便在挂牌出让成交5个月之后，以挂牌出让成交价及当时的出让条件与贵州德江云海房地产开发有限公司签订出让合同，并以云海公司系钦正公司在德江县设立的新公司为由，将钦正公司缴纳的2000万元算作云海公司缴纳的土地价款，在云海公司未另行缴纳土地出让价款的情况下，将土地交其开发使用。德江县人民检察院自2014年至2016年先后向德江县国土资源局发出检察建议书，督促其依法纠正将钦正公司所交的应当依法予以收缴的2000万元算作云海公司所缴出让金的行为，并依法征收云海公司尚欠国有建设用地使用权出让金。其间，德江县国土资源局仅向云海公司数次发出书面催缴通知书，没有采取有力的征缴措施，也没有依法纠正错误行为，时至2016年底，尚有出让价款2.27亿元没有征收入库，德江县国土资源局存在怠于履职行为。2016年12月，德江县人民检察院向思南县人民法院提起行政公益诉讼，请求法院确认被告德江县国土资源局怠于收取云海公司土地出让金的行为违法，并判令被告德江县国土资源局依法履行职责。2017年6月，思南县人民法院经审理作出判决，支持德江县人民检察院的诉讼请求。

二、未及时处置闲置土地

闲置土地是指国有建设用地使用权人超过国有建设用地使用权有偿使用合同或者划拨决定书约定、规定的动工开发日期满一年未动工开发的国有建设用地。为了有效利用土地,《土地管理法》规定了禁止土地闲置及无偿收回闲置土地制度。闲置土地的处置是保障土地节约集约利用,促进经济社会高质量发展的重要措施。① 土地大量闲置既浪费国家的土地资源又破坏土地市场的正常运行,政府应采取有效措施避免土地闲置。但政府收回闲置的土地却并非易事,因其剥夺了具有重大经济利益的土地使用权,社会影响力大。

实践中,闲置远超两年而政府并未及时收回等现象仍然存在,很大程度上侵害了国家利益和社会公共利益。如在福建省南平市顺昌县人民检察院督促顺昌县国土资源局依法履职案中,顺昌县人民检察院发现2009年划拨给顺昌县顺利安老院的安老院建设项目用地直至2016年仍未动工。顺昌县人民检察院向顺昌县国土资源局发出检察建议,督促其依法履行法定职责,按法律规定收回该宗土地使用权。但顺昌县国土资源局对检察建议予以回复,认为其至今未做好土地闲置回收工作,是因为该划拨地属公共事业养老用地,系慈善事业,而且

---

① 《土地管理法》第38条规定:"禁止任何单位和个人闲置、荒芜耕地。已经办理审批手续的非农业建设占用耕地,一年内不用而又可以耕种并收获的,应当由原耕种该幅耕地的集体或者个人恢复耕种,也可以由用地单位组织耕种;一年以上未动工建设的,应当按照省、自治区、直辖市的规定缴纳闲置费;连续二年未使用的,经原批准机关批准,由县级以上人民政府无偿收回用地单位的土地使用权;该幅土地原为农民集体所有的,应当交还原农村集体经济组织恢复耕种。在城市规划区范围内,以出让方式取得土地使用权进行房地产开发的闲置土地,依照《中华人民共和国城市房地产管理法》的有关规定办理。"《城市房地产管理法》第26条规定:"以出让方式取得土地使用权进行房地产开发的,必须按照土地使用权出让合同约定的土地用途、动工开发期限开发土地。超过出让合同约定的动工开发日期满一年未动工开发的,可以征收相当于土地使用权出让金百分之二十以下的土地闲置费;满二年未动工开发的,可以无偿收回土地使用权;但是,因不可抗力或者政府、政府有关部门的行为或者动工开发必需的前期工作造成动工开发迟延的除外。"

业主不配合，导致闲置土地处置困难。后顺昌县人民检察院针对顺昌县国土资源局未限期履行对闲置土地依法处置法定职责的行为提起行政公益诉讼。

三、违法审批土地许可

国有土地出让领域的行政许可主要是指负有土地监督管理职责的行政机关根据单位或者个人的申请，经过依法审查，通过颁发许可证的方式对符合许可授予条件的建筑单位或个人的合法主体资格和开发建设行为予以确认的行政行为。此类行政许可的存在是负有土地监督管理职责的行政机关为了维护正常的社会秩序和环境条件，对土地开发利用活动进行的合法性和合理性审查。

在行政执法实践中，因土地资源具有巨大经济价值，许可审批易受到人为因素干扰，违法审批土地开发许可的情况并不少见。如广东省台山市人民检察院在办理有关渎职侵权刑事案件中发现，台山市国土资源局违反法定程序审批国有土地使用权的出让、登记，违法审批许可土地使用权，非法套用用地建设指标批文，低价出让国有土地使用权，造成国有财产流失。台山市人民检察院随即向台山市国土资源局提出检察建议，督促其依法履行职责，积极采取有效措施纠正违法行为。但台山市国土资源局一直未采取有效措施纠正违法行为，国家利益处于严重被侵害状态。为了维护国家和社会公共利益，依法纠正行政违法行为，经广东省人民检察院指定，深圳市宝安区人民检察院向江门市江海区人民法院提起行政公益诉讼。在诉讼过程中，台山市国土资源局履行了法定职责，收回涉案土地使用权并注销其权属登记。可见，行政公益诉讼在为国家挽回大量的土地资源和国有资产方面，发挥着不可替代的重要作用。

第五节　其他领域行政公益诉讼

生态环境和资源保护、食品药品安全、国有财产保护、国有土地使用权出让四个领域是社会实践中最常见、最广泛的领域，涉及公民最基本、最重大的权益。实践中，行政公益诉讼也是以这四个领域为主，因为法律用"等"字作为兜底条款，又考虑到现实中出现的安全生产、未成年人保护、个人信息安全问题等，检察机关开始探索其他领域的行政公益诉讼。

一、未成年人保护类行政公益诉讼

给予未成年人特殊保护是社会进步和国家文明的重要体现。习近平总书记强调，全社会都要关心少年儿童成长，支持少年儿童工作。对损害少年儿童权益、破坏少年儿童身心健康的言行，要坚决防止和依法打击。《未成年人保护法》《人民检察院公益诉讼办案规则》都将未成年人保护纳入行政公益诉讼的范畴。通过行政公益诉讼聚焦未成年人的合法权益保护问题，引起社会对未成年人权益保护的重视，形成保护未成年人合法权益的合力，为未成年人的成长创造更加有利的环境。

实践证明，未成年人行政公益诉讼保护不仅关注到未成年人司法的特殊性，有助于强化未成年人的权益保护，而且能够充分发挥检察机关办理行政公益诉讼案件"以点带面"的功效，有利于将未成年人司法保护的效果最大化。如福建省福清市人民检察院在履职过程中发现涉及7个街道办事处、镇政府共16所幼儿园系无证办学，在园幼儿约1500人。福清市教育局曾多次向无证幼儿园发出《责令停止办学行为通知书》，并向相关街道办事处、镇政府发函要求取缔无证幼儿园，但处罚措施未落到实处，也未能有效推动相关部门共同解决问题。7个街道办事处、镇政府对无证办学问题也未引起充分重视，更未按照规定履行取缔辖区内无证幼儿园的职责。福清市人民检察院分别向福清市教育局及7个相关街道办事处、镇政府发出检察建议后，又针对在整顿过程中遇到的障碍和困难，联合福清市政府召集相关街道办事处、镇政府、教育、公安、消防、安监等部门召开诉前圆桌会议，制订联合执法方案，针对无证幼儿园选址布局、消防设施、校车营运、饮食卫生、教学秩序等隐患与问题，要求各部门发挥专长优势，有针对性地进行整改落实，有效解决了无证幼儿园监管难、取缔难、整治难问题。

二、安全生产类行政公益诉讼

安全生产与人民群众的生命、财产利益息息相关，关系到千千万万个家庭的幸福安宁和社会稳定。近年来，我国安全生产面临严峻形势，重特大安全事故未能得到有效遏制，严重损害了人民群众生命财产安全和社会公共利益。新的发展阶段、新的发展理念和新的发展格局对安全生产提出了更高要求，不仅亟须强化、优化政府监督管理职责，还需增强安全生产行政监督管理的法治保障。2016年，《中共中央、国务院关于推进安全生产领域改革发展的意见》指出要"研究建立安全生产民事和行政公益诉讼制度"。2019年，党的十九届四中全会指出要"拓宽公益诉讼案件范围"，为检察机关开展公益诉讼明确了发展方向。此外，《2020年推动长江经济带发展工作要点》也明确了探索开展危化品、尾矿库、交通运输等安全生产领域公益诉讼检察工作。最高人民检察院及时将新领域公益诉讼探索原则从"稳妥、积极"调整为"积极、稳妥"，并将安全生产公益诉讼作为探索重点。2021年9月1日《安全生产法》正式施行，增设了行政公益诉讼相关条款，规定了因安全生产违法行为或者重大事故隐患，致使国家利益或者社会公共利益受到侵害或者有侵害危险的，人民检察院可以依法向人民法院提起行政公益诉讼，明确了安全生产作为行政公益诉讼的法定领域，对防范化解安全生产事故的发生起着一定的预防和补强作用。

三、个人信息保护类行政公益诉讼

当下数据技术日新月异,区块链、云计算等已进入民用领域,个人信息的巨大价值已呈几何倍数增长。随着移动互联网和人工智能的迅猛发展,个人信息的流通已进入大数据时代,传统的保护模式受到强烈冲击,需要重新进行利益平衡和权责规制。在民法典时代,社会发展对于个人信息保护提出更高质量的要求。当前,国家将个人信息保护置于国家法治发展的重要战略地位,着力构建多维度的法律责任体系,力求加大个人信息保护力度。《个人信息保护法》将个人信息保护纳入了行政公益诉讼的受案范围。根据《民法典》[①]《数据安全法》[②]等相关法律规定,行政机关一方面承担着保护公民个人信息安全的职责,另一方面在履职过程中也会直接接触乃至于主动收集公民的个人信息。行政公益诉讼对于保护个人信息的作用是补充性、间接性的,即有效督促相关行政机构依法妥善履职,从而实现个人信息的高质量保护。如河南省濮阳市华龙区人民检察院督促整治装饰装修行业泄露公民个人信息行政公益诉讼案就取得了良好的法律效果和社会效果。本案中,濮阳市华龙区人民检察院在审查起诉董某某等侵犯公民个人信息罪一案中发现可能侵害社会公共利益,遂将该线索移交公益诉讼部门审查。办案人员通过发放问卷、走访群众等方式,查明房地产管理交易中心存在个人信息保护管理漏洞,致使房地产及装饰装修等行业泄露消费者个人信息事件频发多发,骚扰电话、骚扰短信已严重影响群众工作和生活。濮阳市华龙区

[①] 《民法典》第1039条规定:"国家机关、承担行政职能的法定机构及其工作人员对于履行职责过程中知悉的自然人的隐私和个人信息,应当予以保密,不得泄露或者向他人非法提供。"

[②] 《数据安全法》第38条规定:"国家机关为履行法定职责的需要收集、使用数据,应当在其履行法定职责的范围内依照法律、行政法规规定的条件和程序进行;对在履行职责中知悉的个人隐私、个人信息、商业秘密、保密商务信息等数据应当依法予以保密,不得泄露或者非法向他人提供。"

人民检察院向濮阳市市场监督管理局发出诉前检察建议，要求其对企业经营中非法获取公民个人信息，以骚扰信息、骚扰电话等形式进行推销的行为，依法予以行政处罚；向濮阳市房地产管理中心发出诉前检察建议，要求加强信息安全管理，督促有关部门、企业建章立制，堵塞漏洞；向濮阳市装饰装修行业管理办公室和区住建局发出诉前检察建议，建议切实加强对装饰装修企业监管和宣传教育，引导其合法规范经营，加强行业自律。检察建议发出后，市场监督管理局组织辖区内商户开展公民个人信息保护集中宣传，并对有关企业约谈，督促其加强公民个人信息保护工作。房地产管理中心加强职工教育，建立完善信息保护机制，并建议上级房产管理部门更新系统，增设个人信息保护模块，做到信息查询权责分明、全程留痕、动态预警，收效甚好。

四、公共安全类行政公益诉讼

公共安全是指社会和公民个人从事和进行正常的生活、工作、学习、娱乐和交往所需要的稳定的外部环境和秩序。公共安全源于公共利益，其涵盖内容广泛，与人民群众生命财产安全息息相关，直接影响群众对社会治理的切身感受。习近平总书记多次强调，"始终把人民生命安全放在首位"，"切实防范重特大安全生产事故[①]的发生"。在日常的公共安全风险防范与治理中，政府扮演着"元治理者"的角色，需要履行预防和处置公共安全风险的责任。

从各大公共安全事故的分析总结中可以发现，"被动治理"是事故灾害发生的重要原因之一，虽然事前已有安全隐患显露，但是没有引起负有预防和处置公共安全风险职责的行政机关的重视，造成了对国家和社会公共利益的侵害或存在潜在侵害公共利益的危险。检察机关通过行

---

① 公共安全事故是指突然发生、造成或者可能造成严重的人员伤亡、财产损失、生态破坏等社会危害，危及公共安全紧急事故，主要包括自然灾害、事故灾难、公共卫生事件、社会安全事件。

政公益诉讼可以督促、协同相关行政部门履职尽职，形成公共安全领域公益保护合力。如浙江省衢州市柯城区人民检察院通过"网格+检察"法律监督平台发现辖区内电动车违规充电等问题的网格投诉信息多达943条，反映了众多小区内电动车违规充电危害消防安全的情况未得到有效遏制。后经走访调查核实，市区范围内十余个老旧小区普遍存在电动车私拉电线充电的问题，存在严重的消防安全隐患，时刻威胁群众生命财产安全，同时已成为衢州市基层社会治理的一大难题，治理难以见效。负有监管职责的区消防救援大队未针对小区内私拉电线的违法行为进行有效履职，致使社会公共利益长期处于受侵害的风险状态。衢州市柯城区人民检察院向负有消防安全工作实施职责的区消防救援大队发出行政公益诉讼诉前检察建议，督促其对辖区小区内电动车私拉电线充电及停放在楼梯间、消防通道和疏散通道的行为依法作出处理；加强消防法律法规宣传，做好消防宣传教育工作，营造良好的电动车火灾防范治理舆论氛围。检察建议发出后，柯城区人民检察院还参加区政府多部门协调会，就区消防救援大队、公安部门、市场监管部门、住房和城乡建设部门、乡镇街道如何协同开展专项整治和长效治理进行磋商，形成公益保护合力。

五、文物保护类行政公益诉讼

文物具有丰富的历史文化内涵，承载着集体记忆，在人类社会中有着不可替代的重要作用。[1] 作为不可再生的珍贵资源，文物一旦遭到破坏，几乎难以或不能修复，如何将其保护好是国家治理的一项重要任务。近年来，"随着经济社会快速发展，文物保护与城乡建设的矛盾日益显现……文物执法力量薄弱，执法不严、违法不究现象时有发生；文

---

[1] 张舜玺：《习近平文物事业法治思想研究》，载《中国法学》2017年第4期。

物拓展利用不够,文物保护管理的能力建设有待加强"。[①] 负有文物保护监督管理职责的行政机关应切实履行文物保护法律责任,如果违法履职或怠于履职,必须通过法律途径追究其行为后果。

  在最高人民检察院发布的关于文物和文化遗产保护的公益诉讼典型案例中,明确将文物和文化遗产领域作为行政公益诉讼新领域的重点予以探索推进。如甘肃省敦煌市人民检察院督促保护敦煌莫高窟行政公益诉讼案,本案中,敦煌市人民检察院接受线索查明,设在莫高窟建设控制地带范围内的石料厂及砂矿在长期生产作业过程中对莫高窟及周边环境产生不利影响,严重违反文物保护相关法律法规,损害了国家利益和社会公共利益。由于该案涉及负有行政监管职责的部门多且存在职能交叉,敦煌市人民检察院采取公开宣告的方式分别向负有直接监管责任的敦煌市文体广电和旅游局、敦煌市自然资源局、敦煌市应急管理局、酒泉市生态环境局敦煌分局4家行政单位发出诉前检察建议,要求各单位依据职责对敦煌莫高窟建设控制地带内设置的石料厂和砂矿履行监督管理职责,对石料厂采用的爆破、挖掘作业等活动责令停止,并进行限期治理和拆迁整改,尽快消除文物和环境安全风险隐患,确保莫高窟文物安全及周边环境和山体形貌免遭破坏。敦煌市自然资源局牵头制订《敦煌市三危山下石料厂关闭退出工作实施方案》,各相关行政单位在整改期间,依据各自职责,分工负责、相互配合,共同做好监管工作,按期完成石料厂关闭退出工作。为进一步督促各行政单位依法履职,严格按照方案的目标要求、完成时限和具体措施整改落实到位,敦煌市人民检察院组织召开落实整改圆桌会议,省、市文物部门、敦煌市政府、敦煌研究院和市自然资源局等相关单位以及人大代表、政协委员20余人参加,协商解决石料厂关闭退出相关事宜,助力莫高窟文物和三危山景区环境保护。

  [①] 参见《国务院关于进一步加强文物工作的指导意见》(国发〔2016〕17号)。

六、烈士纪念设施保护类行政公益诉讼

习近平总书记强调,红色资源是我们党艰辛而辉煌奋斗历程的见证,是最宝贵的精神财富;要用心用情用力保护好、管理好、运用好红色资源。加强烈士纪念设施等红色资源保护,更好发挥"红色基因库"作用。烈士纪念设施是中国共产党非凡奋斗历程和中国共产党人精神谱系的历史见证,是重要的红色教材,负有相关监督管理职责的行政机关应及时履行妥善积极保护的职责。在行政执法实践中,由于相关部门在此类纪念设施保护中职责不明、权责不清,出现管理不到位、不全面甚至管理缺失等问题,需要检察机关通过行政公益诉讼,切实推动解决烈士纪念设施保护管理中存在的问题,促进全社会形成自觉保护烈士纪念设施、捍卫尊崇英烈的社会氛围。如针对部分革命史迹保护不善问题,检察机关可以发挥一体化办案优势,采用检察建议、公开听证等多种形式,督促行政主管部门加强保护,推动革命史迹全面系统保护;针对烈士纪念碑、墓群、烈士纪念亭等设施管理保护不到位,致使上述纪念设施破坏严重的情形,检察机关可以充分发挥配合优势,强化诉前磋商机制,制发检察建议督促行政机关履职,促使相关行政机关协同整改,形成保护合力;检察机关还可以通过督促行政机关及时保护烈士遗骸、重修烈士墓和做好亲属安抚工作,整治散葬烈士墓管理保护"盲区",补齐烈士纪念设施保护"短板"等。总之,检察机关可以通过行政公益诉讼,与相关部门进行诉前磋商、事中沟通、多方跟进,促成红色资源保护利用的协同共治。

【案例拓展】

陕西省延安市南泥湾三五九旅革命史迹保护行政公益诉讼案

2021年4月,延安市宝塔区人民检察院在南泥湾赵家河村寻访革命旧址时发现了八路军三五九旅关福祥烈士的墓碑。4月28日,宝塔

区人民检察院针对该散葬烈士墓管理保护工作存在的墓碑风化、环境恶劣、管理缺失等问题立案调查，并向宝塔区退役军人事务局、南泥湾镇政府提出检察建议，督促其全面履行对关福祥烈士纪念设施的保护管理职责。宝塔区人民检察院在了解关福祥烈士生平过程中，得知关福祥烈士墓址所在地现称"坟湾"，是当年集中掩埋八路军三五九旅英雄烈士的地方，称为"英烈园"。宝塔区人民检察院立即组织区退役军人事务部门、文物行政主管部门、党史研究部门组成工作组，共同查找英烈园相关历史资料。同时，区退役军人事务部门将英烈园在国家烈士褒扬信息系统登记上报，积极开展烈士身份信息确认工作。在走访调查过程中，宝塔区人民检察院在英烈园周边又发现了后方医院旧址。6月28日，宝塔区人民检察院向区文旅局、南泥湾镇政府提出检察建议，建议将英烈园和后方医院列入地方保护名录。检察建议发出后，相关行政机关积极开展现场调研、测绘、制订设计方案、协调土地征收工作。工作组多次召开推进会、座谈会，互相通报、督促工作进度，并邀请专家对英烈园遗址和后方医院旧址的文物认定和保护方案进行评审论证。7月13日，宝塔区退役军人事务局向宝塔区行政审批服务局报请英烈园遗址的恢复重建项目。8月2日，宝塔区人民政府将英烈园遗址和后方医院旧址公布为宝塔区第八批区级文物保护单位。针对英烈园恢复重建和后方医院旧址修缮的相关问题，延安市人民检察院于9月6日组织召开公开听证会，向宝塔区政府、延安纪念地管理局、延安市退役军人事务局宣告送达了检察建议，建议其依法履行职责，统筹恢复英烈园风貌，加强管理维护工作；加强后方医院的修缮和环境整治工作，推动集中连片保护。同时，与延安市退役军人事务局、延安纪念地管理局、宝塔区政府等单位共同厘清各单位职责，研究革命旧址保护措施，并就南泥湾多处红色革命史迹集中连片保护问题达成共识。

【思考题】

1. 生态环境和资源保护类行政公益诉讼有哪些类型?
2. 食品、药品安全类行政公益诉讼有哪些类型?
3. 国有财产保护类行政公益诉讼有哪些类型?
4. 国有土地使用权出让类行政公益诉讼有哪些类型?
5. 目前对其他领域的行政公益诉讼案件类型探索情况如何?

第二章 行政公益诉讼的诉前程序

第一节 行政公益诉讼诉前程序概述

一、行政公益诉讼诉前程序的概念与特征

（一）行政公益诉讼诉前程序的概念

在我国行政公益诉讼制度中，所谓诉前程序，是指人民检察院在依法向人民法院提起行政公益诉讼之前，向在特定领域内负有监督管理职责的行政机关提出检察建议，督促其依法履行职责，以便维护国家利益和社会公共利益的前置性程序。

诉前程序设置的前提是我国行政权、检察权和审判权分工与合作关系的确立。人民检察院在行使检察权时，须尊重行政机关的自我修复能力和自我纠错能力。可见，诉前程序本质上是一种督促和监督程序，具有非诉和自省的制度特征。一方面，人民检察院督促行政机关依法履行职责，而督促的方式是提出检察建议。故此，诉前程序又称"提出检察建议程序"。另一方面，行政机关在检察机关的监督之下自查自纠、依法履职。基于此，诉前程序也可以称为"违法性行政修复程序"。

行政机关收到检察建议书后，在法定期限内应当依法履行职责，并书面回复人民检察院。行政机关不依法履行职责的，人民检察院依法向人民法院提起行政公益诉讼。可见，诉前程序是启动检察机关行政公益诉讼的必经程序和前置程序，具有承上启下的功能与作用。

诉前程序既是对行政机关的尊重，即对行政机关自我纠错能力的肯

定,也是一种案件分流机制,旨在减轻人民法院的审判压力,有节约有限司法资源的立法意图。同时,诉前程序的制度优势还表现在目的和手段的关系上,尽管行政公益诉讼的制度目的是维护国家利益和社会公共利益,但是实现目的手段可以多元,诉讼只能是穷尽其他纠错机制之后的最后一道防线。

(二)行政公益诉讼诉前程序的特征

1.诉前程序的法定性

《行政诉讼法》赋予了行政公益诉讼诉前程序明确的法律地位。诉前程序的法定性主要体现在:(1)主体法定。诉前程序的启动和主导主体只能是各级检察机关。(2)案件法定。根据《行政诉讼法》第25条第4款的规定,我国行政公益诉讼的案件范围是生态环境和资源保护,食品、药品安全,国有财产保护,国有土地使用权出让等领域。"等"的规定表明,我国行政公益诉讼制度在案件范围方面具有开放性,有着广阔的拓展空间,此部分已在本编第一章详述。(3)对象法定。一方面,诉前程序的监督和建议对象是行政机关;另一方面,人民检察院是针对具有监督管理职责行政机关的违法行使职权或者不作为行为提出检察建议,并督促其依法履行职责的。

2.诉前程序的前置性

检察建议的提出和落实情况即行政机关的整改情况,是行政公益诉讼启动的法定前置程序。根据《行政诉讼法》第25条第4款和《最高人民法院、最高人民检察院关于检察公益诉讼案件适用法律若干问题的解释》第21条的规定,人民检察院办理行政公益诉讼案件,不得径直提起行政公益诉讼,必须经过诉前程序,行政机关仍然不依法履职时,才能诉诸人民法院。这一制度设计一方面体现了司法的"谦抑性",从而达到节约司法资源与有效监督的双重法律效果;另一方面,诉前程序也给行政机关提供了一个自我反思和自行纠错的机会,行政机关依据检察建议,通过自查自省、纠正违法、履行职责,及时消除损害国家利益或社会公共利益的不法情形，从而实现了公正与效率的高度统一。

3. 诉前程序的非诉性

行政公益诉讼的诉前程序作为人民检察院提起行政诉讼的前置程序，属于诉讼程序的准备程序，其本身不属于诉讼程序。人民检察院作为诉前程序的启动主体和主导主体，向违法行政的行政机关提出检察建议，行政机关收到检察建议并整改，该阶段属于行政机关在检察机关的督促和监督下，通过行使行政权进行自我查漏补缺的制度环节，其既是检察监督的表现形式和运行方式，也是行政自制的具体表现。因此，诉前程序是启动行政公益诉讼的前置性法定环节，但是并不属于行政诉讼程序。当行政机关在规定期限内仍不依法履行职责时，人民检察院就要适时地提起行政诉讼，以便实现诉前程序与诉讼程序之间的有效衔接。

4. 诉前程序的独立性

行政公益诉讼的诉前程序是人民检察院独立行使检察权的一种方式，其目的是通过督促行政机关纠正违法行政行为，实现公共利益维护的制度化和程序化。诉前程序的独立性主要体现在：（1）从启动方式上来看，人民检察院依法独立启动诉前程序，除了上级检察机关以外，无须向其他部门报备或登记；（2）从权力运行上来看，人民检察院对案件进行独立调查、核实，并向行政机关提出检察建议，其权力行使不受行政机关、其他组织和个人的干涉；（3）从处理方式上来看，根据行政机关收到检察建议后履职和回复情况，独立决定是否向人民法院提起行政公益诉讼。

5. 诉前程序的复合性

行政公益诉讼的诉前程序包括实体与程序两个层面。从程序方面讲，检察机关是推动和主导程序发展的主体，其工作环节主要包括案件线索的发现与登记备案、初步调查与评估、立案与立案调查、督促整改与举行磋商、终结案件与提出检察建议；从实体上看，检察机关还要对行政行为的类型、案件的属性、公共利益遭受侵害的程度等实体问题作出法律认定和判断。可见，诉前程序具有实体问题与程序问题相互交错的复合性法律特征。基于诉前程序这一实体性与程序性的双重制度构造，单一的、静态的、传统的区分方式和划分标准无法对诉前程序的法律属性作出完整评价。

【案例拓展】

湖南省长沙县城乡规划建设局等不依法履职案

2013年6月，长沙威尼斯城房地产开发有限公司（以下简称威尼斯城房产公司）开发的威尼斯城第四期项目开始建设。该项目对原定项目建设的性质、规模、容积率等作出了重大调整，但开工建设前未按照《中华人民共和国环境影响评价法》的规定重新报批环境影响评价文件。2016年8月29日，湖南省长沙县行政执法局对威尼斯城房产公司作出行政处罚决定，责令该公司停止第四期项目建设，并处以10万元罚款。威尼斯城房产公司虽然缴纳了罚款但并未停止建设。2017年12月18日、2018年3月16日，长沙市人民检察院先后分别向长沙县城乡规划建设局、长沙县行政执法局和长沙县环境保护局发出检察建议：一是建议长沙县行政执法局依法对威尼斯城房产公司未依法停止建设，仍处于继续状态的违法行为进行处罚，责令对违法在建工程恢复原状。二是建议三行政机关在职责范围内依法处理威尼斯城第四期项目环境影响评价、建设工程规划许可和建筑工程施工许可等问题。三是建议三行政机关依法加强对该项目行政许可的审批管理和执法监管，杜绝类似违法行为再次发生。检察机关发出检察建议后，三机关均按期对长沙市人民检察院检察建议进行了书面回复。2018年4月10日，长沙县行政执法局根据检察建议的要求对威尼斯城房产公司作出行政处罚决定：责令该公司立即停止第四期项目建设，对涉案基坑恢复原状，并处罚款4365058.67元。长沙县城乡规划建设局、长沙县环境保护局根据检察建议的要求加大对该项目的监管力度，对类似行政审批流程进行规范，对相关责任人员进行追责，给予4名工作人员相应的行政处分。2018年2月9日，长沙县人民政府就纠正违法行为与长沙市人民检察院沟通并对相关问题提出处置意见。因该案涉及饮用水水源地保护区调整，长沙市人民检察院依法向长沙县人民政府发出工作建议。2018年5月17日，长沙县人民政府就工作建议向长沙市人民检察院作出书面回复，对威尼斯城第四期项目违法建设的处置提出具体的工作意见和实施办法。长沙市人民检察院认为，威尼斯城第四期项目违法建设对当地生态环境和饮用水水源地造成重大影响，损害社会公共利益，考虑到该项目部分楼房已经出售，涉及众多群众利益，撤销该项目的建设工程规划许可证和建筑工程施工许可证并拆除建筑，将损害不知情群众的利益。经论证，采取取水口上移变更饮用水水源地保护区范围等补救措施，不影响威尼斯城众多业主的合法权益和生活稳定，社会效果和法律效果较好。根据长沙市人民检察院的建议，长沙县人民政府上移饮用水取水口。2018年10月29日，经省政府批准，长沙市人民政府对饮用水水源地保护范围进行了调整。

二、行政公益诉讼诉诉前程序的价值与意义

诉前程序的制度设置，是我国司法体制和监察体制改革的重大成果之一，其调动和激活了我国宝贵的检察资源，开创了检察权对行政权监督的崭新方式和公共利益保护的独特模式，显示中国特色社会主义司法体制的制度优势，体现了社会主义的制度本质。[①] 具体而言，诉前程序制度的价值与意义，主要表现在以下几个方面：

（一）行政公益诉讼的诉前程序提升了公共利益维护的效率

行政公益诉讼是客观诉讼，维护国家利益和社会公共利益是行政公益诉讼制度的目的和宗旨，而诉前程序作为督促和监督行政机关自

[①] 倪洪涛：《行政公益诉讼、社会主义及其他》，载《法学评论》2014年第4期。

我纠错的前置性程序，大大提升了公益维护的及时性和有效性。由于行政的科层性、专业性、主动性和技术性特征，在公益维护上，行政机关具备更高的敏锐度，其快速反应能力和资源整合能力，使其能够通过依法履行职责有效遏制公益损害及其扩大，有利于公益维护的高效性。可见，诉前程序有利于尽快修复被损害的国家利益或社会公共利益，因为行政机关在专业性、灵活性和效率性等方面具有明显的优势，在法律特别是事实的判断上也往往更加便利和准确。[①] 检察机关通过诉前程序直接督促和监督行政机关依法履职，相较于漫长的诉讼程序而言，更加便捷高效，更有利于减害止损，既提高了检察监督工作的效率，又利于迅速化解社会矛盾、维护公共利益。从本质上讲，诉前程序是在检察机关的督促、监督和建议之下，行政机关的自我纠错机制，而行政的主动性和司法的被动性相比，具有敏锐度高、反应速度快、资源动员能力强等诸多特点，从而大大提升了维护国家利益与社会公共利益的效率。行政自制包括自我预防、自我发现、自我遏止、自我纠错等具体形式，而诉前程序正是激发行政机关自省自纠，实现公共利益的高效和自觉保护的制度模式。当行政机关对检察建议消极回应时，人民检察院可以启动行政公益诉讼程序，借助司法程序进一步督促行政机关纠正违法行为。因此，行政公益的诉前程序实现了公正与效率的动态平衡。

（二）行政公益诉讼的诉前程序搭建了多方沟通和协作的公益维护平台

为了维护国家利益和社会公共利益，诉前程序既强调检察机关的监督职能，更强调行政机关的自我纠错责任，成功搭建起了多方主体之间的磋商机制和协作平台，体现了诉前程序动员多方力量实现公益高效维

[①] 王明远：《论我国环境公益诉讼的发展方向：基于行政权与司法权关系理论的分析》，载《中国法学》2016年第1期。

护的制度特点。一方面,在诉前程序中,检察权和行政权既是监督和被监督关系,也是法律上的协同关系,这种协同和沟通成功动员了多方法律智慧,以便共同"医治"违法行政,维护公共利益;另一方面,因为检察机关和行政机关上下级之间都是领导被领导关系,诉前程序动员和整合了检察、行政两个体系的法律力量,凝聚起了公益维护的制度合力和资源合力。可见,诉前程序成功地整合了政治逻辑、司法逻辑和行政逻辑,显示了独特和鲜明的社会主义制度优势。

(三) 行政公益诉讼的诉前程序实现了司法资源的合理配置

诉前程序是行政公益诉讼的前置程序,只有当行政机关对于检察机关作出的检察建议采取消极态度时,检察机关才依法向人民法院提起行政公益诉讼,这一办案流程充分体现了检察权的谦抑性,既为行政机关提供了自我纠错的机会和空间,也为法院节省了宝贵的司法资源,有效实现了案件分流,促进了争议的实质性解决。诉前程序集中体现了行政公益诉讼制度尊重行政和司法谦抑的立法宗旨。行政公益诉讼案件范围涉及领域发生的案件均具有专业性强、技术性高的特点,行政机关对处理这些领域的法律问题更专业、更在行,行政官员是行政和技术专家,检察官和司法官是法律专家,谦抑性内在地决定了诉讼程序的最后性和补充性,要求检察机关首先应充分发挥行政机关及其工作人员维护国家或社会公益的积极性和专业性,督促行政机关主动依法履职。可见,诉前程序恰恰体现了检察权与行政权的权力分工和权力边界。[1] 其实,我国行政公益诉讼的实践表明,绝大多数案件在诉前程序能够得以有效化解,诉前程序已经显示出了强大的程序优势和制度潜力,成为行政公益诉讼终结案件的主要方式。

---

[1] 侯银萍、陈定良、张峰:《行政公益诉讼诉前程序的实践问题检视》,载《苏州大学学报(法学版)》2020年第2期。

（四）行政公益诉讼的诉前程序能够实现行政与司法之间的权力平衡

司法的谦抑性既是对行政机关行政自制能力的尊重，也是对行政权与司法权治理能力进行优化配置的必然要求。提起行政公益诉讼不是诉前程序的必然结果，行政公益诉讼既是对行政自制失灵的司法补救，也是对公益方面行政违法监督的强化与延伸。对于国家利益和社会公共利益的保护，行政权与司法权都发挥着重要作用，而行政公益诉讼的诉前程序实现了行政自制和司法谦抑之间的协调与平衡。行政天生就是为了公共利益而存在的，法律为其配备了维护公益的完备"工具箱"，一旦发现问题，就应该主动纠正错误，保障公共利益不受损害；司法是最终的，既不可过于"能动"，亦不能坐视公益损害于不顾，当诉前程序无法促使行政自省时，司法审查程序就应当启动。

第二节 诉前程序中案件线索的发现与评估

根据法律规定、司法解释和检察实践，我国行政公益诉讼诉前程序的依法展开主要包括以下几个步骤或环节：案件线索的发现与评估；检察立案与检察调查；检察建议与行政回复；跟进调查与再磋商；不履行职责与决定诉讼。本节首先介绍案件线索的发现与评估。

发现案件线索和评估，是行政公益诉讼诉前程序启动即立案的前提和基础。根据我国的法律规定和检察实践，在诉前程序中，案件线索发现和评估程序主要包括案件线索发现、统一登记备案、成立办案组织、案件线索移送、案件线索评估、案件及线索管理等环节。

一、案件线索发现

发现案件线索是指各级检察机关及其工作人员在履行职责中，发现负有监督管理职责的行政机关存在违法行使职权或不作为，致使公共利益受到侵害情形的过程。《人民检察院公益诉讼办案规则》第24条规定："公益诉讼案件线索的来源包括：（一）自然人、法人和非法人组织向人民检察院控告、举报的；（二）人民检察院在办案中发现的；（三）行政执法信息共享平台上发现的；（四）国家机关、社会团体和人大代表、政协委员等转交的；（五）新闻媒体、社会舆论等反映的；（六）其他在履行职责中发现的。"据此，就案件线索的发现而言，至少应注意以下两点：一是"发现"的法定主体是各级人民检察院，既可以是检察机关及其工作人员直接发现，也可以是检察机关根据公民等其他主体提供的案件线索信息而间接发现。二是"在履行职责中发现"。这里所谓的"履行职责"，从整体上来讲，就是我国《宪法》规定的履行法律监督职责，具体而言，包括：（1）根据《刑事诉讼法》等刑事法律的规定，履行刑事司法职责；（2）根据《民事诉讼法》和《行政诉讼法》的规定，履行民事、行政审判监督职责；（3）根据法律规定，履行对诉讼活动的法律监督职责；（4）根据法律规定，履行对行政执法进行过程性监督职责；（5）根据法律规定，履行社会治理工作法律监督职责；等等。

【案例拓展】

陕西省宝鸡市环境保护局凤翔分局不全面履职案

2014年5月，陕西长青能源化工有限公司（以下简称长青能化）年产60万吨甲醇工程项目建成，并经陕西省环境保护厅审批投入试生产至2014年12月31日。2014年11月24日，陕西省发布《关中地区重点行业大气污染物排放限值》地方标准，燃煤锅炉颗粒物排放限值为20mg/m³，自2015年1月1日起实施。长青能化试生产期间，燃煤锅炉大气污染物排放值基本处于地方标准20mg/m³以上，国家标准50mg/m³以下。2015年1月1日，长青能化试生产期满后未停止生产且燃煤锅炉颗粒物排放值持续在 20mg/m³ 以上 50mg/m³ 以下。2015 年 7 月 7 日，陕西省宝鸡市环境保护局凤翔分局（以下简称凤翔分局）向长青能化下达《环境违法行为限期改正通知书》，责令其限期改正生产甲醇环保违规行为，否则将予以高限处罚。长青能化未整改到位，凤翔分局未作出高限处罚。2015 年 11 月 18 日，凤翔分局向长青能化下达《行政处罚决定书》，限其一个月内整改到位，并处以 5 万元罚款。但该企业并未停止甲醇项目生产，颗粒物超标排放问题依然没有得到有效解决，对周围大气造成污染。2015 年 11 月下旬，陕西省宝鸡市人民检察院在办案中发现凤翔分局可能有履职不尽责的情况，遂指定凤翔县人民检察院开展调查。凤翔县人民检察院查明：长青能化超期试生产且颗粒物超标排放，而凤翔分局虽对长青能化作出行政处罚，但未依法全面履职。2015 年 12 月 3 日，凤翔县人民检察院向凤翔分局发出检察建议书，建议其依法履职，督促长青能化上线治污减排设备，确保环保达标。2016 年 1 月 4 日，凤翔分局书面回复凤翔县人民检察院称：2015 年 12 月 24 日对长青能化下达《责令限制生产决定书》，责令该公司限产。2015 年 12 月 30 日作出《排污核定与排污费缴纳决定书》，对长青能化 2015 年 10 月至 12 月间颗粒物超标排放加收排污费。针对凤翔分局回复意见，凤翔县人民检察院进一步查明：凤翔分局作出责令限制生产决定、加收排污费等措施后，长青能化虽然按要求限制生产，但其治污减排设备建设项目未正式投入使用，颗粒物排放依然超过限值。鉴于检察建议未实现应有效果，2016 年 5 月 11 日，凤翔县人民检察院向凤翔县人民法院提起行政公益诉讼。2016 年 12 月 28 日，陕西省宝鸡市陈仓区人民法院作出一审判决，确认被告凤翔分局未依法全面履行对相对人长青能化环境监管职责的行为违法。

二、案件线索的登记备案

根据《人民检察院公益诉讼办案规则》第 25 条的规定，人民检察院对公益诉讼案件线索实行统一登记备案管理制度。案件线索的统一登记备案制度要求：一是有管辖权的人民检察院对案件线索实行统一登记；二是人民检察院其他部门发现公益诉讼案件线索的，应当将有关材料及时移送负责公益诉讼检察的部门进行登记；三是重大案件线索应当向上一级人民检察院备案。从语义上讲，行政公益诉讼案件的"重大"是指情况严重、社会影响大等。目前，我国已初步建立了行政公益诉讼案件线索的统一登记备案管理制度，但关于重大案件的认定标准仍处于探索之中。

三、成立办案组织

案件线索登记备案后，人民检察院就要成立办案组织具体负责办理公益诉讼案件。根据案件情况，可以由一名检察官独任办理，也可以由两名以上检察官组成办案组办理。由检察官办案组办理的，检察长应当指定一名检察官担任主办检察官，组织、指挥办案组办理案件。同时，检察官办理案件，可以根据需要配备检察官助理、书记员、司法警察、检察技术人员等检察辅助人员。检察辅助人员依照法律规定承担相应的检察辅助事务。

四、案件线索移送

线索移送是指各级人民检察院在履行职责过程中，发现公益诉讼案件线索不属于本院管辖的，将行政公益诉讼案件线索及时（报请）移送有管辖权的人民检察院的活动与过程。案件线索的移送是甄别和发现公益诉讼案件的关键环节，其直接决定着行政公益诉讼案件的数量和质量。根据《人民检察院公益诉讼办案规则》第26条规定，移送案件线索应注意以下几点：一是移送案件线索应当制作《移送案件线索通知书》或《报请移送案件线索意见书》；二是移送案件线索包括移送同级人民检察院和报请移送上级人民检察院两类；三是受移送的同级人民检察院应当受理，受移送的人民检察院认为不属于本院管辖的，应当报告上级人民检察院，不得自行退回原移送线索的人民检察院或者移送其他人民检察院。

成熟的线索移送制度要求：（1）不断提升检察人员的综合业务素质；（2）适时建立与完善公益诉讼检察与行政执法信息共享机制；（3）不断提升案件移送时间上的及时性和法律上的敏锐性。

五、案件线索评估

线索评估是指检察机关负责公益诉讼检察的部门及其办案组织，对公益诉讼案件线索的真实性、可查性等进行初步调查和评估，并形成《初步调查报告》的程序环节。线索评估是对案件真实性和可查性的整体把握，也是对案件公益性的初步分析，旨在考证案件是否属于行政公益诉讼的案件范围，从而从源头上保证线索的真实性、行政性和公益性。这里应当注意两个方面：其一，线索评估必然伴随着对案件的初步调查活动；其二，评估直接决定着对案件线索的处理和程序的走向，即立案或者不立案。

《人民检察院公益诉讼办案规则》第30条规定："检察官对案件线索进行评估后提出立案或者不立案意见的，应当制作《立案审批表》，经过初步调查的附《初步调查报告》，报请检察长决定后制作《立案决定书》或者《不立案决定书》。"在此过程中，检察长不同意办案组织的处理意见的，可以要求检察官复核，也可以直接作出决定，或者提请检察委员会讨论决定。《立案决定书》或者《不立案决定书》以人民检察院名义制发，由检察长签发。

六、案件线索管理

线索管理，本质上就是行政公益诉讼案件的管理，是指检察机关负责公益诉讼检察的部门对已掌握的案件线索建立登记、分类、承办、归档等内部管理制度的总称。线索管理力求"一案一登记、一案一跟进、一案一回馈",其贯穿于行政公益诉讼案件办理的始终,范围包括线索来源、案件类型、监督对象、分流转办、案件承办、审查意见、诉前程序及诉讼情况等管理内容,并要求针对线索登记、案件流转、审查意见、诉前程序、提起诉讼等关键环节构建起科学高效的管理体系和衔接机制。

第三节 诉前程序中的检察立案与检察调查

一、检察立案

案件线索发现是立案的前提,检察立案是案件线索发现的逻辑必然。案件线索的发现和评估主要是内部检察程序,而检察立案是办理行政公益诉讼案件外部程序的真正起点。行政公益诉讼案件的检察立案程序是指经由检察机关专门办理公益诉讼案件的内设机构,即负责公益诉讼检察的部门及其办案组织的初步调查、研究和评估,决定是否受案办理的检察活动。

《人民检察院公益诉讼办案规则》第67条规定:"人民检察院经过对行政公益诉讼案件线索进行评估,认为同时存在以下情形的,应当立案:(一)国家利益或者社会公共利益受到侵害;(二)生态环境和资源保护、食品药品安全、国有财产保护、国有土地使用权出让、未成年人保护等领域对保护国家利益或者社会公共利益负有监督管理职责的行政机关可能违法行使职权或者不作为。"当然,根据《人民检察院公益诉讼办案规则》第29条的规定,对于国家利益或者社会公共利益受到严重侵害,人民检察院经初步调查仍难以确定不依法履行监督管理职责的行政机关或者违法行为人的,也可以立案调查。

根据《人民检察院公益诉讼办案规则》第68条的规定,人民检察院对于符合法定条件的下列行政强制执行类案件也应当立案:(1)对于行政机关作出的行政决定,行政机关有强制执行权而怠于强制执行,或者没有强制执行权而怠于申请人民法院强制执行的;(2)在人民法院强制执行过程中,行政机关违法处分执行标的的;(3)根据地方裁执分离规定,人民法院将行政强制执行案件交由有强制执行权的行政机关执行,行政机关不依法履职的;(4)其他行政强制执行中行政机关违法行使职权或者不作为的情形。

在立案程序中,对于同一侵害国家利益或者社会公共利益的损害后果,数个负有不同监督管理职责的行政机关均可能存在不依法履行职责情形的,人民检察院可以对数个行政机关分别立案。人民检察院在立案前发现同一行政机关对多个同一性质的违法行为可能存在不依法履行职责情形的,应当作为一个案件立案。在发出检察建议前发现其他同一性质的违法行为的,应当与已立案案件一并处理。

综上所述,行政公益诉讼的检察立案也可以细化为三个标准,即公益性、违法性、因果关系性。一是公益性。公益性是指案件必须存在生态环境和资源保护,食品、药品安全,国有财产保护,国有土地使用权出让等领域国家利益或社会公共利益遭受侵害的情形,这是区别主观诉讼和客观诉讼的关键。二是违法性。违法性是指行政主体涉嫌违法行政,即涉嫌违法行使职权或者不作为。三是因果关联性。因果关联性即行政违法与公益危害之间存在因果关系。

二、检察调查

《最高人民法院、最高人民检察院关于检察公益诉讼案件适用法律若干问题的解释》第 6 条规定:"人民检察院办理公益诉讼案件,可以向有关行政机关以及其他组织、公民调查收集证据材料;有关行政机关以及其他组织、公民应当配合;需要采取证据保全措施的,依照民事诉讼法、行政诉讼法相关规定办理。"《人民检察院检察建议工作规定》第

13条规定:"检察官在履行职责中发现有应当依照本规定提出检察建议情形的,应当报经检察长决定,对相关事项进行调查核实,做到事实清楚、准确。"

可见,我国法律赋予了检察机关在办理公益诉讼案件时的调查权。因为检察机关在行政公益诉讼中承担着证明国家利益或者社会公共利益受到侵害和行政机关违法行使职权或者不作为,以及二者之间是否存在因果关系的证明责任,检察机关在行政公益诉讼诉前程序中需要行使调查权以获取相关证据。

在办理行政公益诉讼案件中行使调查权时,根据《人民检察院公益诉讼办案规则》第71条的规定,人民检察院主要围绕以下事项进行调查:(1)国家利益或者社会公共利益受到侵害的事实;(2)行政机关的监督管理职责;(3)行政机关不依法履行职责的行为;(4)行政机关不依法履行职责的行为与国家利益或者社会公共利益受到侵害的关联性;(5)其他需要查明的事项。

在诉前程序中,理解检察机关的调查和核实权应注意以下七点:(1)检察机关的调查权是诉前程序的必然要求,没有调查权就无法审查和核实案件的公益性、违法性、危害性和因果关联性。故此,人民检察院办理公益诉讼案件,应当依法、客观、全面调查收集证据。(2)人民检察院在调查前应当制订调查方案,确定调查思路、方法、步骤,制作拟收集的证据清单等。(3)检察机关进行调查核实,不得采取限制人身自由和查封、扣押、冻结财产等强制性措施,证据保全措施必须依法申请人民法院采取。(4)由于行政违法的先在性和行政诉讼中行政机关对行政行为的合法性负有举证责任,所以为了保障检察机关履行监督职责:一方面应赋予其与履职相对称的调查取证权,且主要针对行政机关尚未归档入卷的证据材料展开调查;另一方面为避免重复取证,对于行政机关在行政程序中业已收集到的执法证据,应赋予检察机关调取行政执法案卷的权力,这是案卷排他原则的内在要求。(5)检察机关需要向有关单位或者个人调取物证、书证的,应当制作《调取证据通知书》和《调取证据清单》,持上述文书调取有关证据材料。(6)检察官一般应当在检察长作出决定后两个月以内完成案件调查。检察官调查核实完毕,应当制作《调查终结报告》,写明调查过程和认定的事实与证据,提出处理意见。认为需要提出检察建议的,应当起草检察建议书,一并报送检察长,由检察长或者检察委员会讨论决定是否提出检察建议。(7)提出检察建议后,人民检察院应当对行政机关履行职责的情况和国家利益或者社会公共利益受到侵害的情况跟进调查,收集相关证据材料。

如果经调查,人民检察院认为存在下列情形之一的,应当作出终结案件决定,并制作《终结案件决定书》送达行政机关:(1)行政机关未违法行使职权或者不作为的;(2)国家利益或者社会公共利益已经得到有效保护的;(3)行政机关已经全面采取整改措施依法履行职责的;(4)其他应当终结案件的情形。

【案例拓展】

湖北省天门市人民检察院诉拖市镇政府不依法履行职责行政公益诉讼案

2005年4月,湖北省天门市拖市镇人民政府(以下简称拖市镇政府)违反《土地管理法》,未办理农用地转为建设用地相关手续,也未按照《环境保护法》开展环境影响评价,与天门市拖市镇拖市村村民委员会签订《关于垃圾场征用土地的协议》,租用该村5.1亩农用地建设垃圾填埋场,用于拖市镇区生活垃圾的填埋。该垃圾填埋场于同年4月投入运行,至2016年10月停止。该垃圾填埋场在运行过程中,违反污染防治设施必须与主体工程同时设计、同时施工、同时投产使用的"三同时"规定,未按照规范建设防渗工程等相关污染防治设施,对周边环境造成了严重污染。2017年2月,天门市人民检察院发现拖市镇政府上述行为涉嫌违法且损害公益，决定立案审查。调查核实过程中，检察机关查阅了拖市镇政府关于租用拖市村集体土地建设垃圾填埋场的会议纪要、文件、协议等档案材料；督促天门市环境保护局进行了现场勘查；采集了现场影像资料，询问了相关人员。基本查明：拖市镇政府建设并运行生活垃圾填埋场，未办理用地审批、环境评价等法定手续，未建设防渗工程、垃圾渗滤液疏导、收集和处理系统、雨水分流系统、地下水导排和监测设施等必要配套环境保护设施，垃圾填埋场在运行过程中对周边环境造成严重污染。拖市镇政府作为一级人民政府，对本行政区域负有环境保护职责，应当对自身违法行使职权造成环境污染的行为予以纠正，并及时治理污染，修复生态环境。2017年3月6日，天门市人民检察院向拖市镇政府发出检察建议，督促其依法履职，纠正违法行为并采取补救措施，修复区域生态环境，恢复农用地功能。检察建议书发出后，天门市人民检察院多次与拖市镇政府进行沟通，督促整改。3月22日，拖市镇政府针对检察建议书作出书面回复。4月12日，天门市人民检察院对拖市镇政府的整改情况进行跟进调查时发现，拖市镇政府虽然采取了一些整改措施，但整改后的垃圾填埋场表层覆土不到1米，覆土下仍有大量垃圾。天门市人民检察院委托湖北省环境科学研究院对垃圾填埋场垃圾渗滤液及周边地下水样进行检测。检测结果表明，拖市镇垃圾填埋场周边地下水样中铬、铅超标严重，渗滤液中含有重金属、氨氮、磷等污染物。经专家检测评价认为，该垃圾填埋场周边水质显示典型的垃圾渗滤液污染特性，严重影响当地居民的健康和生态安全；现存垃圾随着时间推移还会产生大量渗滤液，若不采取措施将会对周边水体和汉江造成持续15年到20年的长期生态污染风险。经诉前调查取证，天门市人民检察院固定了相关证据，认定拖市镇政府采取有限整改措施后，其违法行政行为造成的公益侵害仍在持续。经湖北省人民检察院批准，2017年6月29日，天门市人民检察院向天门市人民法院提起行政公益诉讼。2018年3月19日，天门市人民法院作出判决，支持了检察机关全部诉讼请求，认定拖市镇政府作为一级政府，具有环境保护的法定职责；拖市镇政府建设垃圾填埋场是履行职权行政行为；根据现有证据，该垃圾填埋场存在潜在污染风险；拖市镇政府治理垃圾填埋场是其违法后应当承担的法律义务，其应当继续履行整治义务。

三、磋商与整改

（一）磋商

行政公益诉讼诉前程序中的磋商，是促进行政机关自我纠错、推动多机关联动、提升公益保护效率的重要程序环节。磋商是一种比较柔性的检察监督方式，强调了沟通性、协商性、程序性和纠错性。目前，我国法律并未明文规定独立的检察磋商程序，磋商是各级检察机关大胆实践和探索的结果。2021年4月，最高人民检察院在《"十四五"时期检察工作发展规划》中提出，建立行政公益诉讼磋商程序，发挥提醒、沟通、督促功能，推动行政机关主动履职和整改。

磋商一般在调查程序中进行，其制度功能和优势主要表现在：第一，检察机关可借助磋商程序听取行政机关意见、补充证据材料，有利于检察机关更加全面和准确地掌握案件事实，通过正当程序实现实体正义；第二，行政机关可通过磋商程序反思自己的行为，及时纠正行政违法，防止公益损害的不断扩大；第三，多主体共同参与磋商，不仅能够更加科学、准确地把握公共利益损害的事实与程度，还能充分利用各部门的制度资源和专业优势，进一步完善行政机关的整改方案，促进整改方案的早日实现。

《人民检察院公益诉讼办案规则》第70条规定："人民检察院决定立案的，应当在七日内将《立案决定书》送达行政机关，并可以就其是否存在违法行使职权或者不作为、国家利益或者社会公共利益受到侵害的后果、整改方案等事项进行磋商。磋商可以采取召开磋商座谈会、向行政机关发送事实确认书等方式进行，并形成会议记录或者纪要等书面材料。"不过，磋商不是诉前程序的独立环节，该环节也主要依赖于行政机关的自我纠错。故此，目前各级检察机关在办理行政公益诉讼案件时，对于是否与行政机关进行沟通和磋商，享有程序性的裁量权，检察机关可根据不同的案件类型和公益修复的紧迫性自行决定是否启动磋商程序及其磋商程度。

【案例拓展】

北京市海淀区人民检察院督促落实未成年人禁烟保护案

北京市海淀区人民检察院在法治进校园宣传活动中，经调查核实发现，本区学校周边的部分零售经营场所存在违法出售烟草制品等行为，使未成年人可轻易获得烟草制品，可能损害未成年人的身心健康，违反《未成年人保护法》《烟草专卖法》等相关法律规定。2019年5月17日，海淀区人民检察院决定针对未成年人禁烟保护予以行政公益诉讼立案。经海淀区人民检察院向区烟草专卖局、区市场监督管理局发出诉前检察建议，两机关高度重视检察建议提出的问题，积极履行监管职责，采取切实有效整改措施消除学校周边可随意购买烟草制品的问题。在办理个案的基础上，海淀区人民检察院还与行政机关加大沟通协作力度，切实发挥"以点带面"的示范引领效应，着力构建解决和防范涉案问题的长效机制。一是开展全区类似问题排查。海淀区市场监督管理局对全区中小学校、少年宫等85家单位周边销售烟草制品商户进行全面摸排整治；海淀区烟草专卖局逐户排查是否设置控烟标识，加大对向未成年人出售烟草制品的查处力度。二是在全区范围内开展形式多样的控烟预防活动。开展宣传讲解，建立辖区街道互助小组，聘请第三方机构暗访检查，做到防控"零距离"；两机关还联合召开专项行动约谈会，加强对通过互联网推广和销售烟草制品行为的监测、劝阻和制止。海淀区人民检察院在办案同时注重总结宣传，邀请新华社等主流媒体对案件进行广泛报道，引起较大反响。2019年10月29日，国家卫生健康委等八部门联合印发《关于进一步加强青少年控烟工作的通知》。同年10月30日,国家烟草专卖局和国家市场监督管理总局联合发布《关于进一步保护未成年人免受电子烟侵害的通告》。

(二)整改

磋商的目的是督促行政机关自行整改。行政公益诉讼诉前程序旨在监督行政机关自我纠错和整改,以便及时维护公共利益。如果通过磋商程序甚至听证程序,违法履职和怠于履职的行政机关能够及时整改,也就达到了维护公共利益的办案目的,提出检察建议和提起诉讼等程序就无须启动,行政公益诉讼办案程序也就至此终止。

但是,行政机关的整改不是磋商的必然和唯一结果。假如经过磋商程序后,行政机关仍未依法履行职责,那么,检察机关就应当对案件进行全面审查,依法向行政机关提出检察建议。当然,在检察建议提出和回复程序中,行政机关仍可以依法整改,并且此时的整改有阻却检察机关提起行政公益诉讼的法效力。

如果行政机关在法律、司法解释规定的整改期限内已依法作出行政决定或者制订整改方案,但因突发事件等客观原因不能全部整改到位,且没有怠于履行监督管理职责情形的,人民检察院可以中止审查。中止审查的,应当经检察长批准,制作《中止审查决定书》,并报送上一级人民检察院备案。中止审查的原因消除后,应当恢复审查并制作《恢复审查决定书》。

第四节 诉前程序中的检察建议与行政回复

一、检察建议

检察机关经过调查和磋商程序后,就进入到了案件审查环节,案件审查是向行政机关提出检察建议之前的内部程序。审查的结果有三种情形：第一，经过审查发现，不存在行政机关违法行使职权或者不作为，造成国家利益或者社会公共利益受到侵害情形的，行政公益诉讼案件终结；第二，行政机关在检察机关向其提出检察建议前已依法履行职责，国家利益或者社会公共利益已经得到有效保护的，行政公益诉讼案件终结；第三，经过调查和审查，检察机关依法向行政机关提起检察建议。

《人民检察院组织法》第21条第1款明确规定："人民检察院行使本法第二十条规定的法律监督职权，可以进行调查核实，并依法提出抗诉、纠正意见、检察建议。有关单位应当予以配合，并及时将采纳纠正意见、检察建议的情况书面回复人民检察院。"《行政诉讼法》第25条第4款规定："人民检察院在履行职责中发现生态环境和资源保护、食品药品安全、国有财产保护、国有土地使用权出让等领域负有监督管理职责的行政机关违法行使职权或者不作为，致使国家利益或者社会公共利益受到侵害的，应当向行政机关提出检察建议，督促其依法履行职责。"据此，提出检察建议是人民检察院依法行使法律监督职权的重要方式，提出检察建议构成了行政公益诉讼诉前程序的核心环节，也是随后向人民法院提起行政公益诉讼的前置程序和关键步骤，发挥着承上启下的制度功效。可以说，整个诉前程序就是围绕检察建议的提出和回复而展开的。理解和适用行政公益诉讼诉前程序中的检察建议制度，应注意以下几点：

第一，是否提出检察建议由检察长决定。制发检察建议应当在检察机关统一业务应用系统中进行，实行以院名义统一编号、统一签发、全程留痕、全程监督。经调查，人民检察院认为行政机关不依法履行职责，致使国家利益或者社会公共利益受到侵害的，应当报检察长决定向行政机关提出检察建议，并于《检察建议书》送达之日起5日内向上一级人民检察院备案。

第二，检察建议主要内容的要求。《人民检察院检察建议工作规定》第16条规定："检察建议书要阐明相关的事实和依据，提出的建议应当符合法律、法规及其他有关规定，明确具体、说理充分、论证严谨、语言简洁、有操作性。"行政公益诉讼检察建议书一般包括以下内容：（1）行政机关的名称；（2）案件来源；（3）国家利益或者社会公共利益受到侵害的事实；（4）认定行政机关不依法履行职责的事实和理由；（5）提出检察建议的法律依据；（6）建议的具体内容；（7）行政机关整改期限；（8）其他需要说明的事项。同时，《检察建议书》的建议内容应当与可能提起的行政公益诉讼请求相衔接。

第三，被建议的主体法定。行政公益诉讼诉前程序中的检察建议，其对象是法定领域负有监管职责的行政主体，包括职权类行政主体（即行政机关）授权类行政主体（法律、法规、规章授权的组织）。同时，检察建议的对象可以是单一行政主体，也可以是多个行政主体；一个行政主体存在数个违法行使职权或不作为情形的，检察机关可以合并作出检察建议；基于同一公益损害事实、存在多个行政主体行政违法的，检察机关也可以分别作出检察建议。

第四，检察建议的送达。根据《人民检察院公益诉讼办案规则》第70条的规定，人民检察院决定提出检察建议的，应当在3日内将《检察建议书》送达行政机关。行政机关拒绝签收的，应当在送达回证上记录，把《检察建议书》留在其住所地，并可以采用拍照、录像等方式记录送达过程。可见，《检察建议书》应当以人民检察院的名义送达被建议单位。送达《检察建议书》，可以直接送达，也可以留置送达。人民检察院可以采取宣告方式向行政机关送达《检察建议书》，必要时，可以邀请人大代表、政协委员、人民监督员等参加。

第五，检察建议异议。《检察建议书》送达后，检察长认为本院发出的《检察建议书》确有不当的，应当决定变更或者撤回，并及时通知有关单位，说明理由。上级人民检察院认为下级人民检察院发出的《检察建议书》确有不当的，应当指令下级人民检察院变更或者撤回，并及时通知有关单位，说明理由。被建议行政主体对检察建议提出异议的,检察官应当立即进行复核。经复核,异议成立的,应当报经检察长或者检察委员会讨论决定后,及时对检察建议书作出修改或者撤回检察建议书;异议不成立的,应当报经检察长同意后,向被建议行政主体说明理由。

第六,检察建议的抄送。案件社会影响大、群众关注度高、违法情形具有典型性、所涉问题应当引起有关部门重视的《检察建议书》,可以抄送同级党委、人大、政府、纪检监察机关或者被建议单位的上级机关、行政主管部门以及行业自律组织等。

【案例拓展】

黑龙江省检察机关督促治理二次供水安全公益诉讼案

2018年6月,黑龙江省鸡西市滴道区人民检察院收到市民投诉,反映该区供水公司所属的二次供水设施存在严重安全隐患。鸡西市滴道区人民检察院经调查发现,该区供水公司所属的小半道泵站负责将滴道区北山水厂的生活饮用水通过加压供给滴道区约5.4万名居民。该泵站未取得卫生许可证擅自进行二次供水,从事供水的人员未取得健康证直接上岗,加压站水箱未按规定进行定期清洗消毒,违反相关法律规定,水质存在安全隐患。发现公共安全隐患后,鸡西市滴道区人民检察院于2018年6月14日分别向该区卫生健康委员会、住房和城乡建设局发出检察建议,建议行政机关切实履行职责,消除居民生活饮用水卫生安全隐患,建立健全卫生许可等相关制度,严格监督小半道泵站二次供水卫生,并责令其限期改正。收到检察建议后,区卫生健康委与住房和城乡建设局依法履行职责进行整改,并回复了整改情况。与此同时,鸡西市滴道区人民检察院将相关情况向鸡西市人民检察院报告。鸡西市人民检察院分析认为,上述个案中发现的问题可能具有更大范围的普遍性,遂在全市部署二次供水安全行政公益诉讼类案监督,共摸排"二次供水"公益诉讼案件线索57件并全部立案。2018年10月,鸡西市人民检察院向鸡西市卫生健康委、住房和城乡建设局等部门提出检察建议。收到检察建议后，鸡西市卫生健康委等积极督促供水公司整改。鸡西市人民检察院在"二次供水安全"类案监督活动取得良好效果后，将监督情况上报黑龙江省人民检察院。在深入调查核实的基础上，黑龙江省人民检察院就检察公益诉讼从个案监督到类案监督乃至促进省域内行业治理的工作思路，与黑龙江省人民政府进行多次沟通。2019年12月20日，黑龙江省人民检察院向黑龙江省人民政府送达检察建议书，建议：一是加强二次供水设施运行维护管理，推行供水服务到终端，逐步实现城市公共供水企业统建统管。二是强化相关职能部门行政监管，建立健全行政执法信息共享机制，建立严格的抽检和通报制度，加大惩戒力度，提高违法成本。三是发挥政府统筹作用，强化系统监管促进系统共治，将二次供水监管成效纳入政府及其职能部门目标考核评价体系。四是加强资金保障，统筹使用政策资金，综合施策融通资金，保障配套资金到位。五是完善相关配套政策，完善二次供水制度规范，建立联合执法机制，加强供水设施改造。收到检察建议书后，黑龙江省人民政府高度重视。2020年4月28日，黑龙江省住房和城乡建设厅发布《黑龙江省既有小区供水设施改造技术导则》，加强对城市老旧小区二次供水设施改造工程设计的技术指导。同年5月，黑龙江省住房和城乡建设厅和省卫生健康委员会联合制订相关工作方案，对全省二次供水泵站和管网底数、老旧二次供水泵站数量、健康卫生许可等情况进行全面普查，建立问题台账，明确2020年改造目标任务。6月23日，黑龙江省人民政府召开全省城镇二次供水设施改造工作电视电话会议，明确三年之内完成全部"老、旧、散、小、差"二次供水设施的改造，从根本上解决二次供水的安全卫生问题。经整改工作，黑龙江省住房和城乡建设厅、省卫生健康委员会分别向省人民检察院回复了整改落实情况。

二、行政回复

《最高人民法院、最高人民检察院关于检察公益诉讼案件适用法律若干问题的解释》第21条第2款规定:"行政机关应当在收到检察建议书之日起两个月内依法履行职责,并书面回复人民检察院。出现国家利益或者社会公共利益损害继续扩大等紧急情形的,行政机关应当在十五日内书面回复。"可见,检察建议送达后,一般情况下,行政主体依法履行职责和书面回复的期限为2个月。但出现公益受损持续扩大等情形的,行政主体的履职和回复期限为15日。

人民检察院应当积极督促和支持被建议行政主体依法落实检察建议。督促落实工作由原承办检察官或办案组办理,可以采取询问、走访、不定期会商、召开联席会议等方式,并制作笔录或者工作记录。

同时,针对诉前程序行政主体的行政回复应注意以下问题:首先,行政机关应当回复,并且是书面回复;其次,回复不是目的,行政机关根据检察建议依法履行职责、修复公益才是目的;再次,行政机关应当在法定期限内回复,法定期限分一般回复期限和紧急回复期限两类;最后,《人民检察院检察建议工作规定》第25条规定:"被建议单位在规定期限内经督促无正当理由不予整改或者整改不到位的,经检察长决定,可以将相关情况报告上级人民检察院,通报被建议单位的上级机关、行政主管部门或者行业自律组织等,必要时可以报告同级党委、人大,通报同级政府、纪检监察机关。符合提起公益诉讼条件的,依法提起公益诉讼。"可见,从逻辑上讲,行政机关的回复至少分为积极性回复和消极性回复,前者引发行政公益诉讼程序的终止,后者导致人民检察院向人民法院提起行政诉讼,即诉前程序延伸至行政诉讼程序。

经过行政回复和跟进调查程序,检察官应当制作《审查终结报告》,区分情况提出以下处理意见:(1)终结案件;(2)提起行政公益诉讼;(3)移送其他人民检察院处理。

根据《行政诉讼法》第25条第4款和《最高人民法院、最高人民检察院关于检察公益诉讼案件适用法律若干问题的解释》第21条的规定，行政机关应当在收到《检察建议书》的法定期限内依法履行职责，并书面回复人民检察院。行政机关不依法履行职责的，人民检察院依法向人民法院提起诉讼。可见，人民检察院向人民法院提起行政诉讼除符合《行政诉讼法》第49条第2项、第3项和第4项规定的起诉条件外，还应当满足：(1)被告违法行使职权或者不作为，致使国家利益或者社会公共利益受到侵害的证明材料；(2)已经履行诉前程序，行政机关仍不依法履行职责或者纠正违法行为的证明材料。

有下列情形之一的，人民检察院可以认定行政机关未依法履行职责：(1)逾期不回复检察建议，也没有采取有效整改措施的；(2)已经制定整改措施，但没有实质性执行的；(3)虽按期回复，但未采取整改措施或者仅采取部分整改措施的；(4)违法行为人已经被追究刑事责任或者案件已经移送刑事司法机关处理，但行政机关仍应当继续依法履行职责的；(5)因客观障碍导致整改方案难以按期执行，但客观障碍消除后未及时恢复整改的；(6)整改措施违反法律法规规定的；(7)其他没有依法履行职责的情形。

【思考题】

1. 如何理解行政公益诉讼诉前程序的制度特点及其优势？
2. 行政公益诉讼诉前程序检察机关的调查权如何完善？
3. 诉前程序与行政公益诉讼程序如何衔接？
4. 如何完善行政公益诉讼中行政机关的书面回复及其内容？

第三章 行政公益诉讼的管辖

第一节 行政公益诉讼管辖概述

一、行政公益诉讼管辖的概念

行政公益诉讼的管辖是指各级检察机关、法院之间以及同级不同地域的检察机关、法院之间在受理行政公益诉讼案件上的权限分工。行政公益诉讼案件办理的主要流程节点为：线索发现、评估和管理—立案—诉前程序（调查—审查—提出检察建议—跟进调查）—提起诉讼。从管辖权配置角度看，提起诉讼之前的案件办理完全由检察机关独立完成，属于行政公益诉讼中的检察管辖。提起诉讼之后环节由法院主导进行，属于行政公益诉讼中的审判管辖。

需要明确指出的是，不同于其他行政诉讼中的管辖，行政公益诉讼中的管辖解决的是不仅检察机关、法院各自系统内的分工，还要协调检察管辖和审判管辖的关系。检察机关的管辖与法院的管辖应该保持同步性与协调性，如此才能实现全力保障司法公正与提升公益司法保护效率的双重目标。最高人民检察院出台的《检察机关民事公益诉讼案件办案指南（试行）》《检察机关行政公益诉讼案件办案指南（试行）》关于"管辖权协商"规定："上级人民检察院指定改变级别管辖或者地域管辖的，可以在提起民事公益诉讼或行政公益诉讼前与同级人民法院协商管辖相关事宜，共同指定。"

二、确定行政公益诉讼管辖的原则

在制定行政公益诉讼管辖规则之前,首先要确定划分管辖的原则。有了正确的管辖原则,才能实现行政公益诉讼的目标,保障检察机关和法院及时公正地处理行政公益诉讼案件,保护国家利益与公共利益的实现。划分行政公益诉讼的管辖应当从以下几个原则出发:

(一)保护公益原则

公益诉讼管辖的确定应当首先有利于国家利益或者社会公共利益得到有效保护。当行政机关在诉前程序中作出的行政行为不足以保护国家利益或者社会公共利益,或者行政机关虽已作出足以保护社会公共利益的行政行为,但国家利益或者社会公共利益仍处于受侵害状态,则有提起行政公益诉讼的必要。行政公益诉讼是督促之诉,针对监管部门不依法履行法定职责的行为进行督促,促使其履行法定职责。由于我国实行条块管理,监管部门的监管职责也往往与属地管理紧密联系在一起。由公共利益受损地或不履行法定职责的行为发生地作为管辖检察机关和法院更为适当,更有利于国家利益和社会公共利益的保护。

(二)公正司法原则

司法公正是检察机关和法院追求的根本目的,它始终是司法的本质要求,是司法的生命线,是一切司法制度设计的基础,也是我国司法改革一直追求的首要价值目标。公正作为司法制度的永恒价值,毫无疑问也应当在诉讼管辖制度中得到贯彻和实施。行政公益诉讼管辖不仅涉及行政诉讼,还事关多个司法秩序,更是评价一项新兴司法机制是否具有确定性、可预期的重要维度,深刻影响司法制度的运行和功效发挥。检察机关作为行使行政公益诉讼的主体之一,决定了该类案件的司法审查不同于普通意义上的行政诉讼。不仅要保障法院能够独立地、公正地审理行政公益诉讼案件,减少行政机关带来的干预,还应考虑到在行政公益诉讼中检察机关和行政机关是当事人,要破除检察机关与被告行政机关职责范围重合而产生的负面影响,有效保证检察权公正运行。

(三)司法均衡原则

行政公益诉讼中对于管辖权的划分要考虑到各级检察机关、法院之间合理的分工,不能使有的检察机关或者法院负担过重,有的负担过轻。管辖实际上是一种案件分配制度,不仅涉及"管"的分工和职权,还涉及"辖"的效果,其目的在于平衡不同级别检察院或者法院之间和不同地域检察院或者法院之间的行政公益诉讼案件负担。所以,行政公益诉讼中的管辖必须贯彻司法均衡原则,不仅是案件数量上的均衡,同样也要将各级检察院或者法院中从事公益诉讼相关工作的检察官和法官的专业能力、业务水平纳入考虑范围,这也是原则性和灵活性相结合的制度设计。

第二节 行政公益诉讼的检察管辖

一、检察管辖的概念及其规则的确立

检察机关是提起行政公益诉讼的法定主体,这是新时代检察机关法律监督职能的重大拓展。所谓行政公益诉讼的检察管辖,是指不同层级、不同地域的检察机关在办理公益诉讼案件时的权限和分工。行政公益诉讼检察管辖规则的确立,应当考虑以下因素:

(一)检察管辖规则的确立应当符合法律监督权运行的基本规律

新时代检察机关的法律监督权体现为"四大监督",即刑事检察监督、民事检察监督、行政检察监督、公益诉讼监督。检察机关职权行使的基本立足点、出发点应当是履行法律监督职责,具体到行政公益诉讼领域,行政公益诉讼职权的行使体现着对行政机关是否依法履行法定职责的监督。其背后蕴含着检察权与行政权的权力运行规则,应当由哪一级别的检察机关对特定行政机关进行监督,要符合检察职权配置的基本

规则，确保检察机关在立案后能够调配和投入足够的检察资源，实现案件办理政治效果、社会效果、法律效果的统一。

（二）尽量实现行政公益诉讼检察管辖与被监督行政机关级别对应

虽然法院、检察院与行政机关基于不同的权力性质、职能定位划分为不同的系统，但是三者均由人民代表大会产生，在权力行使时应当分工负责、相互配合、相互制约。例如，《宪法》第140条规定："人民法院、人民检察院和公安机关办理刑事案件，应当分工负责、互相配合、互相制约，以保证准确有效地执行法律。"行政公益诉讼作为对行政机关的监督制度，其检察管辖规则的确立，也应当考虑与检察机关法律监督职权行使时的配合、制约问题。从行政机关、检察机关、法院在实际权力运行中的地位来看，如果由基层检察院对地市级人民政府及其职能部门进行监督，可能会在沟通协调、调查取证等方面面临困难，配合、制约的制度设计目标难以实现，监督效果不好。

（三）实现行政公益诉讼检察管辖与审判管辖的衔接

行政公益诉讼涉及检察机关管辖权、法院管辖权，二者管辖权规则的顺畅衔接，是行政公益诉讼顺利从诉前监督到提起诉讼环节的重要保障。在此，行政公益诉讼检察管辖规则的设计必须考虑到行政诉讼案件跨区划集中管辖问题。实践中，法院探索建立了多种跨区域集中管辖模式，如由铁路运输法院集中管辖、异地交叉集中管辖、普通法院相对集中管辖、由铁路运输法院外的专门法院集中管辖、当事人选择管辖等多种模式。在设定行政公益诉讼检察管辖规则时，应当对行政诉讼跨区划集中管辖模式进行梳理，并主动适应行政案件集中管辖对检察机关开展公益诉讼工作造成的影响。

（四）确立行政公益诉讼检察管辖的灵活调节规则

《行政诉讼法》第25条第4款规定的公益诉讼涉及生态环境和资源保护、食品药品安全、国有财产保护、国有土地使用权出让等领域，以上四种类型公益侵权案件往往涉及领域较广、社会影响较大,可能需要指定管辖、共同管辖、移送管辖等管辖规则的调节,以确保案件的顺利办理。

《行政诉讼法》虽然规定了检察公益诉讼制度,但对于检察公益诉讼的检察管辖规则、审理程序等均缺乏对应的规定。当前,主要是在《人民检察院公益诉讼办案规则》中对行政公益诉讼检察管辖作出了规定。根据该司法解释的规定,行政公益诉讼检察管辖可以分为一般管辖、特殊管辖。

二、行政公益诉讼检察管辖中的一般管辖

一般管辖是指行政公益诉讼检察管辖的一般规定,只有在法律等规范对行政公益诉讼检察管辖作出特殊规定时,才适用特殊管辖规则,而不适用一般管辖规定。《人民检察院公益诉讼办案规则》第13条第1款规定:"人民检察院办理行政公益诉讼案件,由行政机关对应的同级人民检察院立案管辖。"根据该条款的规定,行政公益诉讼检察管辖以同级对应管辖为原则。所谓同级,是指行政公益诉讼案件原则上由与违法行使职权或者不履行职权行政机关级别相同的检察机关管辖。所谓对应,主要是从地域管辖范围的角度而言,检察机关作为公权力机关,遵循职权法定原则,原则上不能超出辖区范围受理案件。因此,行政公益诉讼检察管辖机关与被监督行政机关原则上应当属于同一行政区划。

《人民检察院公益诉讼办案规则》把同级对应管辖作为一项基本规则,主要是出于以下几点原因:

一是便于检察机关及时发现行政公益诉讼案件线索。特定行政区划内的行政机关职权范围原则上限于本行政区域,其所负有的公益维护职责也仅限于本辖区范围内的公益保护领域。由同一辖区内的检察机关履行监督职责,能够确保检察机关及时发现公益诉讼案件线索。

二是有利于检察机关调查取证、沟通协调等工作的开展。《最高人

民法院、最高人民检察院关于检察公益诉讼案件适用法律若干问题的解释》第 22 条规定："人民检察院提起行政公益诉讼应当提交下列材料：（一）行政公益诉讼起诉书，并按照被告人数提出副本；（二）被告违法行使职权或者不作为，致使国家利益或者社会公共利益受到侵害的证明材料；（三）已经履行诉前程序，行政机关仍不依法履行职责或者纠正违法行为的证明材料。"依据该条款规定，检察机关提起行政公益诉讼需要提交两方面的证据材料：其一，被告因违法行使职权或不作为，导致公益受损；其二，检察机关已履行诉前程序，但行政机关仍未依法履行职责。此外，检察机关在诉前程序阶段，向行政机关发出检察建议亦需相关证据材料的支持。可见，通过调查取证获取相关证据材料是检察机关办理公益诉讼案件的关键所在。确定行政公益诉讼检察管辖的同级对应原则，降低了检察机关调查取证的难度。如果调查取证的检察机关级别低于行政机关级别，会增加检察机关调查核实、沟通协调的难度。

三是保持规范之间的一致性。2019 年 1 月 2 日，最高人民检察院、生态环境部、国家发展和改革委员会等十部门共同签署了《关于在检察公益诉讼中加强协作配合依法打好污染防治攻坚战的意见》，明确提出"检察机关办理行政公益诉讼案件，一般由违法行使职权或者不作为的行政机关所在地的同级人民检察院立案并进行诉前程序"。2020 年 7 月 8 日，最高人民检察院与中央网信办等十部门共同签署《关于在检察公益诉讼中加强协作配合依法保障食品药品安全的意见》，对检察机关检察管辖亦作出相同规定。《人民检察院公益诉讼办案规则》规定，由行政机关对应的同级检察机关管辖，是对司法实践经验的总结，符合检察机关职权行使的基本规则。

三、行政公益诉讼检察管辖中的特殊管辖

特殊管辖也称特别管辖，是指不依据行政公益诉讼检察管辖的一般原则，而是按照法律的特别规定，确立管辖检察机关的制度。特殊

管辖主要包括指定管辖、跨行政区划管辖、提级管辖、移送管辖、管辖权的转移等。

（一）指定管辖

所谓指定管辖，是指上级检察机关以指定的方式，将特定行政案件交由辖区内的其他检察机关办理。

指定管辖是针对特定、具体的行政公益诉讼案件而言的，并非针对行政公益诉讼案件检察管辖的一般性规则，实践中通常需要"一案一指定"。根据《人民检察院公益诉讼办案规则》的相关规定，行政公益诉讼案件指定管辖主要包括以下两种情形：

一是上级检察机关根据办案实际需要指定管辖。《人民检察院公益诉讼办案规则》第 17 条第 1 款规定："上级人民检察院可以根据办案需要，将下级人民检察院管辖的公益诉讼案件指定本辖区内其他人民检察院办理。"《人民检察院公益诉讼办案规则》赋予了上级检察机关较大的裁量权，凡是出于办理行政公益诉讼案件的需要，均可以将某一特定行政公益诉讼案件指定由本辖区内的其他人民检察院办理。检察机关上下级之间是领导关系，这与法院上下级之间的指导关系不同，使检察机关建立起上下一体的办案机制。从司法实践来看，一体化办案机制能够较好地适应行政公益诉讼案件涉及主体较多、损害公益行为往往较为严重的特点，有利于发挥上下级检察机关的"一体作业、总体统筹"的工作机制，通过指定管辖能够根据公益诉讼案件实际情况，灵活调节管辖机关，适应案件办理的实际需要。需要注意的是，行政公益诉讼分为诉前阶段和诉讼阶段，原则上这两个阶段办案检察机关具有一致性，但在例外情形下也可能会出现分离。《人民检察院公益诉讼办案规则》对指定管辖的规定，并未限于诉前阶段，这表明在诉讼阶段上级检察机关可以通过指定管辖改变管辖机关。

【案例拓展】

岐山县人民检察院诉渭南市国土资源局临渭分局不履行法定职责案

田某非法占用土地建设建筑物,渭南市国土资源局临渭分局怠于履行职责,造成国有土地损害。2016年7月5日,渭南市临渭区人民检察院向被告渭南市国土资源局临渭分局发出检察建议书,建议被告渭南市国土资源局临渭分局积极履行职责,依法对田某非法占用土地建设建筑物的行为作出处理。但是,被告并未积极采取有效监管措施依法对本案进行查处。在进入诉讼阶段后,陕西省人民检察院指定岐山县人民检察院对本案提起行政公益诉讼,从而使岐山县人民检察院取得了本案的管辖权。该案中诉前阶段和诉讼阶段的管辖权出现了分离,在诉前阶段主要由渭南市临渭区人民检察院履行公益维护职责,在诉讼阶段则由岐山县人民检察院提起行政公益诉讼。

二是人民检察院在发生管辖权争议时,上级人民检察院可以指定管辖。《人民检察院公益诉讼办案规则》第17条第3款规定:"人民检察院对管辖权发生争议的,由争议双方协商解决。协商不成的,报共同的上级人民检察院指定管辖。"管辖权的争议包括两种情形:(1)两个以上的人民检察院都认为自己有管辖权,相互争夺管辖权,这是管辖权的积极争议;(2)两个以上的人民检察院都认为自己没有管辖权而相互推诿,这是管辖权的消极争议。造成管辖权争议的原因有很多,包括对管辖规定的理解不一致、行政案件跨区划管辖的影响、行政公益诉讼案件自身的复杂性等。当出现管辖权的争议时,应当由发生争议的检察机关先协商解决,协商不成的再报共同的上级检察机关指定管辖。如果属于同一辖区范围内的两个基层检察机关发生管辖权争议协商不成的,应当由当地的设区的市级检察机关指定管辖;如果属于同一个省级区划内不同设区的市级检察机关发生管辖权争议且协商不成的,应当由该省级检察机关指定管辖；跨省级行政区划的两个检察机关发生争议的，参照法院管辖权争议处理办法，应当先由省级检察机关协商解决，协商不成的再报最高人民检察院指定管辖。

（二）跨行政区划管辖

跨行政区划管辖是指通过指定等方式，确立某一检察机关跨行政区划办理行政公益诉讼案件。党的十八届三中、四中全会提出"探索建立跨行政区划的人民法院，办理跨地区案件"，2013年《最高人民法院关于开展行政案件相对集中管辖试点工作的通知》要求"各高级人民法院应当结合本地实际，确定1—2个中级人民法院进行试点"。检察机关跨区划管辖是在法院系统探索行政案件跨区划管辖后，主动采取的应对措施，但行政公益诉讼立案跨区划管辖的调整具有一定的滞后性。与法院跨区划管辖类似，行政公益诉讼检察管辖当前并无中央层面的统一规定，主要是各省级检察机关根据本地区行政案件集中管辖情况，采取了一定的管辖措施。

《人民检察院公益诉讼办案规则》第17条第2款规定："最高人民检察院、省级人民检察院和设区的市级人民检察院可以根据跨区域协作工作机制规定，将案件指定或移送相关人民检察院跨行政区划管辖。基层人民检察院可以根据跨区域协作工作机制规定，将案件移送相关人民检察院跨行政区划管辖。"该条款与法院跨行政区划受理案件主动衔接，在实践中已经取得了一定的成果，但跨区划办理案件主要适用于检察机关提起行政公益诉讼阶段。

【案例拓展】

西安铁路运输检察院诉周至县财政局不履行法定职责案

周至县人民检察院在履行职责中发现，周至县果业发展管理局在审核某合作社申请的财政专项补助资金时未认真履行职责，致某公司骗取国家补贴资金79.96万元。周至县财政局未及时追回被骗领的财政补贴资金，也未对该财政违法行为予以行政处罚，国家利益长期处于受侵害状态。在诉前阶段，周至县人民检察院向周至县财政局发出了检察建议，但周至县财政局并未完全履职职责。在诉讼阶段，为实现与行政案件集中管辖相适应，该案由西安铁路运输检察院提起行政公益诉讼。

（三）提级管辖

考虑到行政机关职责履行多主体、多层级的问题，《人民检察院公益诉讼办案规则》对检察管辖亦作出了相应的制度安排：

一是规定了可以提级管辖的情形。《人民检察院公益诉讼办案规则》第13条第2款规定："行政机关为人民政府，由上一级人民检察院管辖更为适宜的，也可以由上一级人民检察院立案管辖。"该条款是对"由行政机关对应的同级人民检察院立案管辖"的补充、调整，其包含以下两层含义：其一，行政机关为人民政府的，可以由对应的同级检察机关立案监督。例如，某县人民政府不履行法定职责，造成公益受损，可以由对应的基层检察机关管辖。其二，行政机关为人民政府的，也可以由上一级检察机关管辖。政府在地方政治权力网络中，通常处于较为强势的地位，由同级检察机关对其监督可能在调查核实等方面存在一定的困难。此时，可以由上一级检察机关管辖，以降低案件办理难度。《检察机关行政公益诉讼案件办案指南（试行）》明确规定，检察机关提起行政公益诉讼的案件，一般由违法行使职权或者不作为的行政机关所在地的基层人民检察院管辖。违法行使职权或者不作为的行政机关是县级以上人民政府的案件，由市（分、州）人民检察院管辖。《人民检察院公益诉讼办案规则》第13条第2款规定，是对《检察机关行政公益诉讼案件办案指南（试行）》的完善与发展，均将人民政府作为被监督对象的公益诉讼案件提级管辖。

二是规定了设区的市级检察机关管辖的案件。《人民检察院公益诉讼办案规则》第15条规定："设区的市级以上人民检察院管辖本辖区内重大、复杂的案件。公益损害范围涉及两个以上行政区划的公益诉讼案件，可以由共同的上一级人民检察院管辖。"就重大、复杂案件而言，其社会影响较大，可能涉及重大国家利益、社会利益，由设区的市级检察机关管辖能够更好地维护公益。重大、复杂案件的监督对象，既可能是县级人民政府及其职能部门，也可能是设区的市级人民政府及其职能部门。《人民检察院公益诉讼办案规则》对设区的市级检察机关检察管辖案件的规定，并非以"同级对应"管辖为确立标准，而是以行政公益诉讼案件本身的情况为依据。该规定与《行政诉讼法》规定的，中级人民法院管辖"本辖区内重大、复杂的案件"一致。但是何为"重大、复杂"案件，《人民检察院公益诉讼办案规则》并没有明确作出规定，结合公益维护的目的，应主要包括涉案人数众多、公益损害较大等情形。就跨行政区划的行政公益诉讼案件而言，其立案检察机关并不仅限于设区的市级检察机关，还可能涉及省级检察机关、最高人民检察院。例如，对于同一省内跨市域的行政公益诉讼案件，其共同的上级检察机关是省级检察机关。

（四）移送管辖

行政公益诉讼检察管辖中的移送管辖，是指因上级检察院不具有管辖权或与审理行政公益诉讼案件法院管辖级别、地域不对应，而将案件移送至有管辖权的检察院的制度。这与行政诉讼中的移送管辖既有相似点，又有区别。行政公益诉讼检察管辖中的移送管辖与行政诉讼移送管辖最大的区别为：行政诉讼中移送管辖的前提是移送案件的法院已经进行了立案，在立案后发现自己没有管辖权，是对错误立案的纠错程序；而行政公益诉讼检察管辖中的移送主要是指案件线索的移送，既可能发生在检察机关立案前，也可能发生在立案后，并不一定是错误立案的纠错。二者的相同点为：一是均对被移送案件没有管辖权；二是无管辖权的检察院、法院均负有必须移送的义务，不能违法立案办理；三是受移送的检察院、法院均无权将案件再次移送。《人民检察院公益诉讼办案规则》规定了两种不同类型的移送管辖制度：

1. 案件线索的同级、上下级移送

《人民检察院公益诉讼办案规则》第26条第1款规定："人民检察院发现公益诉讼案件线索不属于本院管辖的，应当制作《移送案件线索通知书》，移送有管辖权的同级人民检察院，受移送的人民检察院应当受理。受移送的人民检察院认为不属于本院管辖的，应当报告上级人民检察院，不得自行退回原移送线索的人民检察院或者移送其他人民检察院。"该款规定了同级检察机关之间的移送程序，具体包括：（1）检察院对被移送的公益诉讼案件线索不具有管辖权，这是移送的前提条件。如果检察机关对公益诉讼案件具有管辖权，或者因共同管辖等原因对管辖权发生争议，不能适用移送管辖。（2）必须制作《移送案件线索通知书》。该通知书是移送检察院对被移送检察院的单方通知，主要告知被移送检察院相关案件线索情况。（3）受移送检察机关应当对案件有管辖权。（4）受移送检察院应当是同级检察院。《人民检察院公益诉讼办案规则》第26条第1款所规定的仅限于同级检察机关之间的案件移送，在上下级检察机关间同样存在案件移送的问题。该条第2款规定："人民检察院发现公益诉讼案件线索属于上级人民检察院管辖的，应当制作《报请移送案件线索意见书》，报请移送上级人民检察院。"（5）受移送检察院不得再行移送或退回原移送线索的检察院。如果受移送检察院认为其对案件不具有管辖权，应当报告上级检察机关，由上级检察机关指定管辖。

2. 诉讼环节的线索移送

《人民检察院公益诉讼办案规则》第16条规定："人民检察院立案管辖与人民法院诉讼管辖级别、地域不对应的，具有管辖权的人民检察院可以立案，需要提起诉讼的，应当将案件移送有管辖权人民法院对应的同级人民检察院。"该条所规定的案件移送意在实现与法院管辖的衔接,主要是诉讼环节案件的移送问题。检察院并非对公益诉讼案件不具有管辖权,但是由于行政案件跨区划管辖等原因,造成受案检察院与法院可能存在不在同一行政区域等情形,为实现行政公益诉讼案件的顺利办理,因而将案件移送至有管辖权法院对应的同级检察院。

（五）管辖权的转移

管辖权的转移是指基于上级检察机关的决定,将上级检察机关办理的公益诉讼案件交由下级检察机关办理,或者将下级检察机关办理的案件提级由上级检察机关办理。《人民检察院公益诉讼办案规则》第18条规定:"上级人民检察院认为确有必要的,可以办理下级人民检察院管辖的案件,也可以将本院管辖的案件交下级人民检察院办理。下级人民检察院认为需要由上级人民检察院办理的,可以报请上级人民检察院决定。"根据该条款的规定,管辖权的转移主要包括两种类型:

1. 管辖权的自下至上转移

该种类型的转移路径有两种:一是上级检察机关在认为确有必要的情况下,将下级检察机关办理的案件提级管辖,这是上级检察机关主动作出的提级管辖行为。二是下级检察机关在认为需要上级检察机关办理时,报请上级检察机关决定,这是经报请后的管辖权自下至上转移。

2. 管辖权的自上至下转移

上级检察机关认为确有必要的情况下,可以将本院管辖的案件交由下级检察机关办理。检察机关将本院办理的案件交由下级检察机关办理应当慎重,在作出管辖权转移决定时应当着重考虑被监督对象级别、社会影响程度、案件复杂程度等因素。根据《人民检察院公益诉讼办案规则》第18条的规定,无论何种类型的管辖权转移,都不仅限于上一级检察机关与下一级检察机关之间,只要二者具有上下级隶属关系,均可能发生管辖权的转移。

第三节　行政公益诉讼的审判管辖

一、行政公益诉讼审判管辖中的级别管辖

（一）基层人民法院的管辖

《行政诉讼法》第14条规定："基层人民法院管辖第一审行政案件。"该条款为概括性条款，结合有关级别管辖的其他条款，除法律明确规定应当由上级人民法院管辖的案件外的所有行政案件，都应当由基层法院管辖，即原则上一审行政案件由基层法院进行管辖。

就行政公益诉讼的级别管辖而言，《最高人民法院、最高人民检察院关于检察公益诉讼案件适用法律若干问题的解释》第5条第2款明确规定："基层人民检察院提起的第一审行政公益诉讼案件，由被诉行政机关所在地基层人民法院管辖。"

对此可以从以下几点加以理解：第一，基层法院对行政公益诉讼案件享有一般管辖权，上级法院只是在法律以及相应司法解释有明确规定的情况下才享有对第一审行政公益诉讼案件的管辖权。对于上级法院的管辖权范围，无论是法院还是当事人都应准确把握，而不能任意扩大或者缩小。第二，基层法院对于应当由自己管辖的案件，必须受理，不得推诿，上级法院也不得随意干预。当然，这一规定在具体运用中还要考虑到确定管辖的一般原则，如有利于法院排除行政干预、独立行使审判权原则，法院之间均衡负担原则等。第三，由基层法院管辖的前提是"基层人民检察院提起的第一审行政公益诉讼案件"。因此，对于一个行政公益诉讼案件是否应当由基层法院管辖，首先应当判断其是否应当由基层检察院提起第一审行政公益诉讼。《检察机关行政公益诉讼案件办案指南（试行）》对检察机关行政公益诉讼管辖问题作出了明确规定。

我国法律关于级别管辖的基本思路就是把绝大多数行政公益诉讼案件交由基层法院管辖，基层法院要作为行政审判的第一战线。这样规定

的主要依据有两点：一是符合基层法院的职能定位，基层法院是我国审判机关中最低一级的单位，主要任务就是审理一审案件；二是符合我国的国情以及基层是行政公益诉讼案件的多发地，基层法院数量多，布点广，最接近当事人和案发地，由基层法院受理一审行政公益诉讼案件，便于当事人参加诉讼，节约费用开支，也便于法院调查取证，有利于对群众开展法治宣传。

（二）中级以上人民法院的管辖

《行政诉讼法》第15条规定："中级人民法院管辖下列第一审行政案件：（一）对国务院部门或者县级以上地方人民政府所作的行政行为提起诉讼的案件；（二）海关处理的案件；（三）本辖区内重大、复杂的案件；（四）其他法律规定由中级人民法院管辖的案件。"第16条规定："高级人民法院管辖本辖区内重大、复杂的第一审行政案件。"第17条规定："最高人民法院管辖全国范围内重大、复杂的第一审行政案件。"虽然《最高人民法院、最高人民检察院关于检察公益诉讼案件适用法律若干问题的解释》并没有对中级以上法院管辖行政公益诉讼案件作出规定，如果就此认为中级以上法院不审理第一审行政公益诉讼案件显然理由和依据均不充分。尽管实践中行政公益诉讼被诉的多是基层监管部门，但是逻辑上不能排除一些特殊部门和特殊案件的存在，《行政诉讼法》的一般法地位和效力应得以成立，《行政诉讼法》第15条、第16条、第17条有关中级以上法院管辖的第一审案件的范围应适用于行政公益诉讼案件管辖。

二、行政公益诉讼审判管辖中的地域管辖

一个案件在确定其级别管辖后，还需确定其地域管辖，才能最终确定有管辖权的法院。地域管辖可分为一般地域管辖、跨行政区划管辖、特殊地域管辖和共同管辖四种。

（一）一般地域管辖

一般地域管辖，顾名思义，是地域管辖的一般规则。按照行政诉讼

法的规定，一般地域管辖，是以当事人的所在地为标准来确定管辖的，这里的当事人是指被告一方。

《行政诉讼法》第18条规定了一般地域管辖的基本原则："行政案件由最初作出行政行为的行政机关所在地的人民法院管辖。经复议的案件，也可以由复议机关所在地的人民法院管辖。经最高人民法院批准，高级人民法院可以根据审判工作的实际情况，确定若干人民法院跨行政区域管辖行政案件。"

可见，一般地域管辖的基本原则是原告就被告，即原告应当向被告所在地的法院起诉。这样规定的主要原因是：（1）遵循便于当事人参加诉讼的原则。在大多数情况下，原告和被告居住在同一个法院的辖区内，由该辖区的法院管辖，有利于双方当事人参加诉讼。（2）便于法院的审判工作。主要是便于法院通知当事人，调查取证和最终的执行活动。（3）适应了法规、规章以及其他规范性文件的地域性的特点。占法律体系主体部分的地方性法规、规章和规范性文件都具有在本地域内有效的特点，无论它们是行政诉讼的依据还是参照规范，都是被告行政机关的执法依据，由被告行政机关所在地的法院管辖，能够保证行政机关的执法依据与法院的审判依据的一致性，避免因区域的不同而出现法律规范之间的冲突。（4）实行原告就被告原则，还能使原告严肃认真地对待自己的诉权，防止其滥诉。

《行政诉讼法》之所以用"最初"作出行政行为的行政机关所在地的表述方式，是考虑到了行政复议。行政复议是法定的行政机关依法对具体行政行为的合法性和适当性进行审查的制度，经过复议的，复议机关有可能维持、改变和撤销原具体行政行为。《行政诉讼法》第18条第2款规定："……经复议的案件，也可以由复议机关所在地的人民法院管辖。""也可以"一词表明，在经过复议的情况下，既可以由最初作出具体行政行为的行政机关所在地的法院管辖，又可以由复议机关所在地的法院管辖，这时实际上就形成了共同管辖。

最高人民法院印发的《人民法院审理人民检察院提起公益诉讼案件试点工作实施办法》第15条第1款规定："人民检察院提起的第一审行政公益诉讼案件由最初作出行政行为的行政机关所在地基层人民法院管辖。经复议的案件，也可以由复议机关所在地基层人民法院管辖。"该条是对行政公益诉讼案件地域管辖的一般规定，其精神与《行政诉讼法》第18条第1款基本一致。行政公益诉讼是行政诉讼的一种特殊类型，行政诉讼法所确立的一般管辖原则在行政公益诉讼中也应当予以适用。因此，《人民法院审理人民检察院提起公益诉讼案件试点工作实施办法》第15条第1款可以看作《行政诉讼法》第18条第1款在行政公益诉讼领域的具体适用。但与普通行政诉讼不同的是，检察机关提起行政公益诉讼之前无权通过行政复议途径督促行政机关履行职责。

《最高人民法院、最高人民检察院关于检察公益诉讼案件适用法律若干问题的解释》第5条第2款规定："基层人民检察院提起的第一审行政公益诉讼案件，由被诉行政机关所在地基层人民法院管辖。"该条款所确立的行政公益诉讼地域管辖基本原则是"被诉行政机关所在地"法院管辖。鉴于行政公益诉讼不涉及检察机关提起行政复议的问题，因此，该条款与《行政诉讼法》第18条第1款的精神基本一致。

（二）跨行政区划管辖

党的十八届三中、四中全会决议明确提出"探索建立跨行政区划的人民法院，办理跨地区案件"。具体来说，就是着眼于排除地方保护主义对审判的干扰，设立跨行政区划的法院，办理跨地区案件，以保证司法的公正和权威，推动构建普通案件在行政区划法院审理、特殊案件在跨行政区划法院审理的诉讼格局。

《最高人民法院、最高人民检察院关于检察公益诉讼案件适用法律若干问题的解释》并未就跨行政区划管辖问题作出规定，但行政公益诉讼作为一种特殊的行政诉讼，也应适用《行政诉讼法》第18条第2款跨行政区划管辖行政案件的规定。

实践中，行政公益诉讼案件跨行政区划管辖主要有两种模式：一是由铁路运输法院集中管辖；以陕西省为例，西安铁路运输法院管辖原由西安市各基层人民法院管辖的第一审行政案件；安康铁路运输法院管辖原由安康市各基层人民法院管辖的第一审行政案件。二是实行异地交叉集中管辖。就没有铁路运输法院的地方而言，主要采取异地交叉集中管辖的方式跨行政区划受理行政公益诉讼案件。因此，司法实践中，对于由铁路运输法院集中管辖行政诉讼案件的地区，也应由其对行政公益诉讼案件进行集中管辖；对于实行异地交叉集中管辖的地区，行政公益诉讼案件的管辖应当与实行集中管辖法院辖区相一致。

【案例拓展】

贵州省六盘水市六枝特区人民检察院诉贵州省安顺市镇宁布依族苗族自治县丁旗镇人民政府环境行政公益诉讼案

2015年1月，六盘水市六枝特区人民检察院在开展"生态·环境保护"专项行动中接到群众反映，从2014年起，安顺市镇宁布依族苗族自治县丁旗镇政府将该镇的生活垃圾收集后，集中运输至与其接壤的六枝特区木岗镇产业园区原龙岩飞机制造厂地块，倾倒后未做任何处理，致使该区域环境遭受严重破坏，当地群众生产生活受到严重影响。2015年11月23日，六枝特区人民检察院向丁旗镇政府提出检察建议，督促其将倾倒的垃圾进行清理，恢复地块原状，并对在辖的丁旗镇龙潭村在该地块倾倒垃圾的行为进行有效制止。检察建议发出后，丁旗镇政府既未予以回复，亦未对已倾倒的垃圾进行清理，龙潭村仍在该地块倾倒垃圾。为保护生态环境，维护社会公共利益，2016年1月19日，六枝特区人民检察院以丁旗镇政府为被告向清镇市人民法院提起行政公益诉讼，请求确认丁旗镇政府把原龙岩飞机制造厂选址为临时垃圾堆放场的行政行为违法，责令丁旗镇政府履行监管职责，对其辖区内龙潭村在原龙岩飞机制造厂倾倒垃圾的行为进行制止，责令丁旗镇政府对其违法行政行为采取补救措施。3月16日上午,清镇市人民法院生态环保法庭在安顺市中级人民法院依法公开开庭审理本案。

在此,需要对本案的审判管辖予以说明,2015年,经最高人民法院批准,贵州省人民法院对环境案件采取的是"145"集中管辖模式:1个高级法院、4个中级法院和5个基层法院设立生态环境审判庭或人民法庭,实行跨地级行政区域管辖贵州省9个地州市88个县市区的环境资源案件。清镇市人民法院环境资源审判庭管辖贵阳市、安顺市和贵安新区。本案被告为丁旗镇人民政府。根据《行政诉讼法》第18条跨区划管辖原则与一般地域管辖原则,该案应由清镇市人民法院环境资源庭管辖。清镇市人民法院环境资源审判庭一直坚持环资案件巡回审判模式,本案选择在安顺市中级人民法院开庭审理,正是遵循了这一原则。

(三)特殊地域管辖

特殊地域管辖是指在特定的情况下,依据诉讼客体所在地确定管辖法院的方式。《最高人民法院、最高人民检察院关于检察公益诉讼案件适用法律若干问题的解释》并未就特殊地域管辖问题作出规定,但在第26条规定:"本解释未规定的其他事项,适用民事诉讼法、行政诉讼法以及相关司法解释的规定。"

对于特殊地域管辖的规定,在行政公益诉讼中的适用应当区别考虑。《行政诉讼法》第19条规定:"对限制人身自由的行政强制措施不服提起的诉讼,由被告所在地或者原告所在地人民法院管辖。"该类诉讼直接以保护公民人身自由为诉讼目的,不符合行政公益诉讼的起诉要件,属于典型的行政私益诉讼类型。该条款仅适用于行政私益诉讼,行政公益诉讼法院管辖不适用该条款。对于《行政诉讼法》第20条"因不动产提起的行政诉讼,由不动产所在地人民法院管辖"的规定,结合《最高人民法院关于适用〈中华人民共和国行政诉讼法〉的解释》第9条第1款"行政诉讼法第二十条规定的'因不动产提起的行政诉讼'是指因行政行为导致不动产物权变动而提起的诉讼"的规定，行政机关违法行使职权或不履行法定职责可能导致国有不动产物权的变动，可能造成国有不动产的流失，从而侵害国家和社会公共利益。因此，该条款既适用于行政私益诉讼，也适用于行政公益诉讼。

（四）共同管辖

共同管辖是指依照法律的规定，两个以上的人民法院对同一行政案件都有管辖权的情形。它是在一般地域管辖和特殊地域管辖的基础上派生而来的一种管辖形态，无论是按照一般地域管辖还是特殊地域管辖的规则，都可能产生共同管辖。根据《行政诉讼法》的规定，在以下几种情况下会出现共同管辖：

1. 被诉具体行政行为经过行政复议，既可以由最初作出具体行政行为的行政机关所在地的法院管辖，也可以由复议机关所在地的法院管辖。

2. 被告为两个以上的行政机关，且不属于同一个法院的辖区的。

3. 对限制人身自由的强制措施不服提起的行政诉讼案件，既可以由原告所在地法院管辖，也可以由被告所在地法院管辖。

4. 因不动产提起的案件，如果该不动产横跨两个或两个以上法院的辖区，则这些法院都有管辖权。

出现共同管辖时，在法律上各法院都有管辖权，但是，它们不可能共同行使管辖权，只能由其中的一个来实际管辖，即这个管辖法院只能是它们之中的某一个，而不能是其他的法院。如何最终确定管辖法院？《行政诉讼法》第21条规定："两个以上人民法院都有管辖权的案件，原告可以选择其中的一个人民法院提起诉讼。原告向两个以上有管辖权的人民法院提起诉讼的，由最先立案的人民法院管辖。"

在以上四类共同管辖案件中，行政公益诉讼案件不涉及经过复议的案件、限制公民人身自由的案件。当出现其他类型的共同管辖案件时，原则上也应当遵循《行政诉讼法》第21条的规定处理。

三、行政公益诉讼审判管辖中的裁定管辖

尽管法律对管辖作了级别上的和地域上的划分,但是,有时仍然会出现一些不确定的情况,这时就必须通过法院的裁定确定管辖,这就是裁定管辖,它又可分为三种类型:移送管辖、指定管辖和管辖权的转移。

(一)移送管辖

行政公益诉讼中的移送管辖是指法院在受理了行政公益诉讼案件以后,发现本院对案件没有管辖权,该案应当由其他法院管辖,因而将案件移交给有管辖权的法院管辖的制度。《行政诉讼法》第22条前段规定:"人民法院发现受理的案件不属于本院管辖的,应当移送有管辖权的人民法院,受移送的人民法院应当受理。"《最高人民法院关于正确确定县级以上地方人民政府行政诉讼被告资格若干问题的规定》第7条规定:"被诉行政行为不是县级以上地方人民政府作出,公民、法人或者其他组织以县级以上地方人民政府作为被告的,人民法院应当予以指导和释明,告知其向有管辖权的人民法院起诉;公民、法人或者其他组织经人民法院释明仍不变更的,人民法院可以裁定不予立案,也可以将案件移送有管辖权的人民法院。"

行政公益诉讼中的移送管辖有以下特点:

一是法院已经受理了行政公益诉讼案件,即已经立案,而尚未作出判决。如果法院只是接到了检察机关的行政公益诉讼起诉书,在审查中发现该案不属于自己的管辖权范围,则不发生移送的问题,而应告知检察机关向有管辖权的法院提起行政公益诉讼。如果法院已经作出了一审判决,也不发生移送管辖的问题,而是通过二审程序或审判监督程序予以纠正。

二是受理的法院发现自己没有管辖权,必须将行政公益诉讼案件移送给有管辖权的法院。移送管辖制度的目的在于纠正违法和错误,无论

出于什么原因，只要受理法院认定自己没有管辖权，就必须将案件移送给有管辖权的法院。

三是受移送的法院不得再移送。为了保证行政公益诉讼案件得以及时地处理，有效维护公共利益，禁止受移送的法院将案件再次移送。如果受移送的法院确实认为该案不属于自己的管辖范围，其应当报二者的共同上级法院裁定。

四是移送管辖既可以发生在同级法院之间，也可以发生在不同级别的法院之间；既可以发生在同一地域内的上下级法院之间，也可以发生在不同地域的上下级法院之间。

五是移送案件应当作出裁定。移送法院作出的裁定应当送达作为公益诉讼起诉人的检察机关和作为被告的行政机关以及受移送法院。

（二）指定管辖

行政公益诉讼中的指定管辖是指上级法院以指令的方式，将行政公益诉讼案件交由下级法院管辖的制度。

《行政诉讼法》第23条规定了指定管辖的两种情况，行政公益诉讼中也应适用。

一是有管辖权的法院由于特殊原因不能行使管辖权的，由上级法院指定管辖。在这种情况下，管辖权的归属本来是明确的，但是由于特殊原因，有管辖权的法院不能行使管辖权。这种特殊原因可分为自然原因和其他有可能影响公正审判的原因。法院应当将行政公益诉讼案件报送上级法院，上级法院可以自己行使管辖权，也可以指定另外一个法院管辖该案。

二是行政公益诉讼中若对管辖权发生争议，由争议双方协商解决。协商不成的，报它们的共同上级法院指定管辖。在司法实践中，法院之间就管辖权产生的争议不外乎两种类型：（1）两个以上的法院都认为自己对某一行政公益诉讼案件拥有管辖权，这种争议称为积极争议；（2）两个以上的法院都认为自己对行政公益诉讼案件没有管辖权，这种争议是消极争议。发生争议时，双方首先应当协商解决，协商不成时，报它们共同的上级法院裁定。

（三）管辖权的转移

行政公益诉讼中的管辖权转移是指基于上级法院的同意或决定，下级法院将本由自己管辖的行政公益诉讼案件交给上级法院审理，或者是上级法院将本由自己管辖的行政公益诉讼案件交由下级法院审理，从而最终决定行政公益诉讼案件管辖法院的制度。

发生管辖权转移的前提是，一个行政公益诉讼案件的管辖权是明确无误的，对于某一个行政公益诉讼案件，一个法院本来是有管辖权的，但是出于特殊原因，它将行政公益诉讼案件连同管辖权一并移交于另外一个法院，后者由此取得了管辖权。《行政诉讼法》第24条分为两款规定了管辖权转移的两种情况，第1款规定："上级人民法院有权审理下级人民法院管辖的第一审行政案件。"第2款规定："下级人民法院对其管辖的第一审行政案件，认为需要由上级人民法院审理或者指定管辖的，可以报请上级人民法院决定。"可见，第1款实际上只包括了一种情况：上级人民法院提审本由下级法院管辖的行政公益诉讼案件，决定权在上级法院手中，下级法院应当服从上级法院的决定。第2款规定的是下级法院主动将行政公益诉讼案件报请上级法院审理的情况，这里的最终决定权也属于上级法院，下级法院只有请求权。

关于管辖权转移的理由，行政诉讼法并没有规定，只是规定上级法院"有权""可以"决定转移或者是下级法院"认为需要"时，应当报经上级法院同意。从实践中看，发生管辖权转移的原因主要有三个方面：（1）案情复杂，专业性强，难度大，下级法院无法胜任审判工作；（2）行政干预严重，或者由于下级法院自身的问题，致使案件难以公正、及时地得以审理；（3）一方法院负担过重，将管辖权转移有利于均衡上下级之间的负担。

【思考题】

1. 确定行政公益诉讼管辖的基本原则是什么?
2. 行政公益诉讼审判级别管辖的基本规则是什么?
3. 跨区划受理行政诉讼案件的基本模式有哪些?
4. 检察机关如何跨行政区划受理案件?

第四章 行政公益诉讼当事人

第一节 行政公益诉讼起诉人

一、行政公益诉讼起诉人的概念与特征

行政公益诉讼起诉人是指认为行政机关的行政行为对国家利益、社会公共利益或者他人利益造成侵害,而以自己的名义向人民法院提起诉讼的国家机关或社会组织。诉讼的基本原则是"无利益则无诉权"。《行政诉讼法》第25条第1款规定:"行政行为的相对人以及其他与行政行为有利害关系的公民、法人或者其他组织,有权提起诉讼。"但行政公益诉讼起诉人代表公共利益提起行政诉讼,其本身与案件争议没有利害关系,而是基于法定的诉讼实施权,因此其诉讼法律地位与一般行政诉讼原告不同,在撤诉、和解、调解等制度的适用中也受到相应的限制。

行政公益诉讼起诉人有四个特征:

(一)行政公益诉讼起诉人以自己的名义向人民法院提起诉讼

行政公益诉讼起诉人是以自己的名义起诉,这是公益诉讼人与诉讼代理人的主要区别。诉讼代理人参与诉讼的原因是为当事人提供法律帮助,并非为了自己的利益;严格意义上讲,行政公益诉讼起诉人属于为他人利益的诉讼,在没有诉的利益或者与自己的利益非常间接的情况下,基于法律的明文规定而提起的诉讼。

(二)行政公益诉讼起诉人目前主要指人民检察院

在现代民主法治社会,公民、法人和其他组织享有广泛的权益,在

行政活动过程中，不可避免会使一些受法律保护的权益受到行政执法人员的侵害，为了维护这些合法权益，法律赋予了他们诉权，可通过司法程序解决与行政机关之间的纠纷。一般而言，在行政诉讼中只有行政相对人以及利害关系人才能成为原告。但是，在一些特殊情况下，若没有人去启动诉讼程序，国家利益和公共利益就处于一种无人保护的情况。因此，为了保护国家利益和社会公共利益，往往会对一些特定的国家机关和社会组织进行明确授权。《行政诉讼法》第25条第4款赋予了检察机关在特定领域内提起行政公益诉讼的权力。

　　检察机关是国家的法律监督机关，其提起办理行政公益诉讼案件是履行法律监督职责的方式之一，主要表现为对行政机关不履行职权或违法行使职权的监督。同时，检察机关提起行政公益诉讼，不同于传统意义上的实体上的利害关系人，而是维护国家利益和社会公共利益的程序当事人，是代表国家对行政机关是否履行法定职责进行法律监督，成为独立于普通当事人之外的特殊当事人。在诉讼目的、诉讼地位、诉讼权利义务等方面与普通行政诉讼原告具有区别。

　　（三）行政公益诉讼起诉人是认为行政行为侵犯国家利益、社会公共利益的组织

　　大多数国家对于原告的界定采用诉讼利益原则。对于一个特定的行政行为，并非任何人都有资格作为原告起诉。能否取得原告的资格，关键看他与被诉行政行为有无利害关系。如果一个人对某一行政行为不享有诉讼上的利益，他就不能取得原告资格。在行政公益诉讼中，公益侵害案件涉及不特定权利主体，正是在直接利害关系人缺位，国家利益和社会公共利益存在公益保护真空的前提下，人民检察院出于保护公益的考虑，而提起的行政公益诉讼。《行政诉讼法》第25条第4款中规定的"致使国家利益或者社会公共利益受到侵害"，明确地表达了检察机关提起公益诉讼是出于维护国家利益、公共利益的需要。

（四）行政公益诉讼起诉人是主动参加诉讼的当事人

行政公益诉讼起诉人为了保护国家利益、社会公共利益而向人民法院起诉，是主动地参加诉讼的人，其主动性体现于起诉行为。行政公益诉讼的被告是由人民法院通知而参加诉讼，因而具有被动性。没有公益诉讼起诉人的主动起诉，就不会产生行政公益诉讼，而被告无论是否应诉，都不会影响行政公益诉讼的成立。

二、行政公益诉讼起诉人的诉讼权利和义务

《人民法院审理人民检察院提起公益诉讼案件试点工作实施办法》第14条规定："人民检察院以公益诉讼人身份提起行政公益诉讼，诉讼权利义务参照行政诉讼法关于原告诉讼权利义务的规定。"《最高人民法院、最高人民检察院关于检察公益诉讼案件适用法律若干问题的解释》第4条规定："人民检察院以公益诉讼起诉人身份提起公益诉讼，依照民事诉讼法、行政诉讼法享有相应的诉讼权利，履行相应的诉讼义务，但法律、司法解释另有规定的除外。"由此可见，行政公益诉讼起诉人具有行政诉讼法所规定的诉讼权利和诉讼义务。

（一）行政公益诉讼起诉人的诉讼权利

1. 起诉权

行政公益诉讼起诉人有权提起行政诉讼，发起行政诉讼法律关系。当然，行政诉讼法律关系的实际发生，还取决于人民法院的受理，但没有起诉人的起诉就不可能发生行政公益诉讼。

2. 提供证据和申请保全证据的权利

公益诉讼起诉人在诉讼中，有权向人民法院提供证据，以支持自己的诉讼请求。在行政公益诉讼中，原则上被告承担行政行为合法性的举证责任，但公益诉讼起诉人亦享有提供证据的权利。当认为证据有可能丧失或者今后难以取得的情况下，人民检察院可以进行调查核实，也可

以申请人民法院采取证据保全措施。

3. 申请回避权

在行政公益诉讼中，如果公益诉讼起诉人认为审判人员、书记员、翻译人、鉴定人、勘验人等与本案有利害关系，可能影响公正审判的，有权申请相应的人员回避。

4. 补充、变更诉讼请求权

公益诉讼起诉人在人民法院宣告判决或裁定前，有权申请补充、变更诉讼请求。如原来只提出撤销行政行为的请求，在案件办理中，可以根据实际情况变更为请求确认行政行为无效。《人民检察院公益诉讼办案规则》第84条规定："在行政公益诉讼案件审理过程中，行政机关已经依法履行职责而全部实现诉讼请求的，人民检察院可以撤回起诉。确有必要的，人民检察院可以变更诉讼请求，请求判决确认行政行为违法。人民检察院决定撤回起诉或者变更诉讼请求的，应当经检察长决定后制作《撤回起诉决定书》或者《变更诉讼请求决定书》，并在三日内提交人民法院。"

5. 申请财产保全和先予执行的权利

公益诉讼起诉人在行政诉讼中认为可能由于被告的行为，或者其他原因使以后的判决不能执行或难以执行时，有权向人民法院申请财产保全。

6. 申请强制执行权

人民法院在作出生效的判决裁定后，如果被告拒绝履行，有权申请人民法院强制执行。

7. 申请撤诉权

行政公益诉讼起诉人在人民法院作出判决裁定前，有权主动申请撤诉。或者在被告改变行政行为后，同意其改变而撤诉。当被告行政机关积极履行了职责，检察院在其诉讼请求已经全部实现的前提下，向人民法院申请撤诉。

8. 上诉权

就行政公益诉讼起诉人而言，提起上诉既是权利也是义务。《人民检察院公益诉讼办案规则》第58条第2款规定："人民检察院认为第一审公益诉讼判决、裁定确有错误的，应当提出上诉。"这里的"应当"一词，使检察机关在认为判决、裁定确有错误时负有必须提出上诉的义务，以维护国家利益、公共利益。但从《行政诉讼法》对诉讼当事人权利的规定来看，上诉又是当事人所享有的一项权利，检察公益诉讼起诉人当然享有该权利。

9. 申请查阅补正庭审笔录权

行政公益诉讼起诉人在开庭审理后，有权申请查阅庭审笔录，如发现错误或遗漏，有权申请补正。

（二）行政公益诉讼起诉人的主要诉讼义务

行政公益诉讼起诉人的诉讼义务主要有：

1. 依法行使诉权，不得滥用诉权

检察机关提起行政公益诉讼，是《行政诉讼法》赋予的法定职权，是检察机关法律监督权的行使方式之一。作为具有公权属性的诉权，应当依法行使，遵循职权法定原则，不得滥用诉权。

2. 遵守诉讼规则，服从法院指挥

在行政公益诉讼中，公益诉讼起诉人与公益诉讼被告具有同等法律地位，诉讼程序应当依据诉讼规则进行。

3. 自觉履行人民法院作出的发生法律效力的判决、裁定

履行生效判决、裁定是诉讼当事人的法定义务，行政公益诉讼当事人也应当自觉履行法院的生效判决、裁定。

三、检察机关作为行政公益诉讼起诉人

《宪法》第134条规定："中华人民共和国检察院是国家的法律监督机关。"第136条规定："人民检察院依照法律规定独立行使检察权，不

受行政机关、社会团体和个人的干涉。"《人民检察院组织法》第2条规定:"人民检察院是国家的法律监督机关。人民检察院通过行使检察权,追诉犯罪,维护国家安全和社会秩序,维护个人和组织的合法权益,维护国家利益和社会公共利益,保障法律正确实施,维护社会公平正义,维护国家法制统一、尊严和权威,保障中国特色社会主义建设的顺利进行。"

检察机关提起行政公益诉讼,是贯彻落实党的十八届四中全会《中共中央关于全面推进依法治国若干重大问题的决定》(以下简称《决定》)的重要举措,也是检察机关履行法律监督职责,保护国家利益、社会公共利益,监督行政机关依法行政的重要举措。确立检察机关提起行政公益诉讼是严格依法行政、监督行政权力的客观需要。与此同时,客观上也有预防渎职犯罪的作用。行政公益诉讼在功能上还对行政机关具有一定的警示作用,预先提醒行政机关所实施的违法行为,督促行政机关及时改正违法行为,避免最后发展成渎职犯罪。由检察机关采用诉讼形式,利用国家检察权力启动审判,通过检察权和审判权两种权力的合理运用,发挥司法的政策引导功能和强制威慑功能,从而实现司法权对行政权的制约。可以说,检察机关具备行政公益诉讼原告资格,既符合权力分工、权力制约的实际需要,也符合社会主义司法体制的内在逻辑。

在行政公益诉讼中,检察机关既是公益诉讼人启动诉讼程序,也是法律监督机关,人民检察院对人民法院已经发生法律效力的判决、裁定,发现违反法律、法规规定的,有权按照审判监督程序提出抗诉。在同一场域,检察机关具有两种身份,角色冲突不可避免,势必会影响到行政审判的独立性。《人民检察院提起公益诉讼试点工作实施办法》第28条规定,人民检察院履行职责中发现生态环境和资源保护、国有资产保护、国有土地使用权出让等领域负有监督管理职责的行政机关违法行使职权或者不作为,造成国家和社会公共利益受到侵害,公民、法人和其他社会组织由于没有直接利害关系,没有也无法提起诉讼的,可以向人民法院提起行政公益诉讼。具体案件的办理由民事行政检察部门负责。由此规定可以看出，检察机关提起行政公益诉讼的前提条件是公民、法人和其他组织由于不具备原告资格的身份，"没有也无法提起诉讼"时，检察机关才可以介入，更多的是一种兜底、补充责任。

公益诉讼的核心目的是维护公共利益，督促行政机关严格依法行政，履行好自身的法定职责。采取行政公益诉讼，实际上是在其他法律手段不起作用的情况下才采取的最后一种司法手段。在提起公益诉讼之前，如果能够采取其他手段达到目的，也就没有必要再提起公益诉讼。

检察机关代表国家利益和社会公共利益提起行政公益诉讼，除享有原告的各项诉讼权利外，根据其固有的职权和法律授权，享有调查取证权等权力。

（一）调查核实权

检察机关在履行行政公益诉讼职责过程中，因案件办理的需要，收集证据、核实案情的权力是检察机关获取办理行政公益诉讼案件证据材料的主要途径，也是检察机关发出诉前检察建议或提起行政公益诉讼的制度保障。《人民检察院组织法》第21条第1款规定："人民检察院行使本法第二十条规定的法律监督职权，可以进行调查核实，并依法提出抗诉、纠正意见、检察建议。有关单位应当予以配合，并及时将采纳纠正意见、检察建议的情况书面回复人民检察院。"《最高人民法院、最高人民检察院关于检察公益诉讼案件适用法律若干问题的解释》第6条规定："人民检察院办理公益诉讼案件，可以向有关行政机关以及其他组织、公民调查收集证据材料；有关行政机关以及其他组织、公民应当配合；需要采取证据保全措施的，依照民事诉讼法、行政诉讼法相关规定办理。"

根据《人民检察院公益诉讼办案规则》第35条的规定，人民检察院办理公益诉讼案件，可以采取以下方式开展调查和收集证据：（1）查阅、调取、复制行政执法、诉讼卷宗材料；（2）询问行政机关相关人员、违法行为人以及行政相对人、利害关系人、证人等；（3）向有关单位和个人收集书证、物证、视听资料、电子数据等证据；（4）咨询专业人员、相关部门或者行业协会等对专门问题的意见；（5）委托鉴定、评估、审计、检验、检测、翻译；（6）勘验物证、现场；（7）其他必要的调查方式。调查核实不得采取限制人身自由以及查封、扣押、冻结财产等强制性措施。人民检察院调查核实有关情况，行政机关及其他有关单位和个人应当配合。

根据《人民检察院公益诉讼办案规则》第71条的规定，人民检察院办理行政公益诉讼案件，调查事项的范围为：（1）国家利益或者社会公共利益受到侵害的事实；（2）行政机关的监督管理职责；（3）行政机关不依法履行职责的行为；（4）行政机关不依法履行职责的行为与国家利益或者社会公共利益受到侵害的关联性；（5）其他需要查明的事项。

（二）检察建议权

在行政公益诉讼中，人民检察院经过调查，发现生态环境和资源保护、食品药品安全、国有财产保护、国有土地使用权出让等领域负有监督管理职责的行政机关违法行使职权或者不作为，致使国家利益或者社会公共利益受到侵害的，应当向涉案单位、本级有关主管机关以及其他有关单位提出检察建议，督促其依法履行职责。

根据《人民检察院公益诉讼办案规则》第75条的规定，经调查，人民检察院认为行政机关不依法履行职责，致使国家利益或者社会公共利益受到侵害的，应当报检察长决定向行政机关提出检察建议，并于《检察建议书》送达之日起5日内向上一级人民检察院备案。《检察建议书》应当包括以下内容：（1）行政机关的名称；（2）案件来源；（3）国家利益或者社会公共利益受到侵害的事实；（4）认定行政机关不依法履行职责的事实和理由；（5）提出检察建议的法律依据；（6）建议的具体内容；（7）行政机关整改期限；（8）其他需要说明的事项。《检察建议书》的建议内容应当与可能提起的行政公益诉讼请求相衔接。

第二节 行政公益诉讼被告

一、行政公益诉讼被告的概念与特点

行政公益诉讼被告是指被行政公益诉讼起诉人认为行使职权或不履行职责的行为侵犯了国家利益或社会公共利益而诉至法院，因而由法院通知其应诉的行政机关或者法律、法规、规章授权的组织。《人民法院审理人民检察院提起公益诉讼案件试点工作实施办法》第14条规定："……行政公益诉讼的被告是生态环境和资源保护、国有资产保护、国有土地使用权出让等领域行使职权或者负有行政职责的行政机关，以及法律、法规、规章授权的组织。"

据此，行政公益诉讼的被告有以下几个特征：

一是被告只能是行政机关和法律、法规及规章授权的组织。也就是说，被告只能是行政主体。某个行政组织是否可以作为被告，首先看它是否具有行政主体资格，不具有行政主体资格的组织不能成为行政公益诉讼的被告。只有行政主体才能以自己的名义行使职权、履行职责，作出行政行为，并独立承担相应的法律责任。

二是被告必须是作出行政行为的行政机关以及法律、法规或规章授权的组织。行政行为的存在是行政公益诉讼产生的前提，此处的行政行为既包括积极行使职权的作为行为，也包括消极履职的行政不作为。人民检察院认为行政主体的行政行为侵犯了国家利益或社会公共利益而向人民法院起诉，所以行政公益诉讼的审理对象是行政行为。此外，行政行为应当属于行政诉讼法所确定的受案范围。如果行政行为是法律排除审查的，那么人民法院既不会受理，也不会通知被诉人应诉，被诉人也就不可能转化为行政公益诉讼的被告。

三是被告必须是人民法院通知应诉的人。由于被告资格最终由法院确认，所以只有在法院确认被诉行政机关或法律、法规、规章授权的组织符合前述两个条件，并通知其应诉，该行政主体才能成为特定行政公益诉讼案件中的被告。

四是目前行政公益诉讼的被告主要是生态环境和资源保护、食品药品安全、国有财产保护、国有土地使用权出让等领域负有监督管理职责的行政机关。党的十九届四中全会之后，全国各级检察机关对拓展行政公益诉讼的范围展开了积极的探索，积极探索的案件大都涉及了安全生产、文物和文化遗产、个人信息保护、互联网等领域。也有个别省份如河北省把弘扬社会主义核心价值观的案件，宁夏回族自治区把生物安全、扶贫、弱势人群权益保护也纳入到扩大范围之中，总体而言，对于检察公益诉讼案件类型的规定整体表现出拓宽的趋势。

二、行政公益诉讼被告的条件

行政公益诉讼必须遵循行政诉讼制度的一般原理，由适格的被告参加诉讼。适格的公益诉讼被告，是指符合法定条件的被告。损害公共利益的职权行为发生后，如果有人起诉，就应当有人作为行政公益诉讼的被告，并为此承担相应的法律责任。但行政系统是一个庞大而复杂的组织，既有上下级的隶属关系，又有横向的协作关系，加之各地行政机关的设置并不统一，使行政公益诉讼中被告的确定成为一个复杂的问题。被告的判定具有重要意义，它一方面关系着起诉人的起诉能否成立，能否为人民法院所接受；另一方面关系到对行政机关合法行政的维护和对违法行为的监督。《最高人民法院关于适用〈中华人民共和国行政诉讼法〉的解释》第 26 条第 1 款就规定："原告所起诉的被告不适格，人民法院应当告知原告变更被告；原告不同意变更的，裁定驳回起诉。"

根据行政诉讼法的基本精神和有关法律和司法解释的规定，行政公益诉讼被告的实质条件有以下两个：

（一）被告应当具有行政主体资格

行政主体是指依法享有国家行政权，能够以自己的名义行使行政权，并独立承担由此产生的法律责任的组织。行政主体是确立行政诉讼被告的基础概念，其对于确立行政公益诉讼被告同样具有重要的理论和实践价值。这一定义包含四层含义：

1. 行政主体是依法享有国家行政权的组织

这是一个决定性的条件，享有行政权是作为行政主体的前提，没有行政权的组织绝对不可能成为行政主体。

2. 行政主体是能够以自己的名义行使行政权的组织

在法律上，名义具有重要的意义，它与权力、义务和责任紧密联系，三位一体，以谁的名义作出一个行为，就表明是谁在行使权力、履行义务，由此产生的责任也就由谁承担。行政主体由于依法享有行政权，它就可以自己的名义行使该权力。

3. 行政主体是能够独立承担法律责任的组织

只有独立承担法律责任的组织，才能具备行政主体的资格。行政主体从事行政管理活动，与从事民事活动的民事法人不同，不应当将是否具有独立的财产和经费作为它能否承担法律责任的标准，而应当看它是否有独立的职权，独立的职权又是以法律法规或规章的规定为依据的。行政主体的责任主要是撤销、变更行政行为或者履行法定职责，承担这种责任需要具备相应的行政职权；民事责任主要是财产性的责任，因而要求具备必要的财产或资金。行政主体有时也要承担赔偿责任，但赔偿的费用最终是由国家财政承担的，而不是由行政机关用自己的经费来承担，因此有无独立的财产和经费不应当是判断行政机关能否承担行政责任的标准。

4. 行政主体应当是组织

也就是说，个人不能成为行政主体，也不能成为行政诉讼的被告，有些原告在其起诉状中将某县长或局长列为被告的做法是错误的。

（二）导致国家利益或社会公共利益受损的行政行为是被告作出的

因行政行为导致国家利益或社会公共利益受损而提起行政诉讼时，应当由作出行政行为的行政主体作为被告，此处讨论的行政行为的作出主体实际上也包含了作出事实行为的行政主体。认定行政公益诉讼的被告时，应将行政行为的实施者与其效力归属主体统一起来。行政公益诉讼被告必须是具有行政诉讼权利能力和行为能力的行政主体，必须是行政行为效力的归属主体。确认效力的归属，应以作出行政行为的职权来源为依据。在起诉行政机关不依法履行职责的案件中，由于不存在一个行政行为，这时应当以具有法定职责的行政主体为被告。

行政主体按照其权限的来源可以分为两大类，即职权性主体与授权性主体。前者的权力源于宪法和组织法，称为职权，例如，国务院和地方各级人民政府及其职能部门按照《宪法》《国务院组织法》《地方各级人民代表大会和地方人民政府组织法》的有关规定享有的职权；后者的权力源于宪法和组织法以外的法律，称为授权。行政公益诉讼的被告概括为作出行政行为的"行政机关和法律、法规、规章授权的组织"，实际上就是指职权性的主体和授权性的主体。

三、行政公益诉讼被告的判定

通常，我们可以依据被告的概念、条件判断在一个特定案件中究竟由谁来充当被告。但是，司法实践中也存在一些复杂或者特殊的情况，为了有助于进一步准确判断被告，有必要针对不同情形中被告的具体判定给予说明。

（一）职权行为影响到公共利益的行政机关或法律、法规及规章授权的主体

这类被告在行政诉讼中是最常见的，产生这类被告的情形主要是，相对人不服有关主体作出的行政行为，不经复议直接向法院起诉，这

种情况下，以作出行政行为的行政机关或法律、法规及规章授权的主体为被告。行政职能的多元化，意味着行政机关不仅要受法律的规范和调整，还要受到其他规制的约束。《人民检察院公益诉讼办案规则》第72条规定："人民检察院认定行政机关监督管理职责的依据为法律法规规章，可以参考行政机关的'三定'方案、权力清单和责任清单等。"例如，最高人民检察院、生态环境部及国家发展和改革委员会、司法部、自然资源部等印发的《关于在检察公益诉讼中加强协作配合依法打好污染防治攻坚战的意见》中对于法定职责的认定"应以法律规定的行政执法机关法定职责为依据，对照行政执法机关的执法权力清单和责任清单"。

1. 作出行政行为的派出机关

派出机关是依照地方人民政府组织法成立的由地方人民政府派出的行政机关，派出机关依法具备行政主体资格。因此，派出机关违法行使职权或者怠于履行职权，造成公共利益、国家利益受到损害的，应当由该派出机关作为行政公益诉讼的被告。

2. 法律、法规和规章授权的行政机构

《最高人民法院关于适用〈中华人民共和国行政诉讼法〉的解释》第20条第2款规定："法律、法规或者规章授权行使行政职权的行政机关内设机构、派出机构或者其他组织，超出法定授权范围实施行政行为，当事人不服提起诉讼的，应当以实施该行为的机构或者组织为被告。"行政机构是行政机关内设的或派出的组织，原则上不具有行政主体资格，也就不能成为被告。但是有些行政机构依法享有行政权，从而取得行政主体资格，能以自己的名义作出行政行为，相对人若不服起诉的，该行政机构就是被告。

行政授权具有准确的含义，必须有明确的法律依据。《最高人民法院关于适用〈中华人民共和国行政诉讼法〉的解释》第20条第3款规定："没有法律、法规或者规章规定，行政机关授权其内设机构、派出机构或者其他组织行使行政职权的，属于行政诉讼法第二十六条规定的委托。当事人不服提起诉讼的，应当以该行政机关为被告。"在行政管理实践中，有些行政机关滥用行政授权的概念。如县政府制定文件"授权"他人行使某种行政权，由于县政府的规范性文件不是行政授权的合法依据，因此，这种授权只能当作行政委托来处理。

3.作出行政行为的法律、法规和规章授权的具有公共管理职能的组织

该组织依法享有行政权，能以自己的名义作出行政行为，并能独立承担相应的法律责任，具有行政主体资格，因此，当它作出的行政行为被起诉后，它就成了被告。《最高人民法院关于适用〈中华人民共和国行政诉讼法〉的解释》第24条第1款规定："当事人对村民委员会或者居民委员会依据法律、法规、规章的授权履行行政管理职责的行为不服提起诉讼的，以村民委员会或者居民委员会为被告。"第3款规定："当事人对高等学校等事业单位以及律师协会、注册会计师协会等行业协会依据法律、法规、规章的授权实施的行政行为不服提起诉讼的，以该事业单位、行业协会为被告。"

如何准确理解授权履行监督管理职责，准确界定公益诉讼被告是诉讼请求得以实现的重要保障。实践中已经出现因未准确理解"授权"的内涵，造成被告不适格使检察机关败诉的案例。

【案例拓展】

德惠市人民检察院诉朝阳乡政府不履行环境保护监督管理职责案

德惠市人民检察院认为德惠市朝阳乡人民政府（以下简称朝阳乡政府）不履行环保监督管理职责，将其诉至人民法院，请求确认朝阳乡政府不履行对垃圾处理监管职责违法，并判令朝阳乡政府立即履行监管职责。一审法院认为，朝阳乡政府只对该事项负有管理职责。其监管职责应由有关行政主管部门行使，朝阳乡政府不是本案适格的被告，裁定驳

回了公益诉讼人德惠市人民检察院的起诉。二审法院认为,《中华人民共和国固体废物污染环境防治法》(2016年修正)第49条规定:"农村生活垃圾污染环境防治的具体办法,由地方性法规规定。"《吉林省环境保护条例》(现已失效)第12条规定:"县级以上人民政府的环境保护行政主管部门,依法对本辖区的环境保护工作实施统一监督管理。"第15条规定:"城市街道办事处、乡镇人民政府按照有关规定,负责本辖区的环境保护工作。"根据以上规定,法律、地方性法规授权县级以上人民政府环境保护行政主管部门履行监督管理职责,对乡镇人民政府仅宏观规定了负责本辖区的环保工作,并未具体明确应如何负责。因此,"朝阳乡政府是否履行清理垃圾的职责不受行政诉讼法调整;朝阳乡政府不是履行对破坏生态环境的违法行为进行制止和处罚的监督管理职责的责任主体"。原审人民法院以被告不适格驳回起诉,并无不当。

(二)行政行为经复议后的被告的判定

《行政诉讼法》第26条第2款规定:"经复议的案件,复议机关决定维持原行政行为的,作出原行政行为的行政机关和复议机关是共同被告;复议机关改变原行政行为的,复议机关是被告。"鉴于现实中复议机关不能严格依法审查和公正裁决行政案件,不能及时撤销和纠正行政机关违法或不当的行政行为,流于形式的"维持会"并没有很好地发挥复议制度高效便捷并定分止争的制度预设功能,修正后的《行政诉讼法》加大了复议机关的责任力度。特别要强调的是,根据该条规定,复议后的案件,如果复议机关维持了原行政行为,复议机关和原行政行为机关成为共同被告,而非只有原行政机关作为被告,这是一个重大的修改。根据《最高人民法院关于适用〈中华人民共和国行政诉讼法〉的解释》第133条规定,复议机关决定维持原行政行为,包括复议机关驳回复议申请或者复议请求的情形,但以复议申请不符合受理条件为由驳回的除外。另外,复议机关改变原行政行为的,意味着行政行为发生了变化,这时候的复议结果取代了原行政行为结果,由复议机关作为被告。根据《行政诉讼法》第 26 条第 3 款规定,复议机关在法定期限内未作出复议决定,公民、法人或者其他组织起诉原行政行为的,作出原行政行为的行政机关是被告;起诉复议机关不作为的,复议机关是被告。

《人民法院审理人民检察院提起公益诉讼案件试点工作实施办法》第 15 条第 1 款规定:"人民检察院提起的第一审行政公益诉讼案件由最初作出行政行为的行政机关所在地基层人民法院管辖。经复议的案件,也可以由复议机关所在地基层人民法院管辖。"该解释并未否认行政公益诉讼中存在复议的情形,在行政公益诉讼中出现行政复议机关时,被告的确定规则应当作与普通行政诉讼相同的理解。但就现行立法规定而言,行政公益诉讼是检察机关认为行政机关违法行使职权或怠于履行职责,导致国家利益、公共利益受到损害,出于公益维护目的而提起的。

《行政诉讼法》规定的行政公益诉讼制度包括诉前程序、诉讼程序两个阶段,检察机关对行政行为不能提起行政复议。在实践中,行政公益诉讼涉及的复议问题,主要是公益诉讼案件第三人申请行政复议,但这一般并不影响行政公益诉讼被告的确认。因为,适格的行政公益诉讼被告是依法负有法定监管职责的行政机关。例如,贵州千广福温泉投资有限公司等诉思南县人民检察院履行矿产资源管理法定职责行政公益诉讼案。贵州千广福温泉投资有限公司等原审第三人不服思南县国土局土资罚字(2016)第 13 号行政处罚决定,依法向思南县人民政府提出了行政复议申请。但这一复议行为,并不能改变立法中对法定履职主体的规定,思南县人民政府并不能成为本案的适格被告。

(三)共同作出行政行为的行政机关为共同被告

根据《行政诉讼法》第 26 条第 4 款的规定,两个以上行政机关作出同一行政行为,相对人不服起诉的,共同作出行政行为的行政机关是共同被告。当行政机关与其他国家机关、党派和社会团体等共同作出行政行为的，由行政机关作为被告。行政诉讼的被告必须是具有行政职权的国家机关或者法律、法规、规章授权的组织，这里的非行政机关均不享有行政主体资格，当然不能成为行政诉讼的被告。

在行政公益诉讼中，如果公益损害行为涉及两个以上行政主体职责，应当由各行政主体作共同被告。

【案例拓展】

安康铁路运输检察院请求确认平利县经济贸易局、平利县财政局不履行法定职责案

汪某于2011年、2012年两次制作虚假材料申报中央财政关闭小企业补助资金，并于2013年至2015年间，分三次领用中央财政关闭小企业补助资金共计343万元。2015年9月22日，平利县人民检察院在侦办汪某涉嫌诈骗罪一案中发现该情况，追缴已拨付资金100万元。2016年11月11日、2017年8月8日，平利县人民检察院先后两次分别向平利县经济贸易局、平利县财政局发出检察建议，要求对汪某未能归还的243万元财政资金依法追缴，但平利县经济贸易局、平利县财政局不依法履行职责，未采取相关补救措施，导致补助资金未被追回，国家利益处于受侵害状态。公益诉讼起诉人安康铁路运输检察院以平利县经济贸易局、平利县财政局为被告，向安康铁路运输法院提起行政公益诉讼。经审理，法院认为被告平利县经济贸易局对使用虚假材料申报中央财政关闭小企业补助资金项目，未依法履行审核监管职责的行为违法；被告平利县财政局对利用虚假材料申报中央财政关闭小企业补助资金，未依法履行监管职责的行为违法；并责令被告平利县经济贸易局、被告平利县财政局依法履行追回虚报冒领的中央财政关闭小企业项目补助资金243万元的职责。

（四）个人或组织接受行政机关的委托作出行政行为的，由委托机关作为被告

在行政委托关系中，受托人是以委托人的名义作出行政行为的，由此产生的后果也由委托人承担，该行政行为应当视为委托人的行为，因此委托人应当是被告。《最高人民法院关于适用〈中华人民共和国行政诉讼法〉的解释》第24条第2款规定："当事人对村民委员会、居民委员会受行政机关委托作出的行为不服提起诉讼的，以委托的行政机关为被告。"第4款规定："当事人对高等学校等事业单位以及律师协会、注册会计师协会等行业协会受行政机关委托作出的行为不服提起诉讼的，以委托的行政机关为被告。"

行政公益诉讼的被告是生态环境和资源保护、国有资产保护、国有土地使用权出让等领域行使职权或者负有行政职责的行政机关，以及法律、法规、规章授权的组织。委托行为并不发生职权、职责的转移，因此，应当以委托机关作为行政公益诉讼的被告。

（五）行政机关被撤销或者职权变更的，继续行使其职权的行政机关是被告

行政机关被撤销包括行政机关的合并和分立。行政机关合并是指两个以上的行政机关被合并为一个新的行政机关或合并在一个或数个行政机关之中。行政机关分立是指一个行政机关分立为数个行政机关，保留其中一个或不再保留原行政机关。行政机关职权变更是指特定的行政机关因机构改革或行政管理需要，其职能由其他行政机关加以承接。无论是被撤销还是职权发生变动，都由继续行使其职权的行政机关作为被告。但行政机关被撤销或职权变更后，没有承接机关的，则由其上级机关来担任被告。《最高人民法院关于适用〈中华人民共和国行政诉讼法〉的解释》第23条规定："行政机关被撤销或者职权变更，没有继续行使其职权的行政机关的，以其所属的人民政府为被告；实行垂直领导的，以垂直领导的上一级行政机关为被告。"

（六）经上级行政机关批准的行政行为，应当以对外发生法律效力的文书上署名的机关为被告

《最高人民法院关于适用〈中华人民共和国行政诉讼法〉的解释》第19条规定："当事人不服经上级行政机关批准的行政行为，向人民法院提起诉讼的，以在对外发生法律效力的文书上署名的机关为被告。"经过上级机关批准而作出行政行为的，如果行政行为已经过上级批准为其效力成立的法定程序，上级行政机关应当作为被告。如果批准程序仅是内部程序，批准机关不作为被告，仅由作出行政行为的下级机关作为被告。但是，这两种批准在法律实践中往往混杂在一起，难以辨认。因此，结合法定职权，谁在对外生效的法律文书上署名，谁就作为被告。《最高人民法院关于正确确定县级以上地方人民政府行政诉讼被告资格若干问题的规定》第1条、第2条就体现了这一立法精神。其中，第1条规定："法律、法规、规章规定属于县级以上地方人民政府职能部门的行政职权，县级以上地方人民政府通过听取报告、召开会议、组织研究、下发文件等方式进行指导，公民、法人或者其他组织不服县级以上地方人民政府的指导行为提起诉讼的，人民法院应当释明，告知其以具体实施行政行为的职能部门为被告。"第2条规定："县级以上地方人民政府根据城乡规划法的规定，责成有关职能部门对违法建筑实施强制拆除，公民、法人或者其他组织不服强制拆除行为提起诉讼，人民法院应当根据行政诉讼法第二十六条第一款的规定，以作出强制拆除决定的行政机关为被告；没有强制拆除决定书的，以具体实施强制拆除行为的职能部门为被告。"如果上、下级都署名的，它们都作为共同被告。

（七）行政机关不作为被起诉时的被告

行政机关不作为分两种情况，一种是具有法定职责的行政机关应当主动行使职权、履行职责，该机关没有作出相应行为；另一种情况是具有行政职权的行政机关需要相对人申请才可以作出相应的行为，相对人提出申请，被申请机关没有履行或者拖延履行法定职责。前者应当以具

有法定职责的行政机关为被告；后者应当以相对人向其提出申请的行政机关为被告。区别在于，后一种情况下，相对人提出申请，要求其作为的行政机关不一定是具有法定职责的行政机关。根据《行政诉讼法》的规定，检察机关提起行政公益诉讼的条件之一是"负有监督管理职责的行政机关"，违法行使职权或者不行使职权。在国有财产保护、生态环境和资源保护、食品药品安全、国有土地使用权出让等领域，国家利益、公共利益的维护是行政机关应当依法主动履行的职责，且在公益保护领域，缺乏具体的相对人申请行政机关履行某职责。因此，在行政公益诉讼中，行政不作为主要是具有法定职责的行政机关应当主动行使职权、履行职责，该机关没有作出相应行为。

（八）司法解释规定的几种特殊情况

《最高人民法院关于适用〈中华人民共和国行政诉讼法〉的解释》对几种特殊情况下的被告的确认作了规定。

1. 政府组建的不具有独立承担法律责任能力机构的被告问题

《最高人民法院关于适用〈中华人民共和国行政诉讼法〉的解释》第20条第1款规定："行政机关组建并赋予行政管理职能但不具有独立承担法律责任能力的机构，以自己的名义作出行政行为，当事人不服提起诉讼的，应当以组建该机构的行政机关为被告。"第1款中的机构是指政府为了适应新的行政管理的需要而设立的行政机构，这些机构有的获得法律、法规和规章的授权，具有独立承担法律责任的能力，但也有些没有法律、法规或规章上的依据，不能独立承担法律责任。如在某种传染性疾病暴发期间，各级政府临时设立的防治机构。这种组建并赋予行政管理职权的行为，可以视为一种行政委托行为，这些机构如果以自己的名义作出行政行为，当事人不服提起行政诉讼的，应以组建该机构的行政机关为被告。

2. 开发区管理机构及其所属职能部门的被告问题

《最高人民法院关于适用〈中华人民共和国行政诉讼法〉的解释》

第21条规定:"当事人对由国务院、省级人民政府批准设立的开发区管理机构作出的行政行为不服提起诉讼的,以该开发区管理机构为被告;对由国务院、省级人民政府批准设立的开发区管理机构所属职能部门作出的行政行为不服提起诉讼的,以其职能部门为被告;对其他开发区管理机构所属职能部门作出的行政行为不服提起诉讼的,以开发区管理机构为被告;开发区管理机构没有行政主体资格的,以设立该机构的地方人民政府为被告。"开发区属于经济功能区,并非行政区划。开发区管理机构也不属于宪法和各级人民政府组织法规定的行政机构系列。根据《国家高新技术产业开发区管理暂行办法》第8条第2款规定:"开发区管理委员会作为开发区日常管理机构,可以行使省、自治区、直辖市、计划单列市人民政府所授予的省市级规划、土地、工商、税务、财政、劳动人事、项目审批、外事审批等经济管理权限和行政管理权限,对开发区实行统一管理。"现实生活中,开发区管理机构获得权力的来源有两种途径:一是通过法律、法规、规章授权后获得;二是经国务院、省级人民政府批准后设立。《最高人民法院关于适用〈中华人民共和国行政诉讼法〉的解释》第21条的规定充分考虑开发区管理机构的设立现状,同时兼顾法律规范授权。

四、行政公益诉讼被告的诉讼权利和义务

(一)被告的主要权利

1. 在诉讼过程中变更原行政行为的权利

行政机关是被诉行政行为的作出主体,提起行政公益诉讼并不影响行政机关改变被诉行政行为。在行政公益诉讼案件审理过程中,如果行政机关已经依法履行职责使检察机关诉讼请求全部实现,人民检察院可以撤回起诉。

2. 强制执行法院判决、裁定权

《行政诉讼法》第95条规定:"公民、法人或者其他组织拒绝履行

判决、裁定、调解书的,行政机关或者第三人可以向第一审人民法院申请强制执行,或者由行政机关依法强制执行。"《行政诉讼法》并未对公益诉讼当事人权利义务设定另外规定,因此原则上《行政诉讼法》关于判决、裁定执行的规定,也适用于行政公益诉讼中的被告。

3. 委托诉讼代理人的权利

委托诉讼代理人是行政公益诉讼当事人的法定权利,但是被告不得仅委托诉讼代理人出庭,被诉行政机关亦应参加法庭审判。

4. 提供证据和申请保全证据的权利

行政公益诉讼中,检察机关应当提交"被告违法行使职权或者不作为,致使国家利益或者社会公共利益受到侵害的证明材料"。相应地,被告也有权提供证据、申请证据保全,以证明其已依法履行法定职责。

5. 申请回避权

行政公益诉讼被告申请回避权包括两个方面:一是申请办案检察人员回避。依据《人民检察院公益诉讼办案规则》第19条的规定,在符合规定的情况下,诉讼代理人可以申请办案检察人员回避。二是申请审判人员回避,该权利与普通行政诉讼原告相同。

6. 申请保全财产权

人民法院在利害关系人起诉前或申请强制执行前,为避免裁判难以执行等情形,对特定财产采取限制处分的强制措施。行政公益诉讼中如果需要申请财产保全,应按照《民事诉讼法》《行政诉讼法》等规定办理。

7. 上诉权

行政公益诉讼被告对人民法院作出的一审判决裁定不服,有权依法向上级人民法院提起上诉,请求进行再次审理,作出二审裁判。

8. 申请查阅补正庭审笔录权

庭审结束后,被告查阅、补正庭审笔录,是其享有的法定权利,与普通行政诉讼被告权利相同。

以上权利的第 1 项、第 2 项为被告所特有的权利，其他各项权利与原告相同。

（二）被告的义务

被告除了负有原告所负的义务外，还负有以下特有义务：

1. 应诉的义务

应诉是被告所负有的法定义务，行政机关作为被告出庭应诉具有特殊性，被诉行政机关负责人应当出庭应诉。不能出庭的，应当委托行政机关相应的工作人员出庭。

2. 提供作出行政行为的证据和所依据的规范性文件的义务

检察机关在行政公益诉讼中应当提供"被告违法行使职权或者不作为，致使国家利益或者社会公共利益受到侵害的证明材料"，但这并不能免除被告所负有的举证义务。检察机关举证的重点在于证明国家利益、公共利益受到侵害，行政机关举证的重点在于证明行政行为的合法性。

3. 执行法院判决、裁定的义务

当事人必须履行法院生效的判决、裁定书。被告拒绝履行判决、裁定的，人民法院可根据《行政诉讼法》第 96 条采取相应措施。

4. 先行给付的义务

在人民法院作出生效判决、裁定前，经原告申请或者人民法院依职权，可以裁定被告预先给付部分款项或财物。

【思考题】

1. 行政诉讼中确定原告资格的"利害关系"理论，在行政公益诉讼中能否适用？

2. 如何理解负有监督管理职责的行政机关违法行使职权或者不作为，致使国家利益或者社会公共利益受到侵害的含义？

第五章 行政公益诉讼证据与证明

第一节 行政公益诉讼证据概述

一、行政公益诉讼证据的概念与特点

行政公益诉讼证据是指法定主体依照合法程序收集的，在行政公益诉讼中作为认定案件事实的根据。证据和证据材料不是一个概念，后者是程序当事人提交的欲以证明自己主张的事实材料，其只有作为认定案件事实的根据后，才能真正成为诉讼法上的证据。除了必须满足一般证据的法律特征，即合法性、真实性和关联性之外，行政公益诉讼证据及其制度还具有以下特点：

（一）证明对象的多重性

在行政公益诉讼中，证明对象是复合型的，即"行政违法或者不作为+公益受损"。换言之，在行政公益诉讼中，既要证明行政行为的合法性问题，也要证明公共利益受到的侵害及其程度，还要证明违法行政或者不作为与公益损害之间存在因果关联。这样，行政公益诉讼的证据就内在地包括四类：（1）行政行为事实的合法性，即事实依据；（2）行政行为法律适用的合法性，即规范依据；（3）公共利益受到侵害的事实依据和受损程度的事实依据；（4）违法行政或者不作为与公益损害之间存在因果关联的事实依据。

（二）证据来源上的多元性

《最高人民法院、最高人民检察院关于检察公益诉讼案件适用法律

若干问题的解释》第6条规定:"人民检察院办理公益诉讼案件,可以向有关行政机关以及其他组织、公民调查收集证据材料;有关行政机关以及其他组织、公民应当配合;需要采取证据保全措施的,依照民事诉讼法、行政诉讼法相关规定办理。"据此,除了一般行政诉讼即主观行政诉讼中的证据来源外,作为客观诉讼,行政公益诉讼证据的获得增加了两个途径:(1)检察机关在诉前程序和诉讼程序中行使调查权获得证据;(2)人民法院作为行政公益诉讼中公益维护的重要国家机关,依据强化了的依职权调查权获得的补强性证据。

(三)证据获得和认定上的三阶段性

在主观行政诉讼程序中,证据从行政程序通过行政执法案卷传递到了行政诉讼程序,证据的获得和认定显示出双阶段性特征,即行政执法证据和行政诉讼证据。行政公益诉讼却与此不同,其证据必须经由诉前程序这一前置程序,才能从行政(执法)程序进入行政诉讼程序,呈现出了三阶段性,即在上述两类证据的基础上增加了诉前程序中的检察证据。更为关键的是,如果行政主体在诉前程序就根据检察建议通过依法履行职责修复了公共利益,那么,证据收集和认定的第三个阶段即诉讼程序阶段就无须依法启动了。

(四)证据形式的多样性

基于行政公益诉讼诉前程序和诉讼程序的承继性,以及证据合法性的内在要求,笔者认为,诉前程序和诉讼程序在证据问题上,只有证据来源、证明对象和认定主体等方面的不同,而在证据种类上应该是一致的。比如当行政机关不依法履行职责,而检察机关提起行政诉讼时,检察机关应向人民法院提交已经履行了诉前程序的证据材料,这些"已经履行诉前程序"的证据材料同样要以书证、电子数据等证据种类和形式予以展现。故此,本书在行政公益诉讼证据种类的问题上就不再赘述。《行政诉讼法》第33条第1款规定:"证据包括:(一)书证;(二)物证;(三)视听资料;(四)电子数据;(五)证人证言;(六)当事人的陈述;

（七）鉴定意见；（八）勘验笔录、现场笔录。"《人民检察院公益诉讼办案规则》第34条规定："人民检察院办理公益诉讼案件的证据包括书证、物证、视听资料、电子数据、证人证言、当事人陈述、鉴定意见、专家意见、勘验笔录等。"其中，现场笔录是行政诉讼特有证据形式，[①] 是行政主体在行政执法时收集的。《人民检察院公益诉讼办案规则》将"专家意见"作为一种证据类型，体现了行政公益诉讼作为客观诉讼的技术性、专业性、客观性和公益性。

二、行政公益诉讼证据材料收集的途径

根据《行政诉讼法》的规定，在一般行政诉讼程序即主观行政诉讼程序中，证据收集和获得途径有三种：（1）原告提交的初步证据材料；（2）负主要举证责任的被告"提交作出行政行为的证据和所依据的规范性文件"；（3）人民法院依职权调查的证据。

行政公益诉讼证据收集或者获得方式可分为两个阶段，即诉前程序和诉讼程序两个阶段。在诉讼程序阶段，行政公益诉讼与一般行政诉讼的证据获得途径并无实质性差别：第一，只是将一般行政诉讼中证据材料的提交者"原告"，替换为了行政公益诉讼的"起诉人"即检察机关而已；第二，由于是客观诉讼，为了公益维护的高效性，行政公益诉讼也必将强化人民法院的依职权调取证据的权力。就诉前程序而言，证据来源有两个途径：第一，行政机关在履职和回复中提交的证据；第二，检察机关依法调查的证据。因为行政机关在诉前程序提交的证据同样是从行政执法程序中获得的，本书只介绍检察机关在诉前程序中证据材料的收集问题，即检察调查问题。

《人民检察院检察建议工作规定》第14条规定："检察官可以采

[①] 应松年主编：《行政法与行政诉讼法学》，高等教育出版社2017年版，第471页。

取以下措施进行调查核实:(一)查询、调取、复制相关证据材料;(二)向当事人、有关知情人员或者其他相关人员了解情况;(三)听取被建议单位意见;(四)咨询专业人员、相关部门或者行业协会等对专门问题的意见;(五)委托鉴定、评估、审计;(六)现场走访、查验;(七)查明事实所需要采取的其他措施。进行调查核实,不得采取限制人身自由和查封、扣押、冻结财产等强制性措施。"《人民检察院公益诉讼办案规则》第35条第1款规定:"人民检察院办理公益诉讼案件,可以采取以下方式开展调查和收集证据:(一)查阅、调取、复制有关执法、诉讼卷宗材料等;(二)询问行政机关工作人员、违法行为人以及行政相对人、利害关系人、证人等;(三)向有关单位和个人收集书证、物证、视听资料、电子数据等证据;(四)咨询专业人员、相关部门或者行业协会等对专门问题的意见;(五)委托鉴定、评估、审计、检验、检测、翻译;(六)勘验物证、现场;(七)其他必要的调查方式。"

据此可知,检察机关在诉前程序中获得证据的途径有两种:一是检察机关通过依法调查收集到证据;二是申请人民法院通过证据保全等强制措施获得证据。同时,"查询、调取、复制相关证据材料"理应涵盖检察机关向行政机关调取行政执法案卷。不过,《人民检察院检察建议工作规定》并未将向行政机关调取行政(执法)案卷,作为检察机关和检察官调查的一种措施和重要途径进行明确规定和重点强调。笔者认为,在诉前程序中,同样是行政机关对是否行政违法和损害公益负主要举证责任。故此,调取行政(执法)案卷应成为检察机关证据收集和获得的主要途径,并且调卷是检察机关进一步行使调查权的基础和前提,只有这样才能符合行政公益诉讼诉前程序的效率原则,这也是行政权运行的内在规律决定的。也许正是基于这种考虑,《人民检察院公益诉讼办案规则》第35条第1款第1项规定,人民检察院办理公益诉讼案件,可以查阅、调取、复制有关执法、诉讼卷宗材料等。这里的"执法案卷材料"主要指的是被监督涉案行政机关的行政执法案卷。

【案例拓展】

江苏省睢宁县人民检察院督促处置危险废物行政公益诉讼案

2017年10月，冯某某等将从浙江舟山市嘉达清舱有限公司（以下简称嘉达公司）非法收购的船舶清舱油泥，运输至江苏省睢宁县岚山镇境内，非法倾倒过程中被公安机关现场查获，清理出油泥及污染物共计135吨。按照集中管辖规定，睢宁县公安局2018年5月将刑事案件移送徐州铁路运输检察院审查起诉。徐州铁路运输检察院于7月23日就刑事部分向徐州铁路运输法院提起公诉，并于9月18日提起刑事附带民事公益诉讼。2019年8月8日，徐州铁路运输法院作出刑事附带民事公益诉讼判决书，支持检察机关全部诉讼请求，判令冯某某等人赔偿尚未倾倒的64吨油泥需要支出的应急处置费545166元、135吨油泥混合物处置费用931665.8元。同时，冯某某等五人分别被判处有期徒刑6年至1年8个月不等刑罚，嘉达公司被判处罚金50万元。2019年4月17日，在刑事附带民事公益诉讼案件审理期间，鉴于本案刑事诉讼证据已经固定，涉案油泥在未按规定进行专业技术封存的情况下存放长达18个月，持续造成环境污染，睢宁县人民检察院会同法院、公安、生态环境局等部门召开油泥处置协调会并形成会议纪要，鉴于污染者处于刑事羁押状态，检察机关已经通过刑事附带民事公益诉讼要求判令其承担环境修复费用，为避免污染持续发生，依据《固体废物污染环境防治法》《行政强制法》相关规定，应由环境主管部门组织对污染物代为处置。但会后，生态环境局仍未依法履职。针对生态环境局怠于履职情形，睢宁县人民检察院于2019年5月22日以行政公益诉讼案件立案，并多次到油泥存放现场调查取证，向公安机关核实相关情况，通过拍照、录像、询问证人等方式固定现场证据。经现场勘查，贮存油泥的塑料桶未采取专业技术封存，现场未设置危险废物识别标识，亦未采取防扬散、流失、渗漏或者其他防止污染环境的措施，油泥持续挥发并部分渗漏，对周边空气、土壤造成二次污染。2019年5月27日，睢宁县人民检察院向生态环境局发出诉前检察建议，督促该局依法履行环境监管职责。2019年7月2日，该局书面回复称，其没有处置固体废物的职责，且油泥作为刑事案件证据，不能在办案过程中处置。对此，睢宁县人民检察院再次向公安机关核实涉案污染物最新情况，并到油泥堆放现场跟进调查，证实油泥处置不影响刑事案件办理；检察建议发出后，生态环境局始终未履行代处置职责。2019年7月16日，睢宁县人民检察院以徐州市睢宁生态环境局为被告，向徐州铁路运输法院提起行政公益诉讼。2019年11月15日，徐州铁路运输法院作出行政公益诉讼判决，支持了检察机关的起诉意见。

三、检察机关证据材料收集的方式

行政公益诉讼诉前程序的证据收集既是检察机关行使调查权的主要表现方式，也是查明案件事实的核心和关键。根据相关法律和司法解释的规定，检察机关可以通过以下方式进行调查取证和证据收集：

（一）查阅、调取、复制有关执法和诉讼卷宗材料

查阅、复制、调取诉讼卷宗特别是行政执法卷宗，既是人民检察院收集证据的重要方式，也是效率最高和最为便捷的一种方式。人民检察院需要向有关行政机关等单位调取卷宗的，应当制作《调取证据通知书》《调取证据清单》，持上述文书调取有关卷宗。复制卷宗时，应当注明调取人、提供人、调取时间、证据出处和"本复制件与原件核对一致"等字样，并签字、盖章。书证页码较多的，加盖骑缝章。

（二）询问行政机关工作人员、违法行为人以及行政相对人、利害关系人、证人等

向当事人、有关知情人员或者其他相关人员了解情况其实就是一种询问。被调查人接受询问前，检察机关办案人员应当出示工作证明，由两名办案人员共同进行。询问应当个别进行。检察人员在询问过程中应

当制作《询问笔录》。被询问人确认无误后,签名或者盖章。被询问人拒绝签名盖章的,应当在笔录上注明。

(三)物证和书证的收集

人民检察院需要向有关单位或者个人调取物证、书证的,应当制作《调取证据通知书》《调取证据清单》,持上述文书调取有关证据材料。调取书证应当调取原件,调取原件确有困难或者因保密需要无法调取原件的,可以调取复制件。书证为复制件的,应当注明调取人、提供人、调取时间、证据出处和"本复制件与原件核对一致"等字样,并签字、盖章。书证页码较多的,加盖骑缝章。调取物证应当调取原物,调取原物确有困难的,可以调取足以反映原物外形或者内容的照片、录像或者复制品等其他证据材料。

(四)视听资料、电子数据的收集

人民检察院应当收集提取视听资料、电子数据的原始存储介质,调取原始存储介质确有困难或者因保密需要无法调取的,可以调取复制件。调取复制件的,应当说明其来源和制作经过。人民检察院自行收集提取视听资料、电子数据的,应当注明收集时间、地点、收集人员及其他需要说明的情况。

(五)专家意见的收集

人民检察院咨询专业人员、相关部门或者行业协会等对专门问题的意见的过程,也就是形成"专家意见"的过程。人民检察院可以就专门性问题书面或者口头咨询有关专业人员、相关部门或者行业协会的意见。口头咨询的,应当制作笔录,由接受咨询的专业人员签名或者盖章。书面咨询的,应当由出具咨询意见的专业人员或者单位签名、盖章。《最高人民法院关于行政诉讼证据若干问题的规定》第48条规定:"对被诉具体行政行为涉及的专门性问题,当事人可以向法庭申请由专业人员出庭进行说明,法庭也可以通知专业人员出庭说明。必要时,法庭可以组织专业人员进行对质。"据此,检察机关对专业人员和专业组织的询问，应该与行政诉讼中"专家证人"制度相衔接。

（六）委托鉴定、评估、审计、检验、检测、翻译

人民检察院对专门性问题认为确有必要鉴定、评估、审计、检验、检测、翻译的，可以委托具备资格的机构进行鉴定、评估、审计、检验、检测、翻译，委托时应当制作《委托鉴定（评估、审计、检验、检测、翻译）函》。

（七）听取被建议单位意见

听取被建议单位意见，既是发现证据及其线索的过程，而且被建议单位意见本身也是一种书证。被建议行政机关的意见既可以书面提出，也可以口头表达。行政机关口头提出意见时，检察机关工作人员应当制作笔录，笔录由检察机关办案人员和行政机关及其工作人员签名和盖章。

（八）现场走访、查验

人民检察院认为确有必要的，可以勘验物证或者现场。勘验应当在检察官的主持下，由两名以上检察人员进行，可以邀请见证人参加。必要时，可以指派或者聘请有专门知识的人进行。勘验情况和结果应当制作笔录，由参加勘验的人员、见证人签名或者盖章。检察技术人员可以依照相关规定在勘验过程中进行取样并快速检测。

（九）申请人民法院证据保全

进行调查核实，检察机关及其工作人员不得采取限制人身自由和查封、扣押、冻结财产等强制性措施，需要采取证据保全措施的，依照《行政诉讼法》相关规定办理。《行政诉讼法》第42条规定："在证据可能灭失或者以后难以取得的情况下，诉讼参加人可以向人民法院申请保全证据，人民法院也可以主动采取保全措施。"可见，即便在诉前程序中，检察机关也不能自行采取证据保全措施，只能申请人民法院依法采取。

【案例拓展】

河南省人民检察院郑州铁路运输分院督促整治违建塘坝危害高铁运营安全行政公益诉讼案

2016年2月以来,三门峡市陕州区菜园乡、湖滨区交口乡部分村民在郑州到西安高速铁路(以下简称郑西高铁)南交口大桥桥梁南北两侧距桥墩不足100米处,分别修路筑坝、填土造田,造成桥梁南侧(上游)塘坝内蓄水约1万立方米,存在汛期溃坝冲击桥梁的风险;北侧(下游)形成堰塞湖,浸泡高铁桥墩,造成高铁运营重大安全隐患。经河南省防汛抗旱指挥部协调,三门峡市相关部门采取了开挖排洪渠、人工抽水等临时性解决措施,但仍未根本解决高铁桥梁防洪安全隐患问题。河南省人民检察院郑州市铁路运输分院(以下简称郑州铁检分院)发现该重大公共安全隐患线索,向河南省人民检察院汇报相关情况。2018年1月8日,河南省人民检察院指定郑州铁检分院管辖该案。郑州铁检分院经现场勘验,调取行政机关监管职责及执法情况的证据材料,询问铁路安全监管部门、铁路企业、沿线村民等相关人员,查明违建塘坝、堰塞湖浸泡高铁桥墩,造成高铁运营重大安全隐患的事实。郑州铁检分院认为:三门峡市陕州区、湖滨区人民政府和市区两级水利、国土、安全生产等相关职能部门未依法全面履行安全生产监督管理、防洪和保障铁路安全职责,造成高铁运营重大安全隐患,国家和社会公共利益受到严重威胁。三门峡市人民政府具有保障铁路安全职责,由其对下属两个区人民政府和相关职能部门进行统筹调度,更有利于高效解决问题。2018年3月7日,郑州铁检分院依法向三门峡市人民政府发出行政公益诉讼诉前检察建议。检察建议发出后,三门峡市人民政府对下属两个区级政府、多个职能部门进行统筹调度,由三门峡市委政法委、市水利局等部门组成专项整治工作组,市财政拨付资金240余万元用于南交口大桥上下游堰塞湖除险工程。市政府对该工程"统一设计方案、统一组织施工、统一督导检查、统一资金使用",委托专业公司进行勘测设计,并邀请专家对设计方案进行评审,铁路安全监督管理部门审核后全面组织施工。2018年汛期前,堰塞湖除险工程如期完成。2018年6月14日,受三门峡市人民政府邀请,河南省人民检察院、郑州铁检分院及郑西铁路客运专线有限公司、中国铁路郑州局集团有限公司、武汉铁路监督管理局等相关部门到现场察看、验收,一致认为南交口大桥上下游堰塞湖除险工程施工质量良好,能够满足排洪泄洪条件,危及郑西高铁运营安全的重大风险得到排除。

四、检察调查应该注意的事项

人民检察院在调查前应当制订调查方案,确定调查思路、方法、步骤以及拟收集的证据清单等。人民检察院在办理公益诉讼案件需要调查取证和证据收集时,应当秉持依法、客观、全面调查收集证据的原则,同时,还应注意以下事项:

(一)调查的合法性和技术性

人民检察院开展调查和收集证据,应当由两名以上检察人员共同进行。检察官可以组织司法警察、检察技术人员参加,必要时可以指派或者聘请其他具有专门知识的人参与。根据案件实际情况,也可以商请相关单位协助进行。在调查收集证据过程中,检察人员可以依照有关规定使用执法记录仪、自动检测仪等办案设备和无人机航拍、卫星遥感等技术手段。

(二)举行调查听证

人民检察院可以依照规定组织听证,听取听证员、行政机关、违法行为人、行政相对人、受害人代表等相关各方意见,了解有关情况。听证形成的书面材料是人民检察院依法办理公益诉讼案件的重要参考。

(三)委托调查

人民检察院办理公益诉讼案件,需要异地调查收集证据的,可以自行调查或者委托当地同级人民检察院进行。委托时应当出具委托书，载明需要调查的对象、事项及要求。受委托人民检察院应当在收到委托书之日起 30 日内完成调查，并将情况回复委托的人民检察院。

（四）区分立案调查和跟踪调查

立案调查和跟踪调查都属于检察调查。所谓立案调查，发生在检察立案后和提出检察建议之前。立案调查结束后，检察官应当制作《调查终结报告》，区分情况提出以下处理意见：(1) 终结案件；(2) 提出检察建议。终结案件的，应当报检察长决定，并制作《终结案件决定书》送达行政机关。跟踪调查是对立案调查的补充，也是后者的延伸，跟踪调查发生在检察建议发出和提起行政诉讼之前。提出检察建议后，人民检察院应当对行政机关履行职责的情况和国家利益或者社会公共利益受到侵害的情况跟进调查，收集相关证据材料。经过跟进调查，检察官应当制作《审查终结报告》，区分情况提出以下处理意见：(1) 终结案件；(2) 提起行政公益诉讼；(3) 移送其他人民检察院处理。

（五）对妨碍调查的通报

行政机关及其工作人员拒绝或者妨碍人民检察院调查收集证据的，人民检察院可以向同级人大常委会报告，向同级纪检监察机关通报，或者通过上级人民检察院向其上级主管机关通报。

第二节　行政公益诉讼的证明标准

一、影响行政公益诉讼证明标准设定的因素

与上述主观行政诉讼不同，行政公益诉讼是典型的客观诉讼。在主观诉讼程序中，原告提起诉讼的目的是维护私人利益；客观诉讼程序的启动则旨在维护公共利益。换言之，无论是基于诉讼标的的性质还是诉讼目的，主观诉讼的首要功能是私益救济，客观诉讼的首要功能则在于

维护公益。在我国，影响行政公益诉讼证明标准设定的因素主要有：

（一）程序目的的公益性

无论是诉前程序，还是诉讼程序，行政公益诉讼程序启动的目的都是通过纠正行政违法使公共利益得以维护。换言之，作为客观诉讼，行政公益诉讼制度的主要目的在于制裁违法行政行为、保障良好客观行政法秩序、维护公共利益免遭损害。

（二）程序主体参与程序目的的一致性

在行政公益诉讼程序中，程序主体之间的对抗性减弱而合作性增加，检察机关、行政机关和司法机关参加到行政公益诉讼程序中都是为了公共利益。尽管行政机关要"自证清白"，其目的同样是证明自己作出行政行为的目的指向是公共利益。申言之，行政机关存在和运行的法理基础就是公共利益。

（三）诉讼标的法定性和客观性

行政公益诉讼通常不存在利害争议的双方当事人，其诉讼标的一般是以法律所特别规定的行政行为和公共利益。这种诉讼标的的法定性和客观性，直接决定着行政公益诉讼的审查标准和证明标准。

（四）诉求的不可随意处分性

《行政诉讼法》第25条规定，人民检察院在履行职责中发现负有监督管理职责的行政机关违法行使职权或者不作为，致使国家利益或者公共利益受到侵害的，应当向行政机关提起检察建议，督促其依法履行职责。行政机关不依法履行职责的，人民检察院依法向人民法院提起诉讼。"应当"和"依法"意味着"检察机关通过检察建议的请求权，不仅是一项针对行政机关的权力，也是一项相对于立法者的义务和责任，是不能轻易放弃行使的"。[①] 这一规定的意义在于限制和约束检察机关

---

① 沈岿：《检察机关在行政公益诉讼中的请求权和政治责任》，载《中国法律评论》2017年第5期。

处分权的行使，避免其"挑肥拣瘦"，从而背离行政公益诉讼制度之根本。正是基于此，在行政公益诉讼案件审理过程中，行政机关已经依法履行职责而全部实现诉讼请求的，人民检察院可以撤回起诉。确有必要的，人民检察院可以变更诉讼请求，请求判决确认行政行为违法，即通过确认判决进一步维护客观公法秩序这一抽象的公共利益。

（五）诉前程序和诉讼程序的承继性

在行政公益诉讼程序中，诉前程序和诉讼程序前后为继，如果二者的证明标准在设定上存在较大差异，势必影响制度的有机衔接。故此，诉前程序和诉讼程序的证明标准应该是基本一致的。

二、行政公益诉讼证明标准的设定

如下文所述，在行政公益诉讼举证责任及其分配上，诉前程序和诉讼程序存在诸多差异，而在证明标准问题上，二者应该是一致的。因为诉前程序和诉讼程序只存在监督方式上的差异，不存在标准提高或者降低标准的问题。故此，行政公益诉讼的证明标准是统一的，该统一的证明标准贯穿于诉前程序和诉讼程序的始终。行政公益诉讼的证明标准应以严格证明标准为原则，以明显优势证明标准为补充，即除了简单的行政公益案件适用明显优势证明标准外，一般情况下，行政公益诉讼证明标准应为严格证明标准，即排除合理怀疑证明标准。具体理由：

（一）确立严格证明标准是由行政公益诉讼的法定案件范围决定的

根据《行政诉讼法》第25条第4款的规定，目前我国行政诉讼公益案件范围主要是四大领域：生态环境和资源保护、食品药品安全、国有资产保护、国有土地使用权出让。这些领域内发生的行政公益诉讼案件关系国计民生，并且一旦发案就有数额高、影响大、涉面广等特点，必须严格查实、强力纠错，并经得起历史考验，才能真正达到维护公共利益的目的。可见，确立严格证明标准即排除合理怀疑证明标准，是由行政公益诉讼案件及其所涉公共利益的法律属性决定的。

（二）确立严格证明标准与行政公益诉讼程序主体的证明能力正相关

在行政公益诉讼诉前程序中，一方面，行政机关违法行使职权或者不作为在先，因此，案件处理同样遵循行政机关对其作出的行政行为（包括不作为）的合法性承担举证责任规则。另一方面，我国法律又赋予了检察机关办理公益诉讼案件的调查权，检察机关通过调查获得证据材料，既是对行为违法和公益受损以及二者关联性的（初步）证明，也与行政机关所掌握的证据材料构成了相互印证关系，使证据材料在总量上发生了变化，让诉前程序中认定的事实更趋近案件真实。另外，检察机关依法提起行政公益诉讼后，法院依职权调查职能的强化行使，更是丰富和充实了整个案件的证据材料，提升了证据材料的证明力。这里值得强调的是，在行政公益诉讼中，法院和检察机关一样，都具有公益维护职责。因为行政公益案件的诉讼模式是典型的职权主义[①]，而非当事人主义，法院并不受起诉人诉讼请求的拘束。换言之，为了公共利益，司法审查的范围可以超越诉讼请求。为此，法院依职权调查也更加积极和"活跃"，以便在掌握更加充分证据材料的基础上，认定案件事实，维护公共利益。可见，检察、行政、司法（狭义的）三者力量特别是检察和司法力量，在一定意义和程度上的协同，使行政公益诉讼程序主体的证明能力大大提升，这就为提高证明标准的设定奠定了基础。

（三）确立严格证明标准也是行政公益诉讼作为客观诉讼的法律属性决定的

作为客观诉讼，行政公益诉讼的主旨在于通过纠正违法行政维护公共利益，识别客观诉讼的关键，在于是否侵犯了需要维护的客观法秩序和普遍的、一般性的公共利益。同时，这里的"公共利益"更多不是物

---

① 刘艺：《构建行政公益诉讼的客观诉讼机制》，载《法学研究》2018年第3期。

质意义上的，而是制度意义上的，即客观诉讼更注重维护客观规范秩序即制度公益。公共利益特别是制度公益的维护是所有国家机关的法定职责，并且不得打折扣、放弃、转让，证明标准设定过低，意味着国家机关公益维护职责上的"打折处理"。可见，确立严格证明标准也是行政公益诉讼作为客观诉讼的法律属性决定的。

第三节 行政公益诉讼证明责任与举证责任

一、举证责任的概念

举证责任是指依照法律预先规定，在案件事实真伪不明的情况下，由诉讼一方当事人提供证据予以证明，其提供不出证明相应事实情况的证据，则承担败诉风险或不利后果的制度。[1]

完整的举证责任包括证据提出责任或推进责任和说服责任两部分，推进责任和说服责任相辅相成。其中，说服责任是用于确定诉讼后果的程序规则，而推进责任则是用于确定诉讼审理方式和方法的程序规则。[2]

二、行政公益诉讼诉前程序的证明责任

行政公益诉讼的诉前程序是非诉程序，而举证责任是诉讼程序中的特有范畴。故此，行政公益诉讼诉前程序中检察机关和行政机关证据方面的责任不宜称为举证责任，而应在不太严谨的意义上使用证明责任的概念。所谓行政公益诉讼诉前程序的证明责任，是指检察机关和行政机关对其各自的法律主张，有提出证据材料予以证明的法定义务。诉前程

---

[1] 姜明安主编：《行政法与行政诉讼法》（第六版），北京大学出版社、高等教育出版社2015年版，第460页。

[2] 高家伟：《论行政诉讼举证责任》，载《行政法论丛》（第1卷），法律出版社1998年版，第446—450页。

序的证明责任,可以分为检察机关的证明责任和行政机关的证明责任。

(一)诉前程序证明责任分配的影响因素

诉前程序中证明责任及其分配受以下因素的影响:一是诉前程序的非诉性。作为一个相对独立的程序设置,诉前程序的非诉性决定了其以纠错为制度指引和功能导向,并不像诉讼程序证据制度及其责任划分那样注重形式法治。二是行政违法的先在性。诉前程序的开启,以行政机关涉嫌违法行政为前提,无论是行政机关作为违法还是不作为违法,行政行为先于诉前程序而存在。故此,行政(执法)案卷应成为诉前程序证据问题的核心,这也就意味着只要确立了案卷排他原则,在诉前程序中行政机关就会成为主要的证明责任主体。三是检察机关的程序主导性。行政公益诉讼诉前程序由检察机关主导,程序需要以检察机关调查权为核心的权力行使加以不断推进。比如,行政公益诉讼的案件线索是由检察机关履职期间发现的;检察建议这一诉前程序的核心法律文书,是由检察机关作出的;行政机关是否依法履行职权是检察机关提起诉讼的前提条件。所以,在诉前程序中,检察机关承担着烦琐的、不断强化的证明责任。四是权力主体的双重性。在诉前程序中,检察机关和行政机关都是权力主体,二者之间既有对抗关系问题,又有协作和协同的很大制度空间。换言之,诉前程序中的法律关系远没有诉讼程序紧张。五是证明对象的三元性,在诉前程序中既要证明行政行为的合法性,也要证明公共利益损害及其程度,还要证明行政违法和公益损害之间的因果关联。六是行政行为的消极性。目前,我国行政公益诉讼案件主要是由行政机关不作为、乱作为引起的,这种行为方式整体上的消极性,又在一定层面上加大了检察机关证明工作上的强度和难度。

(二)诉前程序中检察机关的证明责任

要正确理解诉前程序中检察机关的证明责任,应注意以下几点:一是检察机关应对检察建议的事实认定的合法性承担证明责任;二是检察机关应该对行政机关和不作为承担初步的证明责任;三是检察机关对公共利益受损及其程度承担初步证明责任；四是检察机关对行政违法和公益损害之间的因果关联承担初步证明责任；五是检察机关上述三项初步证明责任，是提出证据的推进性责任，而非说服性责任，说服性责任主体应该是行政机关。换言之，行政机关应该是结果意义上的证明责任主体。这是由诉前程序的法律监督关系决定的，更是行政（执法）程序运行逻辑的必然结果。

（三）诉前程序中行政机关的证明责任

要正确理解诉前程序行政机关的证明责任，应注意以下几个方面：一是行政机关对自己自收到检察建议后的履职和整改的合法性承担证明责任；二是行政机关对书面回复中的事实认定的合法性承担证明责任；三是行政机关应对其违法履行职责和不作为承担说服性证明责任；四是行政机关应对公益受损及其程度承担说服性证明责任；五是行政机关应对行政违法和公益损害之间的因果关联承担说服性证明责任。

【案例拓展】

贵州省榕江县人民检察院督促保护传统村落行政公益诉讼案

贵州省黔东南州有409个村入选《中国传统村落名录》，包括榕江县栽麻镇宰荡侗寨、归柳侗寨。2018年3月，黔东南州检察机关部署开展传统村落保护专项行动，榕江县人民检察院在专项行动中发现，栽麻镇宰荡、归柳两个侗寨的村民私自占用农田、河道、溪流新建住房、违规翻修旧房，严重破坏了中国传统村落的整体风貌，损害了国家利益和社会公共利益。2018年4月，榕江县人民检察院对本案决定立案并进行调查核实。通过现场勘验，询问村民及政府工作人员，查阅相关文件资料等，查明：栽麻镇宰荡、归柳两个侗寨部分村民未批先建砖混、砖木结构房屋的情况比较严重，导致大量修建的水泥砖房取代了民族传统木质瓦房，此外，加装墙壁瓷砖、铝合金门窗等新型建筑材料、加盖彩色铁皮瓦等现象，严重破坏了中国传统村落的整体格局和原始风貌,影响了侗寨这一民族文化遗产的保护和传承。栽麻镇人民政府作为栽麻镇宰荡、归柳侗寨保护和发展工作的法定主体,未依法落实传统村落保护发展规划和控制性保护措施,未开展传统村落保护宣传、管理工作,导致传统村落格局和整体风貌遭到严重破坏。2018年5月7日,榕江县人民检察院向榕江县栽麻镇人民政府发出行政公益诉讼诉前检察建议,建议对宰荡侗寨和归柳侗寨两个传统村落依法履行保护监管职责。榕江县栽麻镇人民政府未对违章建筑进行监管,也未在规定的期限内对检察建议作出书面回复。榕江县人民检察院两次向该镇政府催办,仍未予回复。此后,榕江县人民检察院办案人员先后4次回访宰荡侗寨和归柳侗寨,原有破坏传统村落的违法建筑不但没有整改,数量不减反增,国家利益和社会公共利益持续处于受侵害状态。2018年12月28日,经贵州省人民检察院批准,榕江县人民检察院根据行政诉讼集中管辖的规定,向黎平县人民法院提起行政公益诉讼,请求确认榕江县栽麻镇人民政府对中国传统村落宰荡侗寨和归柳侗寨不依法履行监管职责的行为违法;判令榕江县栽麻镇人民政府对破坏中国传统村落宰荡侗寨、归柳侗寨整体风貌的违法行为依法履行监管职责。经依法审理,法院当庭作出判决,支持检察机关全部诉讼请求,栽麻镇人民政府当庭表示不上诉。

三、行政公益诉讼程序的举证责任

行政公益诉讼是客观诉讼,与主观行政诉讼相比,在举证责任及其配置上,既有相似性也有一定的差异性。这是因为:一方面,在诉讼程序中检察机关、行政机关和司法(狭义的)机关的诉讼目的是一致的,都是为了维护公共利益;另一方面,无论在主观诉讼还是客观诉讼中,行政机关都要对其作出的行政行为的合法性承担举证责任。另外,由于人民法院也有公益维护的职责,在行政公益诉讼程序中表现更加明显的司法能动性,诉讼模式的职权主义色彩增强,法院调取证据职权得以强化。

(一)行政公益诉讼程序中起诉人的举证责任

《最高人民法院、最高人民检察院关于检察公益诉讼案件适用法律若干问题的解释》第22条规定:"人民检察院提起行政公益诉讼应当提交下列材料:(一)行政公益诉讼起诉书,并按照被告人数提出副本;(二)被告违法行使职权或者不作为,致使国家利益或者社会公共利益受到侵害的证明材料;(三)已经履行诉前程序,行政机关仍不依法履行职责或者纠正违法行为的证明材料。"第23条规定:"人民检察院依据行政诉讼法第二十五条第四款的规定提起行政公益诉讼,符合行政诉讼法第四十九条第二项、第三项、第四项及本解释规定的起诉条件的,人民法院应当登记立案。"

作为起诉人,检察机关在行政公益诉讼中主要是享有提出证据材料证明自己主张的诉讼权利。根据上述司法解释的规定,行政公益诉讼程序中检察机关承担如下几个方面的举证责任:(1)行政机关违法行使职权或者不作为,致使国家利益或者社会公共利益受到侵害的初步证明责任;(2)已经履行诉前程序,行政机关仍不依法履行职责或者纠正违法行为的举证责任;(3)属于行政公益诉讼的案件范围和符合起诉条件的举证责任。其中,有下列情形之一的,人民检察院可以认定行政机关未依法履行职责:(1)逾期不回复检察建议,也没有采取有效整改措施的;(2)已经制定整改措施,但没有实质性执行的;(3)虽按期回复,但未采取整改措施或者仅采取部分整改措施的;(4)违法行为人已经被追究刑事责任或者案件已经移送刑事司法机关处理,但行政机关仍应当继续依法履行职责的;(5)因客观障碍导致整改方案难以按期执行,但客观障碍消除后未及时恢复整改的;(6)整改措施违反法律法规规定的;(7)其他没有依法履行职责的情形。

(二)行政公益诉讼程序中被告的举证责任

如同一般主观行政诉讼一样,在行政公益诉讼程序中,被告对其在行政程序作出的行政行为的合法性承担举证责任，并且其举证期限也要严格遵守《行政诉讼法》第67条的规定，没有特殊情况和法定事由，依法应该在15日的答辩期内将作出行政行为的事实依据和规范依据提交法院。除此之外，在行政公益诉讼程序中，被告还应对下列事项承担举证责任：（1）对诉前程序中是否依法履职和整改的情况及其合法性承担举证责任；（2）对诉前程序中是否书面回复及其合法性承担举证责任；（3）对公共利益受损及其程度承担结果性的举证责任；（4）对行政违法和公益损害之间的因果关联承担结果性证明责任。

【思考题】

1. 如何理解行政公益诉讼的证明标准？
2. 如何理解行政公益诉讼诉前程序中检察机关的证明责任？
3. 如何理解行政公益诉讼程序中当事人的举证责任配置？

第六章 行政公益诉讼的审判程序

第一节 行政公益诉讼的起诉与受理

虽然诉前程序解决了大多数行政公益诉讼案件,但是以检察建议为核心的诉前程序不具有强制性效力,当行政机关不纠正违法行为或者不依法履行相关职责时,监督目的难以实现,公共利益无法得到有效保障。为更好地保护国家利益和社会公共利益,需要通过诉讼的方式纠正行政违法行为或者不作为。

一、行政公益诉讼的起诉条件

《行政诉讼法》第49条规定:"提起诉讼应当符合下列条件:(一)原告是符合本法第二十五条规定的公民、法人或者其他组织;(二)有明确的被告;(三)有具体的诉讼请求和事实根据;(四)属于人民法院受案范围和受诉人民法院管辖。"《最高人民法院、最高人民检察院关于检察公益诉讼案件适用法律若干问题的解释》第22条规定,人民检察院提起行政公益诉讼应当提交下列材料:"(一)行政公益诉讼起诉书,并按照被告人数提出副本;(二)被告违法行使职权或者不作为,致使国家利益或者社会公共利益受到侵害的证明材料;(三)已经履行诉前程序,行政机关仍不依法履行职责或者纠正违法行为的证明材料。"结合上述规定,启动公益诉讼需要符合以下条件:

一是有明确的被告。在明确被告时,作为行政公益诉讼提起主体的检察机关需要提交关于被告法定职责的法律规范。

二是有公益受损的初步证明。检察机关可以通过照片、相关刑事判决书、鉴定意见书、调查笔录、现场勘查笔录等证据证明国家利益或社会公共利益受到损害。

三是已履行诉前程序。诉前程序是行政公益诉讼必经的程序,在提起公益诉讼时要提供证据证明其向相关行政机关发出了检察建议。比如相关批复、立案审批表、立案决定书、检察建议书等,用以证明检察机关已经履行了批复、立案、发出检察建议书的诉前程序。

四是管辖的法院适格。《最高人民法院、最高人民检察院关于检察公益诉讼案件适用法律若干问题的解释》第5条第2款规定:"基层人民检察院提起的第一审行政公益诉讼案件,由被诉行政机关所在地基层人民法院管辖。"

五是有具体的诉讼请求。提起行政公益诉讼需要有具体的诉讼请求,比如请求确认行政行为违法或无效、撤销或部分撤销违法行政行为、责令履行法定职责、变更行政行为等。

二、行政公益诉讼的起诉期限

目前,《行政诉讼法》及相关司法解释规定了四种起诉期限:一是"应当自知道或者应当知道作出行政行为之日起六个月内提出"的一般起诉期限;二是申请行政机关履行法定职责的,行政机关在接到申请之日起两个月内不履行的,应在该职责期限届满之日起6个月提起诉讼;三是行政机关作出行政行为时,未告知起诉期限的,起诉期限从知道或者应当知道起诉期限之日起计算,但从知道或者应当知道行政行为内容之日起最长不得超过一年;四是因不动产提起诉讼的案件自行政行为作出之日起不超过二十年,其他案件不超过五年的最长起诉期限。①

现有法律法规并未针对行政公益诉讼设定专门的起诉期限。《最高人民法院、最高人民检察院关于检察公益诉讼案件适用法律若干问题的解释》第21条第2款规定："行政机关应当在收到检察建议书之日起两个月内依法履行职责，并书面回复人民检察院。出现国家利益或者社会公共利益损害继续扩大等紧急情形的，行政机关应当在十五日内书面回复。"行政机关不依法履行职责的，人民检察院依法向人民法院提起诉讼。但行政机关履行职责的2个月或15日法定期间届满后多长时间内检察机关应提起诉讼，并没有法律规范予以具体明确规定。对此，是否应适用《行政诉讼法》及相关司法解释规定的起诉期限在学界尚存在争议②，司法实践中也存在适用分歧。《人民检察院公益诉讼办案规则》为统一适用，明确了行政公益诉讼的审查起诉期限，于第47条第1款规定："人民检察院办理行政公益诉讼案件，审查起诉期限为一个月，自

---

① 《行政诉讼法》第46条规定："公民、法人或者其他组织直接向人民法院提起诉讼的，应当自知道或者应当知道作出行政行为之日起六个月内提出。法律另有规定的除外。因不动产提起诉讼的案件自行政行为作出之日起超过二十年，其他案件自行政行为作出之日起超过五年提起诉讼的，人民法院不予受理。"第47条第1款规定："公民、法人或者其他组织申请行政机关履行保护其人身权、财产权等合法权益的法定职责，行政机关在接到申请之日起两个月内不履行的，公民、法人或者其他组织可以向人民法院提起诉讼。法律、法规对行政机关履行职责的期限另有规定的，从其规定。"《最高人民法院关于适用〈中华人民共和国行政诉讼法〉的解释》第64条第1款规定："行政机关作出行政行为时，未告知公民、法人或者其他组织起诉期限的，起诉期限从公民、法人或者其他组织知道或者应当知道起诉期限之日起计算，但从知道或者应当知道行政行为内容之日起最长不得超过一年。"第65条规定："公民、法人或者其他组织不知道行政机关作出的行政行为内容的，其起诉期限从知道或者应当知道该行政行为内容之日起计算，但最长不得超过行政诉讼法第四十六条第二款规定的起诉期限。"

② 检察机关提起行政公益诉讼是否有起诉期限、如何确定起诉期限，理论和实践对此有"普通期限说""无期限说""特殊期限说"三种争论。"普通期限说"的立场是，行政诉讼法及相关司法解释已经明确规定了起诉期限，行政公益诉讼应当予以遵循，直接适用或推导适用现有起算点、期间等要素。"无期限说"认为，行政公益诉讼不受普通行政诉讼起诉期限的限制，只要经过检察机关提出检察建议的诉前程序，行政机关在法定期限内未依法履行职责，国家利益或者社会公共利益仍处于受侵害状态，检察机关可随时提起诉讼。"特殊期限说"的观点是，行政公益诉讼应当考虑到公益保护的特殊性，设置不同于普通行政诉讼的特殊起诉期限。

检察建议整改期满之日起计算。"需要注意的是，根据《人民检察院公益诉讼办案规则》规定，该审查起诉期限不是绝对不变期间，可以按照程序延长，并扣除鉴定、评估、审计、检验、检测、翻译等期间。

【案例拓展】

湖北省钟祥市人民检察院诉钟祥市人民防空办公室怠于履行征收人防工程易地建设费法定职责案

钟祥华泰力合置业有限公司于2012年6月向钟祥市住房和城乡建设局申请办理建设工程规划许可证，但一直未申报办理相关人防手续，既未修建防空地下室，亦未缴纳人防工程易地建设费。经核算，应缴纳人防工程易地建设费260万余元。2018年4月，钟祥市人民检察院向市人防办送达检察建议书，建议其依法履行人民防空工作管理职责，采取有效措施依法追缴华泰公司欠缴的人防工程易地建设费。市人防办收到检察建议书后，于2018年6月向华泰公司送达了人民防空办公室易地建设费追缴通知书，限其在同年6月17日前缴清人防工程易地建设费，但后来市人防办对该公司应缴人防工程易地建设费仍未追缴到位。2019年8月，钟祥市人民检察院提起行政公益诉讼。市人防办认为，该案已超过法定的起诉期限。根据《行政诉讼法》及相关司法解释的规定，市人防办收到检察建议书后的两个月内不依法履职的，市检察院应在其后的6个月内向法院提起行政诉讼，但市检察院于2018年4月向市人防办送达检察建议书后，于2019年的8月才向法院提起公益行政诉讼，超过了法定起诉期限。检察机关认为，"检察机关是特殊主体，行政机关怠于履行职责并无具体行政行为，行政机关对于检察建议的回复并非法律意义上的具体行政行为，检察机关向行政机关发出检察建议并非申请其履行职责，因此本案不适用《行政诉讼法》起诉期限的规定"。法院认为，《行政诉讼法》及相关司法解释规定的起诉人不包含作为行政公益诉讼起诉人的检察院；同时，《行政诉讼法》第47条第1款规定的期限是基于当事人的申请，不是行政机关依职权履行法定职责的期限。检察机关作为公益诉讼起诉人代表国家行使保护国有资产的权利，将检察建议期满之日起 6 个月作为检察院的起诉期限不符合行政公益诉讼的目的。但检察院在行使法律监督、法定职责督促权利时，应当连续、及时。最终法院判决责令市人防办继续履行追缴华泰公司人防工程易地建设费的法定职责。从法院角度看，虽然基于检察机关地位的特殊性，行政公益诉讼不应适用现行起诉期限，但从诉讼效率、保护国有财产利益等原则出发，应设置行政公益诉讼起诉期限，便于监督检察机关履行职责，对检察权进行制约。

三、行政公益诉讼的诉讼请求

诉讼请求是起诉的一方通过诉讼向另一方当事人提出的请求。根据诉讼请求的类型，可以把行政诉讼分为撤销之诉、确认之诉、履行之诉、给付之诉和变更之诉。《行政诉讼法》第 49 条规定，提起诉讼应当有具体的诉讼请求。《最高人民法院关于适用〈中华人民共和国行政诉讼法〉的解释》第 68 条规定，"行政诉讼法第四十九条第三项规定的'有具体的诉讼请求'是指：（一）请求判决撤销或者变更行政行为；（二）请求判决行政机关履行特定法定职责或者给付义务；（三）请求判决确认行政行为违法；（四）请求判决确认行政行为无效；（五）请求判决行政机关予以赔偿或者补偿；（六）请求解决行政协议争议；（七）请求一并审查规章以下规范性文件；（八）请求一并解决相关民事争议；（九）其他诉讼请求。"

（一）行政公益诉讼诉讼请求的确定

检察机关提起行政公益诉讼必须具备四项基础事实：一是国家利益或者社会公共利益受到侵害的事实。二是负有监督管理职责的行政机关面对国家利益或者社会公共利益受损的事实违法行使职权或者不作为，导致国家利益或者社会公共利益受损的状态维持或者加剧的事实。三是检察机关提出诉前检察建议督促行政机关依法履行职责的事实。四是行政机关收到检察建议后仍不依法履行职责的事实。其中，第一项、第二项事实是检察机关提出检察建议的事实基础，第三项是提起行政公益诉讼的前置程序，第四项是行政公益诉讼请求的事实基础。这四项基础事实存在内在联系，层层递进，一环扣一环。没有前一项事实基础，必然没有后一项事实的存在。检察建议的内容决定了下一阶段的诉讼请求，检察建议的内容应当与诉讼请求一致，这是由行政公益诉讼的目的决定的。行政公益诉讼旨在督促行政机关依法履行职责。按照行政公益诉讼制度的设计，督促行政机关依法履行保护公益职责分两步，第一步就是检察机关向具有保护公益职责而没有依法履行职责的行政机关提出检察建议，督促其依法履行职责。如果行政机关能够接受检察建议依法履行职责，行政公益诉讼制度设计的目的就已经实现。如果行政机关收到检察建议后仍不依法履行职责，行政公益诉讼制度设计了第二步，即检察机关向法院提起行政公益诉讼请求法院判决行政机关依法履行职责。行政公益诉讼审理的核心就是行政机关收到检察建议后是否依法履行职责。这就要求检察建议的内容必须也应当是建议行政机关依法履行职责。检察机关提出的检察建议内容与诉讼请求内容也应当高度一致，而且还必须紧紧围绕行政公益诉讼的目的，即督促行政机关依法履行职责。行政机关收到检察建议后是否依法履行职责这一事实，决定了检察机关提起行政公益诉讼的诉讼请求。

  需要注意的是，行政公益诉讼旨在诉请法院判决行政机关依法履行职责。诉讼请求必须围绕行政机关的职权，针对其应当依法履行而违法履行或者没有履行的职责提出。行政机关应当依法履行的职责可能有多项，如果存在有一项应当履行而没有履行的，可以诉请法院判决行政机关履行该项职责；如果有多项应当履行而没有履行的，可以诉请法院判决行政机关履行这几项职责。诉讼请求应当具体明确，不宜简单概括为要求行政机关依法履行职责。如果行政机关应当依法履行多项职责，其已经履行其中一项或者多项，是否就算已经履行了职责呢？为了避免产生不必要的分歧,诉讼请求应当细化到每一项应当履行的职责,而且还必须与先期提出的检察建议内容相呼应。如果先期的检察建议中提出了多项建议履行的职责,诉讼请求针对的就是这几项建议中尚未履行的部分。如果检察建议的内容都已经履行到位,就不存在提起行政公益诉讼的事实基础了,也就不需要明确诉讼请求了。

(二)行政公益诉讼诉讼请求的种类

根据《最高人民法院、最高人民检察院关于检察公益诉讼案件适用法律若干问题的解释》《检察机关行政公益诉讼案件办案指南(试行)》的规定,检察机关可以提出确认行政行为违法或者无效、撤销或部分撤销违法行政行为、履行法定职责、变更行政行为等诉讼请求。

1. 确认行政行为违法或无效

行政行为应当撤销但撤销会给国家或者社会公共利益造成重大损失的,法院一般确认行政行为违法;行政行为违法没有可撤销的内容的,人民法院会确认违法;当行政行为有实施主体不适格或没有依据等重大且明显违法情形时人民法院一般会确认行政行为无效。该诉请一般表述成"确认被告未依法履行某职责行为违法或者无效"。在要求确认违法的同时,可以一并要求行政机关采取补救措施。

【案例拓展】

甘肃省陇南市康县人民检察院诉康县国土资源局不履行法定职责案

康县人民检察院在履行职责时发现,新疆地鑫矿业有限公司经申请取得了"康县吴家庄金矿普查"项目探矿权,其间该公司在探矿的同时与村民私下签订"征地协议"或"临时租地协议",并依自行提供的协议给付村民征地补偿款或租金后,便动用设备在该村马嘴石等耕地内探矿,陆续占用村民大量耕地,用于堆放矿渣、修建临时便道,致使对耕地的地质地貌造成了破坏,并始终未进行复耕,村民无法再行耕种,自然生态和社会环境处于受侵害状态。康县人民检察院向负有监管职责的康县国土资源局发出检察建议,督促其依照《土地管理法》等法律规定,及时对新疆地鑫矿业有限公司的探矿行为履行监管职责,并对其破坏的耕地及其地形地貌进行治理,恢复原貌,或对被破坏、压占的耕地限期缴纳复垦费。康县国土资源局未在规定期限内对检察建议作出回复,也未履行监督管理职责,致使国家和社会公共利益仍旧处于受侵害状态。康县人民检察院依法对康县国土资源局和第三人提起了行政公益诉讼,要求确认康县国土资源局未依法履行监督管理职责行为违法。法院经审理判决:确认被告康县国土资源局对新疆地鑫矿业有限公司在探矿期间破坏耕地而未依法履行监管职责的行为违法。责令被告康县国土资源局依法履行监督管理职责。督促新疆地鑫矿业有限公司对被破坏的耕地进行复垦,限期两个月完成;没有复垦条件或者复垦不符合要求的,应当缴纳土地复垦费。

2. 撤销或部分撤销违法行政行为

撤销请求是指检察机关认为行政机关的行政行为全部违法或部分违法,请求法院判决撤销或部分撤销,从而使违法的行政行为失去法律效力,使因违法行政行为受损的国家利益或社会公共利益得以恢复。撤销或部分撤销违法行政行为适用于行政行为主要证据不足,适用法律、法规错误,违反法定程序,超越职权,滥用职权,明显不当六种情形;符合《行政诉讼法》第70条规定情形的,可以一并要求行政机关重新作出具体行政行为。

【案例拓展】

山东省临沂市兰山区人民检察院诉临沂市兰山区农业机械局违规办理补贴案

临沂市兰山区人民检察院在履职中发现,2010年至2012年,临沂市兰山区农业机械局违反农机购置补贴政策的相关规定,为不符合农机补贴政策的购机对象违规办理补贴，造成共计97.82万元农机购置补贴资金流失。2013年5月，兰山区人民检察院向兰山区农业机械局发出检察建议书，建议其加强流失农机补贴资金的追缴工作，追缴流失的补贴资金。2013年6月，兰山区农业机械局回复称，对已查办的山东省肥城市蓄丰农业机械设备有限公司、河南省新乡市新东轻工业设备有限公司的违法违规行为，已停止对其农机产品的购机补贴，并通过司法程序，依法追回流失的补贴资金。2017年3月，兰山区人民检察院进行调查核实，查明兰山区农业机械局仍未追回违规发放的农机购置补贴资金97.82万元，国家利益持续处于受侵害状态。2017年4月，兰山区人民检察院向兰山区人民法院提起行政公益诉讼，请求法院撤销兰山区农业机械局违法作出的农机购置补贴确认通知书，并判令其在一定期限内履行追回补贴资金的法定职责。法院经审理认为，兰山区农业机械局作为县级以上农机管理部门，依法负有在其辖区内实施和管理农机补贴的法定职责。在2010年至2012年期间，被告兰山区农业机械局相关工作人员滥用职权，违反农机购置补贴政策的相关规定，为不符合农机补贴政策的购机户违规办理补贴，给国家造成直接经济损失97.82万元。被告明知相关补贴资金发放存在错误，却未积极采取措施且其未提供有效证据证实其履行了相应职责，收回被套取的资金，属行政不作为。故一审判决：撤销兰山区农业机械局作出的农机购置补贴确认通知书的行政行为；责令兰山区农业机械局于本判决生效后30日内履行收回被套取的农机补贴资金97.82万元的法定职责。

3. 责令履行法定职责

责令履行法定职责适用于行政机关不履行或不全面履行法定职责，判决履行仍有意义的情形。在确定行政机关"不履行法定职责"后，检察机关一般请求法院判决行政机关在一定期限内履行。实践中，检察机关提出的履行法定职责的诉讼请求可以是原则性的，这种诉讼请求对于行政机关履行职责的具体内容未作要求,体现了检察机关对行政机关专业性的尊重,留给行政机关较多的履行余地。当然,诉讼请求也可以是具体的,这种诉讼请求在内容上具有可实施性,更体现了检察机关、法院维护公共利益的意志。但如果是很难在一定时间内完成的,如生态修复等复杂情况,在诉讼请求中一般无须列明要求行政机关履行职责的期限,可由法院在裁判中确定合理期限。该诉请一般表述为"责令被告依法履行某某职责"。

【案例拓展】

湖北省武汉市硚口区人民检察院诉武汉市国土资源和规划局未充分履行土地资源管理法定职责案

在武汉市硚口区人民检察院在履职中发现,2008年6月,武汉智铭实业有限公司未经国土资源管理部门批准,擅自占用武汉市硚口区中环线北侧东风村农用土地13333.24平方米建设加油站。经核实该地块规划用途为防护林用地,该项目不符合土地利用总体规划,属未经批准非法占用土地行为。2013年6月12日,武汉智铭公司中环线北侧加油站变更为中国石油天然气股份有限公司湖北武汉销售分公司中环古田加油站。为督促武汉市国土资源和规划局依法履行职责,2016年11月,硚口区人民检察院向武汉市国土资源和规划局发出检察建议书,建议严格依照相关法律法规正确履行职责。2016年12月,市国土资源和规划局书面回复称,正在积极办理相关用地审批手续,督促相关单位按照承诺内容进行整改,但实际一直未充分履行法定职责。于是硚口区人民检察院向硚口区人民法院提起诉讼,请求法院确认武汉市国土资源和规划局对违法占用土地行为未履行法定职责违法,责令其依法对非法占用土地违法行为继续依法履行职责。法院经审理认为,尽管被告武汉市国土资源和规划局采取了一定措施,但涉案非法占用土地上违法建设并没有完全拆除,土地也没有恢复原状,罚款亦未收缴完毕,违法事实仍然存在。被告作为土地行政主管部门,具有对土地资源的保护和土地用途管理的职责,应当采取有效措施对违法行为人非法占用土地行为依法作出处理,并督促整改到位。故一审判决:确认被告武汉市国土资源和规划局对武汉智铭实业有限公司、中国石油天然气股份有限公司湖北武汉销售分公司非法占用土地行为怠于履行法定职责违法;责令被告武汉市国土资源和规划局在法定期限内对武汉智铭实业有限公司、中国石油天然气股份有限公司湖北武汉销售分公司非法占用土地行为继续依法履行土地监督、管理职责。

4. 变更行政行为

变更行政行为适用于被诉行政机关作出的行政处罚明显不当,或者其他行政行为涉及对款额的确定、认定确有错误的,可以提出变更行政行为的诉讼请求。变更行政行为的诉讼请求是撤销并责令重作诉讼请求的例外,相对于撤销并责令重作,变更行政行为的诉讼请求可以避免行政机关不作为或乱作为,具有效率上的优势。但是,如果法院作出变更的判决,则可能涉嫌破坏司法权与行政权的权力分工,所以检察机关须谨慎提起变更行政行为的诉讼请求。在目前的行政公益诉讼案件中,还未出现变更行政行为的诉讼请求。

(三)行政公益诉讼中诉讼请求的变更

行政公益诉讼的诉讼请求核心是督促行政机关履行职责以维护国家利益和社会公共利益。诉讼请求的变更也是诉权的当然内容之一,原诉讼请求不当或者原诉讼请求已经客观上得到实现,原告还希望继续诉讼,不愿意撤诉,可以变更诉讼请求继续诉讼。《最高人民法院、最高人民检察院关于检察公益诉讼案件适用法律若干问题的解释》第24条规定:"……人民检察院变更诉讼请求,请求确认原行政行为违法的,人民法院应当判决确认违法。"即如果行政机关在行政公益诉讼案件审理过程中纠正了违法行为或者依法履行了职责而使检察机关的诉讼请求全部实现,检察机关可以变更诉讼请求,请求判决确认行政机关的原行政行为违法。当然,检察机关也可以选择撤回起诉,但在以往的司法实践中,检察机关对于此类情况,往往选择变更诉讼请求,不太倾向于选择撤回起诉,认为行政公益诉讼不仅要纠正正在发生的违法行为,还要通过确认判决对以前发生的违法行为作出否定评判,此时变更为确认违法的诉讼请求,不仅能产生更大的警示作用,还有其宣示性意义,可以在维护客观法律秩序和保障公共利益方面发挥更大作用。近年来,这种诉讼请求适用理念发生了变化,检察机关不再单纯地追求行政行为的否定性评价,而是更加注重行政机关在诉前程序中的自我整改以及共同有效维护公共利益的价值目标。对于在诉讼过程中,行政机关已经纠正了违法行为或者依法履行了职责,诉讼目的已经实现,社会公共利益已经得到维护的情况下,检察机关也会适时、恰当地提出撤回起诉的申请。

第二节 行政公益诉讼的审理与裁判

一、行政公益诉讼中的撤诉

(一)撤诉的概念

行政诉讼中的撤诉是指原告或上诉人自立案至人民法院作出裁判前,向法院撤回自己的诉讼请求,不再要求人民法院对案件进行审理的行为。根据撤诉是否由当事人提出,可将撤诉分为申请撤诉和视为申请撤诉两类,申请撤诉是指当事人主动向受诉人民法院提出撤诉申请,不再要求受诉人民法院对案件继续进行审理;视为申请撤诉是指当事人拒绝履行法定诉讼义务,视为其申请撤诉的情形。《最高人民法院关于行政诉讼撤诉若干问题的规定》第 2 条规定:"被告改变被诉具体行政行为,原告申请撤诉,符合下列条件的,人民法院应当裁定准许:(一)申请撤诉是当事人真实意思表示;(二)被告改变被诉具体行政行为,不违反法律、法规的禁止性规定,不超越或者放弃职权,不损害公共利益和他人合法权益;(三)被告已经改变或者决定改变被诉具体行政行为,并书面告知人民法院;(四)第三人无异议。"第 5 条规定:"被告改变被诉具体行政行为,原告申请撤诉,有履行内容且履行完毕的,人民法院可以裁定准许撤诉;不能即时或者一次性履行的,人民法院可以裁定准许撤诉,也可以裁定中止审理。"

行政公益诉讼中的撤诉与普通撤诉有所不同,《最高人民法院、最高人民检察院关于检察公益诉讼案件适用法律若干问题的解释》第 24 条规定:"在行政公益诉讼案件审理过程中,被告纠正违法行为或者依法履行职责而使人民检察院的诉讼请求全部实现,人民检察院撤回起诉的,人民法院应当裁定准许。"由此条规定可以看出,检察行政公益诉讼中的撤诉只有申请撤诉,而不包括视为申请撤诉的情形。《人民法院审理人民检察院提起公益诉讼案件试点工作实施办法》第 9 条规定:"人民检察院在法庭辩论终结前申请撤诉,或者在法庭辩论终结后,人民检察院的诉讼请求全部实现,申请撤诉的,应予准许。"第 18 条规定:"人民法院对行政公益诉讼案件宣告判决或者裁定前,人民检察院申请撤诉的,是否准许,由人民法院裁定。"

(二)行政公益诉讼撤诉的条件

普通行政诉讼对于撤诉的条件要求较低,除程序性的要求之外,申请撤诉的条件一般就是必须基于当事人自己真实的意思表示,即出于当事人自愿,并且不能损害公共利益和他人利益。在行政公益诉讼中检察机关也必须在符合法定条件的情况下才能撤诉,但是该法定条件与普通诉讼撤诉的条件不同,要求更为严格,这主要是因为行政公益诉讼维护的是国家利益和社会公共利益,其所产生的影响较大,如果随意撤诉,容易导致检察机关和行政机关滥用职权,损害国家利益和社会公共利益,其后果不堪设想。对于检察机关撤诉的具体条件,在法院的判决书中并没有详细地体现,在法院准许检察机关撤诉的案件中,法院的表述一般都是"检察机关的撤诉申请符合法律规定，根据《最高人民法院、最高人民检察院关于检察公益诉讼案件适用法律若干问题的解释》第 24 条裁定准许撤诉"。所以，检察机关撤诉条件所包含的具体内容我们只能从法律规定中得出结论。检察机关撤诉有实体要件和程序要件两个方面。

1. 实体要件

根据《最高人民法院、最高人民检察院关于检察公益诉讼案件适用法律若干问题的解释》的规定，撤诉必须符合以下情况：第一，对于因被诉行政机关的行为违法而损害国家利益或公共利益的案件，作为被告的行政机关必须纠正了其违法行为。第二，对于因被诉行政机关因不履行其法定职责而导致国家利益或公共利益受到侵害的案件，必须确定作为被告的行政机关依法履行了职责。第三，检察机关的诉讼请求必须因上述被诉行政机关的行为而全部实现，也就是说，被诉行政机关自身的纠正或改正行为必须达到实现检察机关诉讼请求的效果。

2. 程序要件

《检察机关行政公益诉讼案件办案指南（试行）》关于撤诉的程序作了具体的规定："庭审过程中，当发生需要撤回起诉情形时，出庭人员应当向法庭说明原因，要求休庭。拟决定撤回起诉的，应当层报省级人民检察院审查批准。有重大影响的案件、省级人民检察院办理的案件拟决定撤回起诉的，应当层报最高人民检察院审查批准。批准后，制作《撤回起诉决定书》提交人民法院。"可见，和普通诉讼的撤诉不同，在向人民法院申请撤回起诉之前，检察机关要经过层层审批，程序较为严格，这也是为了防止检察机关滥用权力，对其进行有效的程序监督。

（三）行政公益诉讼撤诉的时间

行政公益诉讼撤回起诉时间在法律条文中的表述是"在行政公益诉讼案件审理过程中"，即在人民法院受理案件之后，作出裁判之前，检察机关可以随时申请撤诉，而最终是否准许由人民法院决定。

（四）行政公益诉讼撤诉的效力

关于行政公益诉讼撤诉的效力，除了特殊的规定之外，同样适用行政诉讼的相关规定。就一审的撤诉而言，撤诉具有两方面的法律后果：一是检察机关申请撤诉并且得到法院裁定准予撤诉之后，直接的法律后果就是导致行政公益诉讼程序的终结；二是人民法院裁定准许检察机关撤诉后，检察机关以同一事实和理由重新提起行政公益诉讼的，人民法院不予受理。准予撤诉的裁定确有错误，检察机关申请再审的，人民法院应当通过审判监督程序撤销原准予撤诉的裁定，重新对案件进行审理。

另外，《检察机关行政公益诉讼案件办案指南（试行）》规定，"撤诉后，检察机关应当进行后续跟踪监督，保证行政机关切实履职到位，巩固行政公益诉讼的效果"。

【案例拓展】

北京市平谷区人民检察院诉北京市平谷区园林绿化局行政公益诉讼案

平谷区人民检察院在履行职责中发现，2015年1月，平谷区园林绿化局作出《行政处罚决定书》，认定北京梨树沟旅游开发有限公司在未办理林木采伐许可证的情况下，擅自将位于北京市平谷区黄松峪乡梨树沟村集体所有的32株青杏子树砍伐，责令该公司补种毁坏树木株数3倍的树木，共计96株，并处毁坏树木价值2倍的罚款，共计3148元。同日，作出《责令补种树木通知书》，责令梨树沟公司补种树木96株，树种为橡子树，补种时间为自2015年3月31日至2015年10月31日止，补种地点为梨树沟村，责成平谷区黄松峪乡林业工作站负责监督执行。行政处罚作出后，梨树沟公司虽已缴纳罚款，但未按照《责令补种树木通知书》的要求进行补种。责令补种期满后，平谷区园林绿化局未履行代为补种的法定职责，致使遭受破坏的生态公益林未得到及时修复，国家和社会公共利益受到损害。2016年11月，平谷区人民检察院向平谷区园林绿化局发出检察建议书,建议平谷区园林绿化局依法履行管理和保护林木资源的职责,按照行政处罚和责令补种树木通知的要求依法履行修复被毁林木的代履行职责。2016年12月,平谷区园林绿化局复函称,拟决定依法委托有资质的专业造林施工单位代为补种,所需费用由被处罚单位承担。平谷区园林绿化局在整改期限内,未采取有效措施履行代为补种职责。2017年3月,平谷区人民检察院向平谷区人民法院提起诉讼,请求法院确认平谷区园林绿化局怠于履行代为补种职责的行为违法;判令平谷区园林绿化局依法履行代为补种的职责。在审理过程中,经勘查确认平谷区园林绿化局已委托锦绣绿都公司在平谷区黄松峪乡梨树沟村进行树木补种,所补种树种、数量符合《责令补种树木通知书》的规定,双方当事人对此无异议。平谷区人民检察院表示在其督促下,平谷区园林绿化局已经在本案诉讼过程中履行代为补种职责,使平谷区人民检察院的部分诉讼请求提前实现,故平谷区人民检察院当庭撤回"判令平谷区园林绿化局依法履行代为补种职责"的诉讼请求。故一审判决,确认被告北京市平谷区园林绿化局未依法强制执行《责令补种树木通知书》的行为违法。

二、行政公益诉讼的裁判形式

《最高人民法院、最高人民检察院关于检察公益诉讼案件适用法律若干问题的解释》规定了人民法院可以对行政公益诉讼采用驳回诉讼、撤销请求判决、履行判决、确认违法或确认无效判决和变更判决五种判决形式。

(一)驳回诉讼请求

驳回原告诉讼请求的判决是指法院经过审查,认为原告的诉讼请求不能成立,从而判定不予支持的判决形式。《行政诉讼法》第69条规定:"行政行为证据确凿,适用法律、法规正确,符合法定程序的,或者原告申请被告履行法定职责或者给付义务理由不成立的,人民法院判决驳回原告的诉讼请求。"在行政公益诉讼中,适用驳回诉讼请求这种判决形式的规定更为具体。《最高人民法院、最高人民检察院关于检察公益诉讼案件适用法律若干问题的解释》第 25 条第 5 款规定:"被诉行政行为证据确凿,适用法律、法规正确,符合法定程序,未超越职权,未滥用职权,无明显不当,或者人民检察院诉请被诉行政机关履行法定职责理由不成立的,判决驳回诉讼请求。"①

(二)撤销判决

撤销判决是行政诉讼中最核心的一种判决形式,它是指法院经审查认为具体行政行为部分或全部违法,从而部分或全部撤销的一种判决形式。按照通说,撤销判决具体可分为三种形式:(1)全部撤销判决,是对行政行为进行整体的否定,判决作出后,被诉行为溯及既往地失去效力;(2)部分撤销判决,即针对行政行为违法部分作出撤销判决;(3)在撤销判决的同时,责令行政机关重新作出具体行政行为。《行政诉讼法》第 70 条规定:"行政行为有下列情形之一的,人民法院判决撤销或者部分撤销,并可以判决被告重新作出行政行为:(一)主要证据不足的;(二)适用法律、法规错误的;(三)违反法定程序的;(四)超越职权的;(五)滥用职权的;(六)明显不当的。"行政公益诉讼同样适用撤销判决,《最高人民法院、最高人民检察院关于检察公益诉讼案件适用法律若干问题的解释》第 25 条第 1 款第 2 项规定:"被诉行政行为具有行政诉讼法第七十条规定情形之一的,判决撤销或者部分撤销,并可以判决被诉行政机关重新作出行政行为。"

---

① 虽然法律规定了行政公益诉讼中可以判决驳回诉讼请求,但在各个法律资源库中以"驳回诉讼请求"为条件对所有的行政公益诉讼案件进行检索,目前均没有以驳回公益诉讼起诉人的诉讼请求为最终判决结果的案件。有学者认为,行政公益诉讼判决应主要围绕行政机关的行为及公共利益展开,不应涉及对提起主体的评价问题,不宜采取驳回诉讼请求的判决。参见王春业:《独立行政公益诉讼法律规范体系之构建》,载《中外法学》2022 年第 1 期。

【案例拓展】

青岛市李沧区人民检察院诉请撤销青岛市环境保护局李沧分局行政行为案

青岛市李沧区人民检察院在履行职责中发现，2011年10月至2015年12月期间，青岛市环境保护局李沧分局负责辖区内黄标车提前淘汰补助审批业务，其违反《青岛市区鼓励高污染黄标车提前淘汰补助资金管理暂行办法》等补助依据的规定履行职责，没有对申报的材料、信息真伪进行审查、确认，而均违规予以审核通过，致使翟某某等违法行为人利用虚假申报材料骗取12辆黄标车提前淘汰补助资金212400元。2017年3月9日，李沧区人民检察院向青岛市环境保护局李沧分局发出检察建议，同年4月11日，青岛市环境保护局李沧分局回复称积极协调追回被骗资金。但李沧区人民检察院发现，被骗取的黄标车提前淘汰补助资金一直尚未追回，国有资产仍处于流失状态，国家和社会公共利益仍处于受侵害状态，因而向法院提起诉讼，请求法院判令撤销青岛市环境保护局李沧分局在黄标车提前淘汰补助中对12辆问题车辆的确认审核。法院经过审理之后认为，被告青岛市环境保护局李沧分局对涉案12辆车辆高污染黄标车提前淘汰补助资金作出的审核主要证据不足，依法应当被撤销。此案件属于资格审核类案件，行政相对人不符合审核规定，法院撤销青岛市环境保护局李沧分局作出的行政行为之后，没有再判决其重新作出行政行为的必要性，因而仅作出了撤销判决。

（三）履行判决

履行判决是指法院经审查，认定被告不履行或者拖延履行法定职责的行为存在，从而责令被告在一定期限内履行法定职责的判决形式。履行判决在国外被称为"科予义务判决"，专门针对行政主体"应作为而不作为"的情形。《行政诉讼法》第72条规定："人民法院经过审理，查明被告不履行法定职责的，判决被告在一定期限内履行。"《最高人民法院关于适用〈中华人民共和国行政诉讼法〉的解释》第 91 条规定："原告请求被告履行法定职责的理由成立，被告违法拒绝履行或者无正当理由逾期不予答复的，人民法院可以根据行政诉讼法第七十二条的规定，判决被告在一定期限内依法履行原告请求的法定职责；尚需被告调查或者裁量的，应当判决被告针对原告的请求重新作出处理。"对于履行判决这种形式，《最高人民法院、最高人民检察院关于检察公益诉讼案件适用法律若干问题的解释》第 25 条第 1 款第 3 项规定："被诉行政机关不履行法定职责的，判决在一定期限内履行。"但是需要注意的是，法院对行政机关"不履行法定职责"的审查不同于一般行政案件，在行政公益诉讼中，判定行政机关是否存在不履行监督管理职责的情形，应从其有无监督管理职责、有无具体履职手段和是否穷尽履职手段三个方面来审查。① 特别需要注意鉴别的是，行政机关虽然形式上书面答复检察机关，但公共利益没有得到实质保护；行政机关虽有实质履职行为，但并未全面履职；行政机关已部分履职，但因情势等原因实际不能继续履职等情形。

在行政公益诉讼司法实践中，履行判决往往是与确认违法的判决同时存在的。行政公益诉讼案件大多数情况下都可归类于行政机关不依法履行职责的情况，人民检察院在提起公益诉讼时，一般首先都会请求法院确认行政机关不履行法定职责的行为违法，其次请求法院判决其履行法定职责。法院的判决一般也都是先确认行政机关的不作为违法，而后再责令被诉行政机关在一定期限内履行其法定职责。值得注意的是，相较于之前法院责令行政机关履职所作出的"在一定期限内履行"的概括性规定，部分法院已倾向于对履职判决的具体内容进行细化处理，在判

---

① 王红建：《论行政公益诉讼中不履行监督管理职责的认定标准》，载《河南财经政法大学学报》2022 年第 1 期。

令履行职责的同时,明确履行期限和履行内容[①],由此,法院在行政公益诉讼中的司法能动作用通过细化履行判决的具体内容得到了一定程度的发挥。

【案例拓展】

宜昌市西陵区人民检察院诉宜昌市国土资源局未履行土地行政管理法定职责案

宜昌市西陵区人民检察院认为,根据《中华人民共和国土地管理法》的规定,宜昌市国土局对辖区内的国土资源违法行为有调查处理的法定职责。2014年5月开始,益通建设公司在没有办理任何用地手续的情况下违法占用土地,建设临时水稳层搅拌站和商品砼搅拌站,宜昌市国土资源局没有依法进行处理,怠于履行法定职责。在检察机关发出检察建议后,宜昌市国土资源局作出行政处罚决定,但截至检察机关提起诉讼时,多处商品砼搅拌站仍在违法占地生产,导致国家和社会公共利益仍然处于受侵害状态。故而提起行政公益诉讼,请求确认宜昌市国土资源局对益通建设公司违法占用土地的行为未依法履行职责违法;请求判令宜昌市国土资源局对益通建设公司违法占用土地的行为依法继续履行法定职责。法院经过审理,支持了西陵区人民检察院的诉讼请求,判决如下:确认被告宜昌市国土资源局在第三人湖北益通建设股份有限公司非法占用的土地案中对起诉期限告知错误未履行纠正的法定职责。责令被告宜昌市国土资源局在本判决发生法律效力后30日内依法履行监督管理职责,即监督第三人湖北益通建设股份有限公司退还非法占用的土地,恢复土地原状。

需要注意的是,还有不完全履行法定职责的情形,主要是指:(1)形

---

① 参见贵州省六盘水市水城区人民法院(2020)黔0221行初258号判决书;贵州省遵义市播州区人民法院(2021)黔0304行初3号判决书;贵州省桐梓县人民法院(2020)黔0322行初73号判决书等。

式上履行并就履行职责情况书面回复检察院,但实质上公共利益没有得到有效保护;(2)行政机关虽有实质上履职行为,但没有全面履行职责,未依法全面运用行政手段制止违法行为。此外,法院判决时还应考虑能否实际能够继续履行的问题。

(四)确认判决

确认判决是指法院对具体行政行为是否合法有效作出认定的判决。我国行政诉讼法将确认判决分为确认违法判决和确认无效判决两种形式。《行政诉讼法》第74条是关于确认违法判决的规定:"行政行为有下列情形之一的,人民法院判决确认违法,但不撤销行政行为:(一)行政行为依法应当撤销,但撤销会给国家利益、社会公共利益造成重大损害的;(二)行政行为程序轻微违法,但对原告权利不产生实际影响的。行政行为有下列情形之一,不需要撤销或者判决履行的,人民法院判决确认违法:(一)行政行为违法,但不具有可撤销内容的;(二)被告改变原违法行政行为,原告仍要求确认原行政行为违法的;(三)被告不履行或者拖延履行法定职责,判决履行没有意义的。"《行政诉讼法》第75条是关于确认无效判决的规定:"行政行为有实施主体不具有行政主体资格或者没有依据等重大且明显违法情形,原告申请确认行政行为无效的,人民法院判决确认无效。"对于行政公益诉讼判决的确认判决,《最高人民法院、最高人民检察院关于检察公益诉讼案件适用法律若干问题的解释》第25条作出区分,其中第1款第1项规定:"被诉行政行为具有行政诉讼法第七十四条、第七十五条规定情形之一的,判决确认违法或者确认无效,并可以同时判决责令行政机关采取补救措施。"也就是在行政公益诉讼中存在上述法条规定的情形下,人民法院作出确认违法或确认无效的判决。

在司法实践中,行政公益诉讼案件多为检察机关诉行政机关不履行或怠于履行职责的类型,因而人民法院一般作出"确认违法"并"履职"或"继续履职"的复合式判决。但随着行政公益诉讼实践的深入,大部分法院对此有了更为清晰的认知，判决履行职责实际上包含了对争议行政行为违法性的否定性评价，且与立法规范中对确认违法判决的功能定位不相符，所以不再重复性对确认违法予以裁判。

（五）变更判决

根据《最高人民法院、最高人民检察院关于检察公益诉讼案件适用法律若干问题的解释》的规定，被诉行政机关作出的行政处罚明显不当，或者其他行政行为涉及对款额的确定、认定确有错误的，可以判决予以变更。变更判决是最能体现司法的权利保障和纠纷解决功能的判决形式。[①] 法院适用变更判决，直接矫正错误或者偏颇的行政行为，能够及时保护利益相关人的合法权益，提高行政救济的效率，实现行政争议的迅速化解。但变更判决实质上是在维持行政行为效力的前提下，以法院的裁量意志代替行政机关的裁量判断，关涉行政权和司法权的分工界限，因而法院在实践中对于变更判决的适用较为谨慎，常以"撤销行政行为并责令重新作出行政行为"的方式代替，变更判决常常处于"备而不用"的状态。对于行政公益诉讼而言，行政机关是公共利益保护、修复等义务的直接承担者，司法机关发挥司法监督功能督促行政机关履行公共利益保护职责，可以通过直接对被诉事项予以变更确定，从而实现公共利益的及时保护。但是，当前行政公益诉讼司法实践中还未出现变更判决的适用。

【思考题】

1. 行政公益诉讼的起诉条件有哪些？
2. 简述行政公益诉讼诉讼请求的种类。
3. 什么是行政公益诉讼中的撤诉？
4. 行政公益诉讼的裁判类型有哪些？分别有什么特点？

---

① 江必新：《新行政诉讼法专题讲座》，中国法制出版社2015年版，第272页。

第三编
民事公益诉讼

第一章　民事公益诉讼的案件范围

明确民事公益诉讼的案件范围是我们正确把握民事公益诉讼的关键，既有助于社会公共利益的法治保护，也有助于民事公益诉讼目的的实现。2020年《民事案件案由规定》增加了一个第一级案由"特殊诉讼程序案件案由"，并在其项下增加了"公益诉讼"第二级案由。同时，在"公益诉讼"第二级案由项下增加了四个第三级案由，包括"生态环境保护民事公益诉讼""英雄烈士保护民事公益诉讼""未成年人保护民事公益诉讼""消费者权益保护民事公益诉讼"。换言之，根据最高人民法院发布的《民事案件案由规定》，上述四类民事公益诉讼属于法院的受案范围，也是民事公益诉讼的案件范围。

第一节　生态环境保护民事公益诉讼

2020年最高人民法院印发修改后的《民事案件案由规定》，在第三级案由"生态环境保护民事公益诉讼"项下增加了三个第四级案由，包括"环境污染民事公益诉讼""生态破坏民事公益诉讼""生态环境损害赔偿诉讼"。

一、环境、资源和生态概念辨析

根据《环境保护法》第2条对环境的界定可知，环境是指影响人类生存和发展的各种天然的和经过人工改造的自然因素的总体,包括天气、水、海洋、土地、矿藏、森林、草原、湿地、野生生物、自然遗迹、人文遗迹、自然保护区、风景名胜区、城市和乡村等。其中,天气、水、海洋等是重要的环境介质,土地、矿藏、草原、野生生物等是重要的自然资源,而湿地、自然遗迹、人文遗迹、自然保护区、风景名胜区承载着重要的生态功能。由此可见,广义的环境问题最终体现在环境、资源和生态三个方面。

"环境",即所谓的"人类环境",是指围绕着人群的空间及其中可以直接、间接影响人类生活和发展的各种自然因素和社会因素的总体。[1] 环境侧重说明围绕人类的外部空间、条件或状况。

"资源",亦称"自然资源",是指在一定的技术经济条件下,自然界中对人类有用的一切物质和能量。[2] 资源侧重说明人类生存、生产所利用的物质要素。自然资源具有重要的经济价值,但同时也具有重要的生态价值。

与环境概念的"中心—外围"结构和"人类中心"视角不同,"生态"或者"生态系统"是指生物群落之间、生物与环境之间,在一定的时间、空间范围内通过不断的物质循环、能量流动与信息传递所形成的相互联系的统一整体。[3] "生态"或者"生态系统"是生态学中的重要概念,而生态学主要研究某些非人生物体与其他物种及其栖息地之间的关系,着眼于生物种群之间、有机物与无机物之间的影响和消长。在生态学视角下,生态问题往往指由于生物种群消长或外部环境变化而对其

---

[1] 中国大百科全书出版社编辑部:《中国大百科全书·环境科学》,中国大百科全书出版社2002年版,第134页。
[2] 中国自然保护纲要编写委员会:《中国自然保护纲要》,中国环境科学出版社1987年版,第9页。
[3] 刘天齐:《环境保护通论》,中国环境科学出版社1997年版,第24页。

他物种及其所共同构成之系统整体的影响。① 基于此,有学者建议可以根据环境公益的不同类型,将生态环境保护公益诉讼划分为环境类公益诉讼案件、资源类公益诉讼案件、生态类公益诉讼案件②。

二、环境类民事公益诉讼的案件范围

根据污染因子的性质不同,环境污染可分类为物理性污染、化学性污染、生物性污染。物理性污染主要包括声、光、热、臭等污染类型;化学性污染是排放化学物质等造成的污染;生物性污染则是病原体和变应原等污染物导致的污染。③ 其中,物理性污染不需要经过环境媒介,可以直接对人体健康和财产安全造成影响;化学性污染和生物性污染是由于向大自然排放污染物,导致污染源进入水体、土壤或大气等环境介质中,产生化学变化或本质突变,然后再作用于个体,引起人身或财产的损害。④

目前常见的环境介质污染公益诉讼的案件范围主要包括水污染、大气污染、土壤污染和海洋污染,其污染环境行为的具体情形由《水污染防治法》《大气污染防治法》《土壤污染防治法》《海洋环境保护法》等单行法明确规定。

对于声、光、热、臭、辐射以及振动污染等物理性污染,如果其已经造成或者可能造成不特定多数人的健康损害,可以提起环境公益诉讼。

---

① 巩固:《"生态环境"宪法概念解析》,载《吉首大学学报(社会科学版)》2019年第5期。
② 秦天宝、黄成:《类型化视野下环境公益诉讼案件范围之纵深拓展》,载《中国应用法学》2020年第4期。
③ 陈杰瑢:《物理性污染控制》,高等教育出版社2007年版,第5页。
④ 张金星:《环境污染侵权一元归责之审视与修正》,载《法律适用》2019年第1期。

三、资源类民事公益诉讼的案件范围

资源类公共利益的损害是指因不合理开发利用自然资源而导致公众的自然资源权益受到不利益的影响。对其基本内涵的理解，应重点把握以下三个方面：第一，资源类公共利益受损的主体是社会大众，即不特定多数人。第二，资源类公共利益所注重的并不是如何消费、利用自然资源以实现利益最大化，而是如何保护现有的自然资源、发现新的可替代资源，以确保资源安全。第三，自然资源损害的不利影响表现为因对自然资源不合理的开发利用造成自然资源形态改变、质量降低、数量减少进而导致对社会公众生存和发展的不利影响，对社会公众的资源安全造成威胁。

此外，由于诸多自然资源本身也是生态环境要素，如森林、草原、河流等，某一自然资源要素受到破坏很可能导致其他生态环境要素受损，如滥伐森林将导致水土流失、生态受损等。因此，自然资源与生态环境往往具有同体性和关联性等特性。故基于资源保护提起的公益诉讼往往具有生态环境权益保护功能。①

根据自然资源的种类，资源类公益诉讼的案件范围主要包括土地资源、水资源、森林资源、草原资源、渔业资源、矿产资源和其他自然资源公益诉讼。

目前常见的损害土地资源、水资源、森林资源、草原资源、渔业资源、矿产资源等公共利益的行为，在《土地管理法》《水土保持法》《水法》《森林法》《草原法》《渔业法》《矿产资源法》等法律法规中有明确规定。

---

① 杨朝霞：《论环境权的性质》，载《中国法学》2020年第2期。

四、生态类民事公益诉讼的案件范围

根据原环境保护部环境规划院发布的《环境损害鉴定评估推荐方法（第Ⅱ版）》，生态损害是指地表水、地下水、空气、土壤等环境介质中的污染物浓度超过基线水平或国家及地方环境质量标准，造成的污染影响在一年内难以恢复的情形。换言之，如果造成的污染影响在一年内可以恢复，则尚未达到生态损害的程度，属于环境污染。对于严重污染环境和破坏自然资源造成生态服务功能退化的案件，可以作为生态类公益诉讼案件办理。

除上述严重污染环境、破坏自然资源导致生态受损的案件外，生态类公益诉讼的案件范围还包括破坏遗传多样性、破坏物种多样性、破坏生态系统多样性、破坏景观多样性等案件。其中，有关遗传资源多样性的保护，《畜牧法》《种子法》《农业转基因生物安全管理条例》等法律法规有明确规定；破坏物种多样性的行为主要体现为危害野生动植物及其栖息地、外来物种入侵等，《野生动物保护法》《野生植物保护条例》《自然保护区条例》等法律法规有明确规定；对生态系统多样性的破坏，主要体现为对海洋、森林、湿地等典型生态系统以及自然保护地的破坏，《海洋环境保护法》《森林法》《湿地保护管理规定》《自然保护区条例》等法律法规有明确规定；破坏景观多样性的行为主要表现为破坏自然遗迹、人文遗迹以及其他景观多样性的行为，《环境保护法》《文物保护法》《自然保护区条例》《风景名胜区条例》等法律法规有明确规定。

【案例拓展】

案例一：中华环境保护基金会诉中化重庆涪陵化工有限公司环境污染民事公益诉讼案

中化重庆涪陵化工有限公司（以下简称涪陵化工公司）将生产过程中产生的磷石膏直接堆放在长江边长达18年，覆盖面积达700多亩，最深

处达 125 米，对当地生态环境造成严重损害，并对长江生态安全产生重大威胁。经媒体曝光后，涪陵化工公司立即制订环境问题整改处置方案，并报请重庆市环保监管部门批准。2017 年 1 月，中华环境保护基金会以涪陵化工公司超标排放污染物等行为违法，给当地环境带来极大破坏为由提起环境民事公益诉讼，请求判令涪陵化工公司立即停止环境侵害行为，赔偿相应的修复费用以及生态环境服务功能损失费或采取替代性修复方式。重庆市人民检察院第三分院依法支持起诉。重庆市第三中级人民法院一审审理中，中华环境保护基金会与涪陵化工公司达成如下调解协议：一是涪陵化工公司承诺严格贯彻落实重庆市及当地环保主管部门批复同意的环境问题整改处置方案，在 2019 年 12 月 31 日前完成封场、覆土、复绿等环境整治工作；二是涪陵化工公司支付 803700.80 元，用于本案或者本地区大气环境、水环境修复或替代性修复等公益用途。一审法院经审查认为，上述协议内容符合法律规定，不违反社会公共利益，予以确认。在一审法院监督下，涪陵化工公司已完成调解书确定的各项义务。

案例二：江西省上饶市人民检察院诉张永明、毛伟明、张鹭生态破坏民事公益诉讼案

2017 年 4 月前后，张永明、毛伟明、张鹭三人约定前往三清山风景名胜区攀爬"巨蟒出山"岩柱体（又称巨蟒峰）。2017 年 4 月 15 日凌晨，张永明、毛伟明、张鹭三人携带电钻、岩钉、铁锤、绳索等工具开始攀爬巨蟒峰底部。在攀爬过程中由张永明在有危险的地方打岩钉，毛伟明、张鹭则沿着张永明布好的岩钉和绳索攀爬，三人通过互相协作、互相配合的方式共同攀爬至巨蟒峰顶部。经现场勘查，张永明在巨蟒峰上打入岩钉 26 个。事后，三清山管委会建设了巨蟒峰智能监测系统，为此支付建设费用 51.08 万元。经专家评估，此次"巨蟒峰案的价值损失评估值"不应低于该事件对巨蟒峰非使用价值造成损失的最低阈值 1190 万元。张永明、张鹭、毛伟明故意毁坏名胜古迹罪已经另案刑事生效文书认定。江西省上饶市人民检察院提起民事公益诉讼，请求张永明、张鹭、毛伟明依法连带赔偿巨蟒峰非使用价值造成损失的最低阈值1190万元，连带支付采取消除危险的措施建设巨蟒峰智能监测系统的费用51.08万元、聘请专家所支出的评估费用15万元，并在全国性知名新闻媒体公开赔礼道歉。江西省上饶市中级人民法院一审认为，张永明、张鹭、毛伟明使用打岩钉的方式对巨蟒峰进行攀爬，该行为明显属于对环境资源的破坏，上饶市人民检察院有权提起生态破坏民事公益诉讼。一审审理中，上饶市人民检察院申请撤回要求张永明、张鹭、毛伟明连带支付采取消除危险的措施建设巨蟒峰智能监测系统的费用51.08万元的诉讼请求，予以准许。综合考虑巨蟒峰作为世界自然遗产的珍稀性，张永明、张鹭、毛伟明的行为造成的后果的严重性以及社会影响的广泛性，同时在兼顾张永明、张鹭、毛伟明的经济条件和赔偿能力等具体问题的基础上，酌定张永明、张鹭、毛伟明连带赔偿环境资源损失计600万元，支付专家费15万元，并在全国性媒体上刊登公告，向社会公众赔礼道歉。江西省高级人民法院二审维持原判。

第二节 消费者权益保护民事公益诉讼

一、有关组织提起消费民事公益诉讼的案件范围

《民事诉讼法》第58条规定的"侵害众多消费者合法权益"和"损害社会公共利益"的双重条件，是法律规定的机关和组织提起消费民事公益诉讼的受案范围标准。从文义解释来看，三人以上即为众，"众多"即有"许多、多数"之意。这里存在两种情形：第一种情形为特定的多数人；第二种情形为不特定的多数人。消费公益诉讼之所以不同于民事主体提起的消费私益诉讼就在于，前者保护的是社会公共利益，后者保护的则是个体的利益。《民事诉讼法》第55条、第56条规定了代表人

诉讼，适用于特定多数人的共同诉讼，若存在侵害特定多数消费者权益的行为，应当适用代表人诉讼进行权益保护。[①] 因此，"侵害众多消费者合法权益"应当解释为侵害不特定多数消费者的合法权益。

《民事诉讼法》与《消费者权益保护法》确立了以"损害行为＋损害结果"作为判断消费公益诉讼的标准，并通过消费者权益保护的立法对消费者的具体权利进行了列举。根据《消费者权益保护法》，法律规定的机关和组织提起消费民事公益诉讼的案件范围包括以下六种情形[②]：

一是提供有缺陷的产品或服务侵害众多消费者权益。经营者应当保证其提供的商品或者服务符合保障人身、财产安全的要求。消费者在购买、使用商品和接受服务时享有人身、财产安全不受损害的权利。

二是未履行真实说明义务而侵害众多消费者权益。经营者对可能危及人身、财产安全的商品和服务，应当向消费者作出真实的说明和明确的警示，并说明和标明正确使用商品或者接受服务的方法以及防止危害发生的方法。经营者向消费者提供有关商品或者服务的质量、性能、用途、有效期限等信息，应当真实、全面，不得作虚假或者引人误解的宣传。经营者对消费者就其提供的商品或者服务的质量和使用方法等问题提出的询问，应当作出真实、明确的答复等。

三是未履行安全保障义务而侵犯众多消费者权益。宾馆、商场、餐馆、银行、机场、车站、港口、影剧院等经营场所的经营者，应当对消费者尽到安全保障义务。

四是利用格式条款侵害众多消费者权益。经营者在经营活动中使用

---

① 《民事诉讼法》第55条、第56条规定的代表人诉讼，其"人数确定与人数不确定"仅指起诉之时的人数是否确定，而并非指受侵害群体人数的不确定。我国的代表人诉讼是一种共同诉讼，不具有公益保护的功能。

② 肖建国、宋春龙:《检察机关提起消费公益诉讼范围分析》，载《人民检察》2016年第14期。

格式条款的，应当以显著方式提请消费者注意商品或者服务的数量和质量、价款或者费用、履行期限和方式、安全注意事项和风险警示、售后服务、民事责任等与消费者有重大利害关系的内容，并按照消费者的要求予以说明。经营者不得以格式条款、通知、声明、店堂告示等方式，作出排除或者限制消费者权利、减轻或者免除经营者责任、加重消费者责任等对消费者不公平、不合理的规定，不得利用格式条款并借助技术手段强制交易。

五是利用虚假广告侵害众多消费者权益。经营者以广告、产品说明、实物样品或者其他方式表明商品或者服务的质量状况的，应当保证其提供的商品或者服务的实际质量与表明的质量状况相符。

六是泄露消费者个人信息侵害众多消费者权益。经营者及其工作人员对其依法收集的消费者个人信息必须严格保密，不得泄露、出售或者非法向他人提供。经营者应当采取技术措施和其他必要措施，确保信息安全，防止消费者个人信息泄露、丢失。在发生或者可能发生信息泄露、丢失的情况时，应当立即采取补救措施。经营者未经消费者同意或者请求，或者消费者明确表示拒绝的，不得向其发送商业性信息。

二、检察机关提起消费民事公益诉讼的案件范围

《民事诉讼法》第58条第2款明确规定，检察机关提起消费公益诉讼的案件范围为"食品药品安全领域侵害众多消费者合法权益的行为"。"食品、药品安全"是指食品、药品的质量侵害了众多消费者的人身健康权益。检察机关提起消费民事公益诉讼的案件范围包括以下几种情形：一是提供缺陷的产品或服务侵害众多消费者权益，如设计缺陷、警示缺陷。二是未履行真实说明义务而侵害众多消费者权益。如在食品、药品说明书中未载明必要成分或者隐瞒部分成分，误导消费者进而造成消费者人身损害时，检察机关可以提起公益诉讼。三是利用虚假广告侵害众多消费者权益。如果虚假广告涉及食品、药品的成分、功能、疗效

等，检察机关可以提起公益诉讼。

【案例拓展】

江苏省常州市人民检察院诉常州某生物科技有限公司等消费欺诈民事公益诉讼案

2017年2月以来，常州某生物科技有限公司（以下简称某生物公司）主要经营保健品批发和零售业务，在未取得食品药品生产许可的情况下，以进口食品名义从美国购入大盐湖水成品及原料（进口货物名称为"氯化镁"），组织工人自行勾兑灌装，并以"金能量"产品对外销售。其产品外包装和说明书均未注明食品或药品生产许可证号。通过制作宣传册、组织销售人员冒充专家授课等方式，虚假夸大宣传该产品含81种矿物质和微量元素，对心脑血管系统、内分泌代谢疾病、呼吸疾病、消化系统疾病等多种病症有治疗作用，导致众多老年消费者上当受骗，社会影响恶劣。常州市人民检察院于2019年7月16日立案。检察机关调查发现，某生物公司向全国各地大量批发销售"大盐湖水"。经专家鉴定，该产品不具备其宣传的功效，且长期或高浓度服用该产品会导致电解质紊乱，产生腹泻等肠胃道疾病，甚至对心脏产生不良影响。检察机关调查收集了记录收集销售情况的U盘电子数据、顾客消费登记表和外销记录本等证据，调取了银行交易记录等证据，查明某生物公司销售"大盐湖水"共计8万余瓶，总销售金额为2300余万元。检察机关发布公告后，没有法律规定的机关或组织提起诉讼。2019年12月25日，常州市人民检察院向常州市中级人民法院提起民事公益诉讼，请求判令某生物公司及其法定代表人谢某某等在国家级媒体上公开赔礼道歉，并连带支付销售总金额3倍的惩罚性赔偿金70105591.5元；涉案公司股东在各自出资范围内承担连带赔偿责任。2020年12月10日，常州市中级人民法院一审判决支持了检察机关的全部诉讼请求。某生物公司及谢某某等未上诉，一审判决生效。

第三节　英雄烈士保护民事公益诉讼

根据《英雄烈士保护法》的规定①，对侵害英雄烈士的姓名、肖像、名誉、荣誉的行为，英雄烈士的近亲属可以依法向法院提起诉讼。英雄烈士没有近亲属或者近亲属不提起诉讼的，检察机关有权对侵害英雄烈士姓名、肖像、名誉、荣誉，损害社会公共利益的行为向法院提起公益诉讼。我国立法设置英烈保护民事公益诉讼制度，旨在化解有关英雄烈士的人格权益纠纷，消除侵害行为对社会善良风俗和正义价值造成的潜在隐患，具有鲜明的时代意义和社会价值。

一、英雄烈士的范围

《英雄烈士保护法》第2条规定："英雄烈士是指近代以来，为了争取民族独立和人民解放，实现国家富强和人民幸福，促进世界和平和人类进步而毕生奋斗、英勇献身的人。"换言之，英雄烈士既包括为了人民利益英勇斗争而牺牲，堪称楷模的人，还包括在国家保卫、国家建设中作出巨大贡献、建立卓越功勋的人。

需要特别指出的是，作为民事公益诉讼调整对象的"英雄烈士"，其认定条件须以法律明确规定为前提。具体包括：

第一，国务院2019年修订的《烈士褒扬条例》第8条规定的烈士

---

① 《英雄烈士保护法》第22条第2款规定：英雄烈士的姓名、肖像、名誉、荣誉受法律保护。任何组织和个人不得在公共场所、互联网或者利用广播电视、电影、出版物等，以侮辱、诽谤或者其他方式侵害英雄烈士的姓名、肖像、名誉、荣誉。任何组织和个人不得将英雄烈士的姓名、肖像用于或者变相用于商标、商业广告，损害英雄烈士的名誉、荣誉。"第25条规定："对侵害英雄烈士的姓名、肖像、名誉、荣誉的行为，英雄烈士的近亲属可以依法向人民法院提起诉讼。英雄烈士没有近亲属或者近亲属不提起诉讼的，检察机关依法对侵害英雄烈士的姓名、肖像、名誉、荣誉，损害社会公共利益的行为向人民法院提起诉讼。负责英雄烈士保护工作的部门和其他有关部门在履行职责过程中发现第一款规定的行为，需要检察机关提起诉讼的，应当向检察机关报告。英雄烈士近亲属依照第一款规定提起诉讼的，法律援助机构应当依法提供法律援助服务。"

范围。公民牺牲符合下列情形之一的，评定为烈士：（1）在依法查处违法犯罪行为、执行国家安全工作任务、执行反恐怖任务和处置突发事件中牺牲的；（2）抢险救灾或者其他为了抢救、保护国家财产、集体财产、公民生命财产牺牲的；（3）在执行外交任务或者国家派遣的对外援助、维持国际和平任务中牺牲的；（4）在执行武器装备科研试验任务中牺牲的；（5）其他牺牲情节特别突出，堪为楷模的。现役军人牺牲，预备役人员、民兵、民工以及其他人员因参战、参加军事演习和军事训练、执行军事勤务牺牲应当评定烈士的，依照《军人抚恤优待条例》的有关规定评定。

第二，国务院、中央军委2019年修订的《军人抚恤优待条例》第8条规定的烈士范围。现役军人死亡，符合下列情形之一的，批准为烈士：（1）对敌作战死亡，或者对敌作战负伤在医疗终结前因伤死亡的；（2）因执行任务遭敌人或者犯罪分子杀害，或者被俘、被捕后不屈遭敌人杀害或者被折磨致死的；（3）为抢救和保护国家财产、人民生命财产或者执行反恐怖任务和处置突发事件死亡的；（4）因执行军事演习、战备航行飞行、空降和导弹发射训练、试航试飞任务以及参加武器装备科研试验死亡的；（5）在执行外交任务或者国家派遣的对外援助、维持国际和平任务中牺牲的；（6）其他死难情节特别突出，堪为楷模的。现役军人在执行对敌作战、边海防执勤或者抢险救灾任务中失踪，经法定程序宣告死亡的，按照烈士对待。批准烈士，属于因战死亡的，由军队团级以上单位政治机关批准；属于非因战死亡的，由军队军级以上单位政治机关批准；属于其他死难情节特别突出，堪为楷模情形的，由中国人民解放军总政治部批准。

第三，经党中央、国务院批准，民政部在2014年9月公布的第一批著名抗日英烈和英雄群体名录，共300人；民政部在2015年8月公布的第二批著名抗日英烈和英雄群体名录，共600人；退役军人事务部在2020年9月公布的第三批著名抗日英烈、英雄群体名录，共185人。

在民事公益诉讼中，检察机关需要对被侵害对象属于英雄烈士提供必要的证明材料。

二、英烈保护社会公共利益的认定

侵害英烈人格利益的行为，通常表现为在公共场合或者利用广播、电视、报刊、图书、互联网等媒介，以侮辱、诽谤或者其他方式对英雄烈士的姓名、肖像、名誉、荣誉等进行歪曲、丑化、诋毁，以达到贬损、否定英雄烈士的事迹和精神的目的，或者将英雄烈士的姓名、肖像等用作商业宣传以实现营利目的。最高人民法院发布英烈人格权保护典型案例时指出，"狼牙山五壮士"案、"邱少云"案的判决，以这一英雄群体在我国当代历史上发挥的作用为依据，将其精神归纳为民族的共同记忆，因而构成社会公共利益的一部分。英烈保护的"社会公共利益"，是指促进社会尊崇英烈，扬善抑恶，弘扬社会主义核心价值观和爱国主义精神，维护社会风气与公共道德方面的利益。①

因英烈人格利益同时具有私人利益、社会公共利益两种属性，由此，将英烈人格利益作为公共利益进行司法保护时，须以侵害英烈的姓名、肖像、名誉、荣誉的行为涉及公众不特定多数群体以及造成严重影响为前提。换言之，即须同时具备以下两项前提条件：一是散布传播行为是否达到某种特定范围内的"知悉"，形成"公众效应"；二是是否形成较强的社会效应。至于司法实践中如何定性损害英烈人格权益的行为同时"损害社会公共利益"，则由检察机关或相关行政主体视情节的严重性程度以及社会影响予以综合评判。②

---

① 季秀平：《侵害英烈人格利益的理论与实践》，载《人民检察》2018 年第 18 期。
② 王译：《英烈保护民事公益诉讼的立法思考——以 2018 年〈检察公益诉讼解释〉为对照的分析》，载《河南财经政法大学学报》2019 年第 2 期。

【案例拓展】

河北省保定市人民检察院诉霍某侵害凉山烈士名誉权、荣誉权民事公益诉讼案

2019年3月31日下午,四川省凉山州发生森林火灾,因风力风向突变,突发林火爆燃,参加救援的27名森林消防指战员和3名地方扑火队员在扑火行动中壮烈牺牲。4月2日,应急管理部、四川省人民政府批准30名同志为烈士。当日,霍某在其微信朋友圈中对凉山烈士救火牺牲一事公然发布带有侮辱性的不当言论,诋毁凉山烈士的品德和形象,引起众多网友的极大愤慨,造成了恶劣的社会影响,严重损害了社会公共利益。2019年4月2日,保定市莲池区人民检察院发现该线索,同日移送保定市人民检察院,经初步调查,保定市人民检察院于7月24日立案。7月31日,保定市检察院依法在媒体上发布公告,公告期满,30名救火英雄的亲属未提起民事诉讼。8月30日,保定市人民检察院依法向保定市中级人民法院提起民事公益诉讼,要求追究被告霍某侵害凉山英雄烈士名誉权、荣誉权的民事责任,请求判令被告通过国家级媒体公开赔礼道歉,消除影响。9月24日,保定市中级人民法院公开开庭审理本案并当庭宣判,支持了检察机关的诉讼请求。霍某当庭表示不上诉,并当众宣读致歉信,对自己发表侮辱性言论的违法行为深感后悔,希望得到英雄烈士的亲属及广大社会公众的原谅。9月26日,霍某在《检察日报》上刊发致歉信,向凉山英烈的亲属以及全社会致歉。

第四节 未成年人保护民事公益诉讼

《未成年人保护法》第106条规定:"未成年人合法权益受到侵犯,相关组织和个人未代为提起诉讼的,人民检察院可以督促、支持其提起

诉讼；涉及公共利益的，人民检察院有权提起公益诉讼。"由此，检察机关有权依法办理未成年人保护领域民事公益诉讼案件。

一、未成年人权益的公益属性

有学者认为，公益包含三个层次：一是国家利益，此乃公共利益之核心；二是不特定多数人的利益，此乃公共利益常态化的存在形式；三是需要特殊保护界别的利益，此乃公共利益的特殊存在形式，是社会均衡、可持续发展必须加以特殊保护的利益，如老年、儿童、妇女、残疾人的利益。[①] 换言之，检察机关提起的未成年人保护民事公益诉讼，旨在维护未成年人群体的合法权益，以期通过公益诉讼案件的起诉、受理、审判，引起社会对于特殊群体公共利益的关注和维护，并以此促进法律和政策的改进以及社会观念的变革。

二、未成年人保护民事公益诉讼的案件范围

《未成年人保护法》第 3 条第 1 款规定："国家保障未成年人的生存权、发展权、受保护权、参与权等权利。"但既往经验表明，因缺乏具体的权益实现程序机制，有关立法广泛规定的未成年人权利难以实现。检察公益诉讼制度的建立，恰是将宣言式未成年人保护的立法赋权具体化、实质化的有效途径，也是确保未成年人立法效果充分实现的重要保障。

未成年人保护公益诉讼的案件范围，即公益诉讼所保护的未成年人公共利益的范围边界，应聚焦具体视域下不特定多数未成年人的利益。换言之，针对侵害不特定多数未成年人合法民事权益的行为或者存在侵害危险的情形，检察机关可以提起民事公益诉讼。其实，新修订的《未成年人保护法》在学校保护、社会保护、网络保护、政府保护等部分规

---

① 韩波：《公益诉讼制度的力量组合》，载《当代法学》2013 年第 1 期。

定了未成年人群体民事公共利益保护的重点。具体包括：

第一，危害不特定多数未成年人的产品安全领域，具体包括未成年人食品、药品质量，玩具、文具、用具和出版物质量，游戏游艺设备、游乐设施质量等情形。

第二，危害不特定多数未成年人的环境安全领域，具体包括校车交通安全、校园内部环境安全、校园周边治安和交通秩序、除校园以外的未成年人活动场所和设施安全等。

第三，危害不特定多数未成年人的教育权利领域，如民办教育机构存在的培训不规范等情形。

第四，危害不特定多数未成年人的网络安全领域，具体包括保护未成年人个人信息、防网络沉迷、网络直播平台治理、网络服务提供健康安全性等。

第五，危害不特定多数未成年人的其他安全保护领域，具体包括国家对未成年人免费或优惠票价特殊照顾，校园周边违法设置营业性娱乐场所、酒吧、网吧等不适宜未成年人活动场所，禁止向未成年人销售烟、酒、彩票或者兑付彩票奖金等情形。

【案例拓展】

江苏宿迁未成年人文身消费民事公益诉讼案件

被告章某自2017年6月1日开始从事文身经营，在未办理营业执照，也无卫生许可证的情况下，向他人提供文身服务，其中约七成的顾客为未成年人消费者，所文图案有"一生戮战"、二郎神、关羽、画臂等。章某还为部分未成年人清除文身。根据调查，部分未成年人因文身导致就学、就业受阻。经委托检测，章某文身使用的颜料存在游离甲醛超标情形。检察机关认为被告章某的行为侵害了不特定多数未成年人的合法权益，损害社会公共利益，遂提起民事公益诉讼。江苏省宿迁市中级人民法院经审理认为，章某向未成年人提供文身消费侵害了未成年人的合法权益。未成年人消费者权益受《消费者权益保护法》《未成年人保护法》的双重保护。章某向未成年人提供文身服务，既侵害了未成年人的身体健康权、发展权、参与权，又损害了社会公共利益。法院判决，被告章某立即停止向未成年人提供文身服务的行为，并于判决生效之日起 10 日内向社会公众书面赔礼道歉。

第五节　其他单行法的有关规定

一、《军人地位和权益保障法》中有关检察公益诉讼的规定

《军人地位和权益保障法》第 62 条规定："侵害军人荣誉、名誉和其他相关合法权益，严重影响军人有效履行职责使命，致使社会公共利益受到损害的，人民检察院可以根据民事诉讼法、行政诉讼法的相关规定提起公益诉讼。"

检察机关在提起军人权益保障民事公益诉讼时，应从被侵害对象、侵害客体、侵害后果三个方面，依法把握军人权益保障检察民事公益诉讼的案件范围：

一是被侵害的对象是现役军人。《军人地位和权益保障法》第 2 条规定："本法所称军人，是指在中国人民解放军服现役的军官、军士、义务兵等人员。"

二是侵害客体为军人荣誉、名誉和其他相关合法权益。《军人地位和权益保障法》第二章、第三章、第四章、第五章分别对军人地位、军人荣誉维护、军人待遇保障、军人抚恤优待作出系统规定。此外，《兵役法》《国防法》《现役军官法》《军人抚恤优待条例》等法律规范中也有对军人荣誉、名誉和其他相关合法权益的有关规定。

三是侵害后果为严重影响军人有效履行职责使命，致使社会公共利益受到损害。检察机关提起公益诉讼的事实依据是社会公共利益受到损

害，但此时公益受损的原因应是行为人实施了严重影响军人有效履行职责使命的行为。换言之，侵权人实施的严重影响军人有效履行职责使命的行为要与社会公共利益受到损害之间具有因果关系，即对社会公共利益受损的判定要以侵害行为严重影响军人有效履行职责使命为前提。①

二、《安全生产法》中有关检察公益诉讼的规定

2021年修正后的《安全生产法》增设了检察公益诉讼相关条款，为检察机关办理安全生产领域公益诉讼案件提供了直接法律依据。

《安全生产法》第74条第2款规定："因安全生产违法行为造成重大事故隐患或者导致重大事故，致使国家利益或者社会公共利益受到侵害的，人民检察院可以根据民事诉讼法、行政诉讼法的相关规定提起公益诉讼。"为实施好修订后的《安全生产法》，最高人民检察院及时下发通知，要求各级检察机关针对群众反映强烈、社会影响较大的矿山和尾矿、铁路安全、道路交通、危化品、消防、工业园区、城市建设、危险废物、易燃易爆物品等方面安全隐患，突出预防性司法理念，积极推进安全生产领域公益诉讼检察工作，消除和防范重大安全隐患和侵害危险。

【案例拓展】

安徽省蚌埠市禹会区人民检察院诉安徽省裕翔矿业商贸有限责任公司违规采矿民事公益诉讼案

2004年7月，安徽省裕翔矿业商贸有限责任公司（以下简称裕翔公司）取得马头城地下铁矿采矿许可证，设计采矿方法为分段电耙浅孔留矿（嗣后充填）采矿法且地表不允许陷落。2014年1月22日，裕翔

---

① 吴怡：《对军人地位和权益保障法第62条的理解与适用》，载《检察日报》2021年7月29日，第7版。

公司因安全生产管理不善导致矿区坍塌，地面坍塌面积约2000平方米，深度达16m，造成周围农田和种植物毁损。安徽省蚌埠市禹会区人民检察院发现涉事线索后开展初查，并同步向蚌埠市人民检察院请示。2018年5月18日，蚌埠市人民检察院指定禹会区人民检察院以民事公益诉讼立案调查。蚌埠市、禹会区两级检察机关启动一体化办案机制，查明事故系因裕翔公司未依规对采空区采取有效支护与填充措施导致塌陷，地下采空区和地面塌陷灾害处于不稳定状态，存在严重地质灾害隐患，危险区17.14亩，影响区46亩；可以尾砂胶结浆填充采空区及岩体裂隙进行治理，工程预算466.58万元。2019年12月31日，禹会区人民检察院向禹会区人民法院提起民事公益诉讼，诉请判令裕翔公司采取治理措施消除马头城铁矿采空区和塌陷区危险，对塌陷区复垦恢复原状。庭审中，裕翔公司对所有证据均无异议，主动申请调解，并提交了具有资质机构出具的治理修复方案、工程预算、进度安排等。2020年10月10日，禹会区人民法院制作调解书，明确裕翔公司应于2021年7月30日前按治理修复方案自行施工消除危险、恢复原状，并通过验收，如在期限内不能按期完工或者验收不合格，则应承担所有治理修复费用。法院调解后，禹会区人民检察院主动向当地党委、人大报告，协同法院、有关行政机关和属地政府现场督导并召开联席会议，明确由应急管理部门和属地政府负责监督治理修复，由自然资源、生态环境部门负责验收。目前，各方已根据修复方案进场施工和监督，取得初步成效。

三、《个人信息保护法》中有关公益诉讼案件范围的规定

《个人信息保护法》第70条规定："个人信息处理者违反本法规定处理个人信息，侵害众多个人的权益的，人民检察院、法律规定的消费者组织和由国家网信部门确定的组织可以依法向人民法院提起诉讼。"

为规范个人信息保护检察公益诉讼案件的办理，最高人民检察院下发《关于贯彻执行个人信息保护法推进个人信息保护公益诉讼检察工作

的通知》，明确各级检察机关重点办理的案件范围：生物识别、宗教信仰、特殊身份、医疗健康、金融账号、行踪轨迹等敏感个人信息保护案件；儿童、妇女、残疾人、老年人、军人等特殊群体的个人信息保护案件；教育、医疗、就业、养老、消费等重点领域处理的个人信息，以及处理100万人以上的大规模个人信息保护案件；对因时间、空间等联结形成的特定对象的个人信息保护案件。

【案例拓展】

李某侵犯消费者个人信息及权益等民事公益诉讼案

2017年以来，李某非法获取包含姓名、电话、住址等公民个人信息共计1290万余条，并伙同他人将其中1.9万余条个人信息非法出售获利。2018年1月至2019年4月，李某利用非法获取的公民个人信息，雇用电话客服批量、随机拨打营销骚扰电话，并以收藏品公司名义，采用夸大收藏品价值和升值空间等方式，诱骗消费者购买肾宝片、纪念册、纪念币等商品，销售价款共计人民币55.4605万元。河北省保定市人民检察院在审查郭某某侵犯公民个人信息刑事附带民事公益诉讼请示案件时发现，李某被判处侵犯公民个人信息罪的同时，存在利用非法获取的公民个人信息进行消费欺诈的行为。经河北省人民检察院批准，保定市人民检察院于2019年11月8日立案调查。经公告并函询河北省消费者权益保护委员会意见，没有法律规定的机关和有关组织提起诉讼，2020年7月20日，保定市人民检察院向保定市中级人民法院提起民事公益诉讼，请求依法判令被告李某支付三倍惩罚性赔偿金共计人民币166.3815万元；采取有效措施删除所有非法持有的公民个人信息数据；在国家级媒体上公开赔礼道歉。2020年11月4日，保定市中级人民法院公开开庭审理本案。2020年12月30日，保定市中级人民法院作出判决，支持了检察机关全部诉讼请求。目前判决已生效。

【思考题】

1. 民事公益诉讼的法定案件范围有哪些?
2. 简述民事公益诉讼案件范围的拓展和限制。

第二章 民事公益诉讼的诉前程序

第一节 民事公益诉讼诉前程序概述

民事公益诉讼诉前程序是指人民检察院在履行职责中发现特定领域存在损害社会公共利益的行为,在提起民事公益诉讼之前,应当依法督促或者支持对民事公益诉讼享有优先诉权的法律规定的机关和有关组织(适格主体)[①]起诉的制度安排。换言之,检察机关并非向侵权行为人提起纠正违法行为的建议,而是建议那些具有民事公益诉讼起诉资格的法定主体,督促或者支持其提起诉讼,这样的程序设计也突出了检察机关在民事公益诉讼中诉权补位的地位。

一、民事公益诉讼诉前程序的功能

(一)敦促政府权力主体履行法定责任

当下我国公共利益受损普遍而且严重,这与作为公共利益之法定管护者的政府权力主体未能履行好主动责任高度相关。当前我国民事公益诉讼主要集中于生态环境、资源保护领域以及食品药品安全领域的大规模侵权行为。这类案件的主要特征为被侵权人众多、损害巨大、因果关

[①] 《检察机关提起公益诉讼改革试点方案》《人民法院审理人民检察院提起公益诉讼案件试点工作实施办法》《最高人民检察院关于深入开展公益诉讼试点工作有关问题的意见》均把《民事诉讼法》第58条中的"法律规定的机关和有关组织"称为"适格主体"。故在讨论检察院提起民事公益诉讼时,适格主体的内涵具有限定性,其可与法律规定的机关和有关组织等同使用。

系难以证明。不履行职责、违法履行职责、履行职责不到位、履行职责不全面和履行职责不及时的情形在现实中高发。

一方面，经过诉前程序的公益诉讼作为舆论热点，与政府权力主体的履职情况、责任追究有较大关联，公益诉讼的提起必然会对政府权力主体形成压力。政治和社会双重压力能够一定程度上反向督促政府权力主体积极履职，完善行政执法，从而减少行政权力部门不履职、不当履职。

另一方面，由于我国对有权提起民事公益诉讼的社会组织将继续实行登记管理机关和业务主管单位双重负责的管理体制，[1] 因此这些社会组织的官方性和半官方性色彩浓重。社会组织的属地管理原则一定程度上会使社会组织提起公益诉讼之时有所顾虑。随着检察权独立行使的宪法规定日渐实效化和省以下地方检察院人财物省级统一管理体制在全国范围内的依次建立，借助诉前程序的履行，去地方化的检察院减少甚至消除政府权力主体对社会组织的干涉，也可让社会组织更好地行使民事公益诉权。

（二）补强社会组织的诉讼行为能力

适格主体中绝大多数消协组织和环保组织尚未行使民事公益诉权，提起民事公益诉讼，实现社会组织参与国家治理的立法预期。社会组织是社会治理的主力军，提起民事公益诉讼是社会组织参与社会治理的新型载体，而社会组织提起诉讼的意愿和应对诉讼的能力实质性地影响着民事公益诉讼案件的受理状况。当前应对民事公益诉讼的能力薄弱是社会组织主要短板。社会组织作为民事公益诉讼的原告，需要承担对于公

---

[1] 根据2016年8月中共中央办公厅、国务院办公厅印发的《关于改革社会组织管理制度促进社会组织健康有序发展的意见》，在社区内活动的城乡社区服务类社会组织、在自然科学和工程技术领域内从事学术研究和交流活动的科技类社会组织以及提供扶贫、济困、扶老、救孤、恤病、助残、救灾、助医、助学服务的公益慈善类社会组织实行直接登记，直接登记范围之外的其他社会组织继续实行双重管理的体制。

益受损事实的证明责任，食品药品安全领域、生态环境和资源保护领域知识具有极高的专业性以及复合性，高昂的鉴定费用、诉讼代理费用以及专业人才的需求对于社会组织的经费能力以及专业能力是较大的挑战。

当前社会组织的通常做法是在犯罪行为被生效裁判文书确认或进入刑事追诉程序后[①]，社会组织就迅速提起民事公益诉讼，借刑事诉讼中控诉方收集的证据来解决民事公益诉讼中的取证问题。这样的权宜之举并不利于社会组织独立自主进行公益诉讼。

对损害公共利益的违法行为及其损害后果进行调查核实是检察院履行诉前程序前的必经环节，检察院可在诉前程序采取除限制人身自由以及查封、扣押、冻结财产等强制性措施以外的其他任何措施，凭借这一职能优势，检察机关可以在诉前程序中更早地固定、更多地收集证据。社会组织则可直接充分地利用检察院已收集到的证据，进而减轻社会组织证明责任的负担，增强了社会组织公益诉讼的能力。

二、民事公益诉讼诉前程序的基本特征

（一）先行适用的法定性

诉前程序的适用具有法定性。这一法定性最早来自效力相当于法律的《全国人民代表大会常务委员会关于授权最高人民检察院在部分地区开展公益诉讼试点工作的决定》规定，检察院提起民事公益诉讼前，必须先履行诉前程序。在《全国人民代表大会常务委员会关于授权最高人

[①] 在安徽省淮南市中级人民法院受理的首起环保组织（安徽省环保联合会）起诉、检察机关（淮南凤台县人民检察院）支持起诉的民事公益诉讼案中，王晓杰、高一、许士谭、詹军、陈景明、盛祝杰、许广雨、詹效香、阜阳市永浩再生资源有限公司和浙江省桐乡市乌镇镇人民政府、桐乡市濮院镇人民政府、桐乡市梧桐街道办事处、桐乡市经济开发区管理委员会因非法跨省运输处置生活垃圾而成为被告，淮南市中级人民法院原定于2016年11月1日公开开庭审理，但因开始于2015年10月、针对前七位自然人被告的污染环境罪追诉程序未结束而延期至2017年2月14日进行。具体可参见周瑞平、李旭东：《淮南开庭审理一环保公益诉讼案》，载《人民法院报》2017年2月15日；淮南凤台县人民法院（2016）皖0421刑初268号刑事判决书。

民检察院在部分地区开展公益诉讼试点工作的决定》施行前，检察院并无依据《民事诉讼法》提起民事公益诉讼的法定资格。诉前程序的先行适用由此具备了法定性的特征。

设置诉前程序并要求先行适用，既有利于促进检察院办案资源的良好运用与有效节省，也有利于实现对适格主体之民事公益诉权的充分尊重与合理鞭策。具言之，检察机关不能优先于适格主体提起民事公益诉讼，否则会构成对适格主体之民事公益诉权的冒犯与侵害。经过诉前程序，适格主体没有起诉或者没有适格主体，检察院方可提起民事公益诉讼，这显然不属于诉权冲突，而属于必要的诉权补位，检察院的民事公益诉讼原告资格由此进入用而不弃的现实状态。

（二）履行方式的特定性

督促起诉和支持起诉是检察院履行诉前程序的两种方式，具体而言，督促起诉依法督促法律规定的机关提起民事公益诉讼；支持起诉是建议辖区内符合法律规定条件的有关组织提起民事公益诉讼。有关组织提出需要人民检察院支持起诉的，可以依照相关法律规定支持其提起民事公益诉讼。法律规定的机关和有关组织应当在收到督促起诉意见书或者检察建议书后一个月内依法办理，并将办理情况及时书面回复人民检察院。

1. 督促起诉

督促起诉是民事诉讼中检察院一般监督权的实现方式之一，督促起诉在 2003 年年初由浙江省检察系统首创试点，后被写进最高人民检察院的工作报告，并为浙江省、福建省制定的省级地方性法规所确认，但在 2012 年错失被写进《民事诉讼法》的良机，迄今未被狭义上的法律所规定。①

2. 支持起诉

在支持起诉中，支持者必须是单位，其包括但不限于检察院；检察

---

① 相关论述详见刘加良：《当下中国纠纷解决的基本立场》，北京大学出版社 2014 年版，第 57—60 页。

院既可以主动支持起诉,也可以应被支持者之邀而支持起诉。支持起诉原则是我国民事诉讼法对社会干预主义的具体化和本土化,① 1982年《民事诉讼法(试行)》第13条和1991年《民事诉讼法》(已经历两次修改)第15条均将其规定为基本原则,2008年《水污染防治法》第88条第2款规定环境保护主管部门和有关社会团体可依法支持因水污染受到损害的当事人起诉,但支持起诉的制度化与现代转型至今毫无起色,在学理上更多地属于被否定的对象,克服支持起诉原则的空洞化已成为既紧迫又困难的事项。与《全国人民代表大会常务委员会关于授权最高人民检察院在部分地区开展公益诉讼试点工作的决定》和《检察机关提起公益诉讼改革试点方案》未区分督促起诉和支持起诉的适用条件不同,2015年12月24日公布的《人民检察院提起公益诉讼试点工作实施办法》第13条则根据适格主体的身份不同区分履行诉前程序的法律文书,明确规定适格主体是法律规定的机关时适用督促起诉意见书、适格主体是辖区内的法律规定的有关组织时适用提起民事公益诉讼检察建议书、有关组织收到检察建议书后提出需要支持起诉时适用支持起诉意见书。

(三)后续衔接的强制性

经过诉前程序,法律规定的机关和有关组织没有提起民事公益诉讼,社会公共利益仍处于受侵害状态的,检察机关可以提起民事公益诉讼。检察机关的民事公益诉权可以归为公益性、竞合性、补充性的法定诉讼担当。②

经过诉前程序,适格主体没有起诉的,检察院可以提起民事公益诉讼。这一条文表明检察院所享有的民事公益诉权具有权责一体性。首先,这一条文中的"可以"应当被解释为"有权",其目的在于赋权,

---

① 陈刚:《支持起诉原则的法理及实践意义再认识》,载《法学研究》2015年第5期。
② 有关法定诉讼担当的类型划分可参见黄忠顺:《论法定诉讼担当的理论类型》,载《六盘水师范学院学报》2012年第1期。

因此不能被解释为"可以不"。其次,检察机关在履行诉前程序后,适格主体没有起诉的,检察机关即负有提起公益诉讼的义务。但有学者认为,督促起诉后适格主体未起诉的,检察院负有提起民事公益诉讼的义务,而支持起诉则不具有这种效力。①

第二节 民事公益诉讼诉前程序的主要内容

一、民事公益诉讼诉前程序中的调查

(一)调查核实权的概念

调查是检察机关办理公益诉讼案件的基础,贯穿案件办理的各环节、全过程。《人民检察院组织法》第 21 条规定了检察机关的调查核实权,人民检察院行使法律监督职权,可以进行调查核实,并依法提出抗诉、纠正意见、检察建议。有关单位应当予以配合,并及时将采纳纠正意见、检察建议的情况书面回复人民检察院。抗诉、纠正意见、检察建议的适用范围及其程序,依照法律有关规定。

检察公益诉讼调查核实权是指检察院在办理民事公益诉讼和行政公益诉讼案件过程中,为证明公益性侵权责任的构成要件事实,依照法定程序主动进行证据收集与案情核实的非实体处分性权力。

(二)调查核实权的意义

检察公益诉讼纵向的两阶化构造由"诉前+诉讼"组成,无论是公益诉讼的诉前程序还是诉讼中均可以适用。诉前程序的功能在检察公益诉讼于我国《民事诉讼法》和《行政诉讼法》确立后大为加强。调查核

---

① 肖建国:《充分吸收已有经验》,载《检察日报》2015 年 7 月 23 日,第 3 版。但笔者认为这种持区别对待之立场的观点很难成立,因为其忽视了检察院所享有之民事公益诉讼的权利与责任的复合性,且未充分认识到检察院所享有之民事公益诉权的法定补充性。

实权在诉前阶段也应当充分适用,尽早地收集固定证据、体现检察院对优先诉权主体的切实支持,以及保障证诉前检察建议的质量。

(三)调查的原则

《人民检察院公益诉讼办案规则》规定了检察机关办理公益诉讼调查的基本原则,即"依法""客观""全面"。

(四)调查的准备

一要研究确定调查的思路、方法、步骤及拟收集的证据清单等,制订调查计划。二要收集与本案有关的法律法规、行业规范、国家和地区标准等;准备执法记录仪、相机等调查设备。

(五)调查方式

检察机关可采用查阅、摘抄、复制有关行政执法卷宗材料,可询问违法行为人、证人等,收集书证、物证、视听资料、电子证据等,还可以咨询专业人员、相关部门或者行业协会等对专门问题的意见,委托鉴定、评估、审计、勘验、检查物证、现场,以及其他必要的调查方式。

(六)调查内容

检察机关应当按照法定程序,全面、客观地调查收集证据,调查内容主要包括以下内容:(1)违法行为人的基本情况。侵权主体是个人的,应当调查行为人身份信息、户籍信息等;侵权主体是法人或其他组织的,应当调查行为主体的性质、工商登记注册信息、组织机构代码证、经营范围、营业执照、缴纳税收情况、盈利情况、经营规模等。同时,还需要调查可能承担连带责任的其他侵权人。(2)违法行为人实施的损害社会公共利益的行为。(3)社会公共利益受到损害的类型、具体数额或者修复费用等。(4)违法行为与损害后果之间的因果关系。(5)违法行为人的主观过错情况。应结合侵权主体实施违法行为的次数、持续时间、手段和方式、获利情况、是否曾接受行政处罚或刑事处罚等进行综合确定。(6)违法行为人是否存在免除或者减轻责任的相关事实。(7)其他需要查明的事项。

对于污染环境、破坏生态等应当由违法行为人依法就其不承担责任或者减轻责任，及其行为与损害后果之间不存在因果关系承担举证责任的案件，可以重点调查违法行为人的基本情况、违法行为人实施的损害社会公共利益的行为、社会公共利益受到损害的类型、具体数额或者修复费用等以及违法行为与损害后果之间的关联性。

针对涉及刑事犯罪的民事公益诉讼案件，在刑事案件的委托鉴定评估中，可以同步提出公益诉讼案件办理的鉴定评估需求。在刑事侦查中依法收集的证据材料，也可以在基于同一违法事实提起的民事公益诉讼案件中作为证据使用。

（七）调查的保障

一是充分应用科技手段，在调查收集证据过程中，检察人员可以依照有关规定使用执法记录仪、自动检测仪等办案设备和无人机航拍、卫星遥感等技术手段。

二是发挥司法警察的保障作用。检察机关办理公益诉讼案件时，可以将检察机关的司法警察编入公益诉讼办案组。司法警察协助检察官开展调查取证工作，同时根据相关法律的规定，处置突发事件，保护检察机关办案人员安全。

三是借助外力协助调查。根据公益诉讼案件实际情况，检察机关可以商请有关部门协助调查取证，这在办理刑事附带民事公益诉讼中体现得较为明显。为防止有关证据材料的灭失给鉴定带来困难，并提高办案效率，人民检察院办理刑事附带民事公益诉讼案件，在刑事案件的委托鉴定评估中，可以同步提出公益诉讼案件办理的鉴定评估需求。对于一些专业性问题，检察机关可以聘请其他具有专门知识的人参与，积极借助"外脑"来解决难题。

四是可向有关部门通报情况。行政机关及其工作人员拒绝或者妨碍人民检察院调查收集证据的，人民检察院可以向同级人大常委会报告，向同级纪检监察机关通报，或者通过上级人民检察院向其上级主管机关通报。对于拒绝配合调查的，检察人员应当警告其可能妨碍公务的法律后果。对于干扰阻碍调查活动，威胁、报复陷害、侮辱诽谤、暴力伤害检察人员的，应当根据中共中央办公厅、国务院办公厅《保护司法人员依法履行法定职责规定》第17条的规定，依法从严惩处。

二、民事公益诉讼诉前程序中的审查

（一）审查内容

检察机关审查民事公益诉讼案件应当查明以下几个方面内容：行为人实施了破坏生态环境和资源保护、危害食品药品安全的行为；社会公共利益受到损害；违法行为与损害后果之间存在因果关系；侵权主体及各主体责任分配；行为人的主观过错程度；证据的合法性、真实性和关联性，以及各证据之间是否存在冲突；法律适用，包括依据的法律、法规、规章、司法解释等，参考的政策性文件等；以及其他需要查明的内容。

（二）讨论及审批程序

民事公益诉讼案件由检察官办案组办理。经过审查，应当制作《诉前审查报告》并明确提出是否发出公告或终结审查的处理意见，并经集体讨论。集体讨论形成的意见，应当报检察长决定。检察长认为必要的，可以提请检察委员会讨论决定。

（三）审查期限

办理民事公益诉讼案件，拟作出终结审查或者公告的，应当自决定立案之日起3个月内办理终结。有特殊情况需要延长的，报经检察长决定。

检察机关办理民事公益诉讼案件，鉴定、评估、审计期间及报送审批期间不计入审查期限。

（四）终结审查

调查结束，检察官应当制作《调查终结报告》，区分情况终结案件或发布公告。

但经调查,人民检察院发现存在以下情形之一的,应当终结案件:(1)不存在违法行为的;(2)生态环境损害赔偿权利人与赔偿义务人经磋商达成赔偿协议,或者已经提起生态环境损害赔偿诉讼的;(3)英雄烈士等的近亲属不同意人民检察院提起公益诉讼的;(4)其他适格主体依法向人民法院提起诉讼的;(5)社会公共利益已经得到有效保护的;(6)其他应当终结案件的情形。有前款第2、3、4项情形之一,人民检察院支持起诉的除外。终结案件的,应当报请检察长决定,并制作《终结案件决定书》。

三、民事公益诉讼诉前程序中的公告

检察机关在提起民事公益诉讼之前,应当在全国范围发行的媒体上公告,告知法律规定的机关和有关组织提起民事公益诉讼。

(一)适用条件

首先,在证据条件上,应当满足行为人在破坏生态环境和资源保护、食品药品安全领域侵害众多消费者合法权益等损害社会公共利益的基本事实已查清、基本证据已收集到位。其次,在程序阶段上,应当在提起民事公益诉讼之前发布。在范围条件上,需要检察机关在全国范围的媒体上公告。关于内容条件则是告知法律规定的机关和社会组织提起民事公益诉讼;时间要件上,则要求公告期时长为30日。

(二)公告的对象

公告的对象主要包括两类:一类是法律规定的机关,另一类是社会组织。关于法律规定的机关。目前,法律规定的机关中有明确规定的是行使海洋环境监督管理权的部门。根据《海洋环境保护法》第89条的规定,海洋环境监督部门对破坏海洋生态、海洋水产资源、海洋保护区,给国家造成重大损失的,有权对责任者提出损害赔偿要求。根据生态环境损害赔偿制度改革的相关规定,国务院授权的省、市级人民政府及其指定的相关职能部门,可作为赔偿权利人提起生态环境损害赔偿诉

讼。在这项改革完成后,"法律规定的机关"的范围会作相应扩大。

关于社会组织,包括但不限于环保组织和消费者协会两类。根据《环境保护法》第58条的规定,环保组织是指依法在设区的市级以上人民政府民政部门登记、专门从事环境保护公益活动且连续五年以上无违法记录的社会组织。根据《消费者权益保护法》第47条的规定,消费者协会是指中国消费者协会以及在省、自治区、直辖市设立的消费者协会。

(三)公告的内容

公告应当在具有全国影响的媒体发布,公告期间为30日。

公告应当涵盖以下内容:(1)社会公共利益受到损害的事实;(2)告知适格主体可以向人民法院提起诉讼,符合启动生态环境损害赔偿程序条件的案件,告知赔偿权利人启动生态环境损害赔偿程序;(3)公告期限;(4)联系人、联系电话;(5)公告单位、日期。

公告内容应该包括以下方面:一是检察机关在履行职责中发现的行为人在破坏生态环境和资源保护、食品药品安全领域损害社会公共利益或者有重大损害危险的基本事实;二是建议法律规定的机关和有权提起诉讼的有关组织在公告期内向有管辖权的人民法院提起诉讼;三是公告期限、联系人、联系地址、联系电话、公告单位、日期等要素。

【案例拓展】

北京市海淀区人民检察院公告

京海检民公告〔2021〕1号

本院在履行职责中发现,深圳市腾讯计算机系统有限公司的微信产品"青少年模式"不符合《中华人民共和国未成年人保护法》相关规定,侵犯未成年人合法权益,涉及公共利益。根据《中华人民共和国民事诉讼法》第五十五条①规定,法律规定的机关和有关组织可以提起民

---

① 2021年12月24日《民事诉讼法》第四次修正后为第58条。

事公益诉讼,法律规定的机关和有关组织提起诉讼的,人民检察院可以支持起诉。现根据《中华人民共和国民事诉讼法》第五十五条第二款、《最高人民法院、最高人民检察院关于检察公益诉讼案件适用法律若干问题的解释》第十三条第一款的规定发出公告,请拟提起民事公益诉讼的机关和社会组织在本公告发出三十日内将有关情况书面反馈本院。

邮寄地址:北京市海淀区厂洼西路8号海淀区人民检察院

联系电话:010-59554549

特此公告。

2021年8月6日

(四)公告的效力

1. 公告期满,法律规定的机关和有关组织、英雄烈士等的近亲属不提起诉讼的,人民检察院方可向人民法院提起诉讼。

2. 自公告期满之日起,开始计算人民检察院办理民事公益诉讼案件的审查起诉期限,一般为3个月。

3. 如果检察机关已履行诉前公告程序的,那么人民法院立案后不再进行公告。

4. 公告期内,法律规定的机关和有关组织、英雄烈士等的近亲属提起诉讼的,人民检察院可以支持起诉,不再作为公益诉讼起诉人起诉。

【案例拓展】

原告长沙市野生动植物保护协会与被告×××民事公益诉讼侵权责任纠纷一审民事判决书[①]

原告:长沙市野生动植物保护协会,住所地湖南省长沙市岳麓区。

法定代表人:×××,会长。

---

① 详见(2020)湘0105民初6324号。

委托诉讼代理人：×××，湖南芙蓉律师事务所律师。

支持起诉人：湖南省长沙市人民检察院。

支持起诉人：湖南省长沙市开福区人民检察院。

被告：×××，户籍所在地湖南省长沙市岳麓区，现住湖南省长沙市开福区，公民身份证号码：430××××××××××019。

湖南省长沙市开福区人民检察院于2020年6月10日在《正义网》发布对×××提起民事公益诉讼的诉前公告。长沙市野生动植物保护协会在检察诉前公告期内向本院提起诉讼，长沙市人民检察院、长沙市开福区人民检察院支持起诉。本院于2020年8月3日立案受理原告长沙市野生动植物保护协会诉×××民事公益诉讼侵权责任纠纷一案，并书面告知了湖南省长沙市林业局。本院依法组成×××合议庭公开开庭审理了本案。……原告长沙市野生动植物保护协会的法定代表人×××委托诉讼代理人×××到庭参加诉讼。支持起诉人长沙市人民检察院指派检察员×××支持起诉人长沙市开福区人民检察院指派检察员×××出庭支持起诉。

……长沙市野生动植物保护协会向本院提出诉讼请求：1. 依法判令×××赔偿国家野生动物资源损失费600元；2. 依法判令×××承担本案司法鉴定评估费2360元；3. 依法判令×××在市级以上媒体公开承认错误，义务参与野生动物保护宣传活动三次；4. 依法判令×××承担本案诉讼费用……

支持起诉人长沙市人民检察院、长沙市开福区人民检察院支持起诉称，长沙市野生动植物保护协会属于《中华人民共和国环境保护法》第五十八条规定的社会组织，具有提起公益诉讼的原告资格。×××特支持长沙市野生动植物保护协会对×××提起民事公益诉讼，请依法判决。

被告×××答辩称：愿意承担责任，向媒体公开承认错误，请人民法院依法判决。

……判决如下：

一、被告×××应在本判决生效之日起十日内赔偿国家野生动物资源损失600元；

二、被告×××应在本判决生效之日起十日内承担本案鉴定费2360元；

三、被告×××应在本判决生效之日起十日内在市级以上媒体公开赔礼道歉；

四、被告×××应在本判决生效之后义务参与野生动物保护宣传活动三次。

如果未按本判决确定的期限履行给付金钱义务，依照《中华人民共和国民事诉讼法》第二百五十三条①之规定，应当加倍支付迟延履行期间的利息。

本案诉讼费300元，由被告×××负担。

如不服本判决，可在判决书送达之日起十五日内，向本院递交上诉状，并按对方当事人或代表人的人数提供副本，上诉于湖南省长沙市中级人民法院。

审　判　长　　×××
审　判　员　　×××
审　判　员　　×××
人民陪审员　　×××
人民陪审员　　×××
人民陪审员　　×××
人民陪审员　　×××
二〇二〇年八月二十七日
本件与原本核对无异
代理书记员　　×××

---

① 2021年12月24日《民事诉讼法》第四次修正后为第260条。

四、民事公益诉讼诉前程序的审批程序

经过诉前程序,应当制作《起诉审查报告》,提出是否提起诉讼的处理意见,集体讨论后,报经检察长决定。检察长认为有必要的,可以提请检察委员会讨论。

主要审批结果可以根据不同情况,作出终结案件、提起民事公益诉讼、移送其他人民检察院处理不同的处理意见。拟决定向人民法院提起诉讼,应当在公告期满之日起两个月内办理终结。有特殊情况需要延长的,报经检察长决定。拟决定不提起诉讼的,应当制作《终结审查决定书》。

此外,省级人民检察院可以根据本地情况,建立拟起诉案件审批、备案制度。对于重大、疑难、复杂的公益诉讼案件,可以按照《人民检察院案件请示办理工作规定(试行)》的相关规定向最高人民检察院请示。

五、民事公益诉讼诉前程序特殊情形:英烈保护民事公益诉讼诉前程序

根据《最高人民法院、最高人民检察院关于检察公益诉讼案件适用法律若干问题的解释》第13条的规定,英雄烈士保护民事公益诉讼有两种诉前程序履行方式:一是公告;二是征询英雄烈士等的近亲属意见。当然,检察机关在司法实践中可根据案件的实际情况进行选择适用。具体而言,英雄烈士等的近亲属范围,包括英雄烈士等的配偶、子女、父母,这也是检察机关办理英烈保护领域案件诉前程序需征询意见的近亲属范围。司法实践中,检察机关一般通过英雄烈士等的户籍所在地公安机关查询确定其近亲属的基本情况,查明有权提起诉讼的近亲属名单、住址、联系方式等。对于英雄烈士等有近亲属的,可以当面征询近亲属是否提起诉讼的意见或者向其发出征求意见函。对于英雄烈士等近亲属下落不明,或者一案保护多名英雄烈士等涉及近亲属人数众多

的，检察机关也可以通过公告的方式履行诉前程序。对于英雄烈士等的近亲属提起保护英雄烈士等的姓名、肖像、名誉、荣誉民事诉讼的，检察机关可以支持起诉。

【思考题】

1. 民事公益诉讼中为何要设置诉前程序？
2. 民事公益诉讼诉前公告程序如何进一步完善？
3. 民事公益诉讼诉前程序中检察机关享有怎样的调查核实权？

第三章 民事公益诉讼的管辖

第一节 民事公益诉讼管辖概述

民事公益诉讼的管辖是指民事公益诉讼在人民检察院、人民法院确定民事公益诉讼受理的分工与权限,是一般民事诉讼管辖的特殊类型。旨在划定司法机关介入民事公益诉讼纠纷后,进一步在其内部划定具体由哪一级别、哪一地区的司法机关对进入诉讼的民事公益诉讼案件享有管辖权。管辖作为将民事公益诉讼案件纳入诉讼程序的最初环节,发挥着至关重要的作用。

民事公益诉讼作为民事诉讼中的特殊一类,管辖制度自然亦需遵循民事诉讼管辖制度的一般原理,《最高人民法院关于审理消费民事公益诉讼案件适用法律若干问题的解释》更是直接规定适用《最高人民法院关于适用〈中华人民共和国民事诉讼法〉的解释》第283条的有关规定。因此,在确定民事公益诉讼案件的管辖时,亦应遵循一般民事诉讼管辖制度中便于当事人诉讼、便于案件审理执行、保证案件公正办理、均衡各级司法机关的工作负担、确定性与灵活性相结合等基本原则。

但民事公益诉讼的管辖问题与普通的民事私益诉讼相比,也有其自身特点:一是因涉及公共利益,其案件往往涉及范围广泛,案情复杂,因此原则上应由更高层级的法院审理;二是因为有检察机关这一特殊主体的参与,因此,不仅要确认案件在法院之间的管辖问题,也要处理好案件在检察机关之间的分工;三是公共利益的影响范围广泛,往往突破行政区划范围，因此需要有跨区划的集中管辖的制度设计。

2015 年实施的《最高人民法院关于审理环境民事公益诉讼案件适用法律若干问题的解释》以及 2016 年实施的《最高人民法院关于审理消费民事公益诉讼案件适用法律若干问题的解释》都对民事公益诉讼的管辖问题作出了相应的规制，但由于这两部司法解释发布时，国家尚未明确确定实行检察民事公益诉讼制度，因此在上述司法解释中并没有明确规定检察机关在民事公益诉讼中究竟应当如何确定管辖问题，此二规定主要解决了这两类案件的法院管辖问题。

2018 年《最高人民检察院、最高人民法院关于检察公益诉讼案件适用法律若干问题的解释》的发布，填补了由检察机关提起民事公益诉讼管辖的制度空白，结合最高人民检察院 2018 年 3 月印发的《检察机关民事公益诉讼案件办案指南（试行）》，以及 2021 年发布的《人民检察院公益诉讼办案规则》，对人民检察院内部的地域管辖、指定管辖、管辖权转移、管辖权协商等问题作出了系统的详细规定，保障了检察机关以法律监督机关以外的身份完全参与到民事公益诉讼中。

因此，民事公益诉讼的管辖，不仅要确认案件在法院之间的管辖问题，也要处理好案件在检察机关之间的分工，包括检察管辖与审判管辖两项具体制度。

第二节　民事公益诉讼的检察管辖

一、民事公益诉讼检察级别管辖

《人民检察院公益诉讼办案规则》第 14 条规定："人民检察院办理民事公益诉讼案件，由违法行为发生地、损害结果地或者违法行为人住所地基层人民检察院立案管辖。刑事附带民事公益诉讼案件，由办理刑事案件的人民检察院立案管辖。"第 15 条规定："设区的市级以上人民检察院管辖本辖区内重大、复杂的案件……"这些规定确定了检察机关提起民事公益诉讼由基层人民检察院管辖为主，市级以上人民检察院管辖作为补充的原则。

上述规定改变了2018年《检察机关民事公益诉讼案件办案指南（试行）》中"一般由侵权行为地或者被告住所地的市（分、州）人民检察院管辖"的原有做法，弥合了在原有制度体系内民事公益诉讼的管辖冲突问题：

2018年2月通过的《最高人民检察院、最高人民法院关于检察公益诉讼案件适用法律若干问题的解释》第5条规定："市（分、州）人民检察院提起的第一审民事公益诉讼案件，由侵权行为地或者被告住所地中级人民法院管辖。"最高人民检察院随即于2018年3月印发的《检察机关民事公益诉讼案件办案指南（试行）》中亦明确规定："人民检察院办理民事公益诉讼案件，一般由侵权行为地或者被告住所地的市（分、州）人民检察院管辖。"如此规定主要是为了使检察机关提起诉讼时与法院管辖级别对应，但在实际操作中却面临一些困境：一方面，仅由市（分、州）人民检察院管辖，不便于对案件线索的发现以及调查；另一方面，《最高人民法院、最高人民检察院关于检察公益诉讼案件适用法律若干问题的解释》第20条第1款还有关于刑事附带民事公益诉讼的规定："人民检察院对破坏生态环境和资源保护、食品药品安全领域侵害众多消费者合法权益……损害社会公共利益的犯罪行为提起刑事公诉时，可以向人民法院一并提起附带民事公益诉讼，由人民法院同一审判组织审理。"这就意味着，在刑事附带民事公益诉讼案件中，基层检察机关有了获得管辖权的可能性。这就造成了检察机关管辖规定的制度矛盾，也是造成刑事附带民事公益诉讼案件大量爆发的重要因素。

二、民事公益诉讼检察地域管辖

《最高人民法院、最高人民检察院关于检察公益诉讼案件适用法律若干问题的解释》第 5 条规定:"市(分、州)人民检察院提起的第一审民事公益诉讼案件,由侵权行为地或者被告住所地中级人民法院管辖。基层人民检察院提起的第一审行政公益诉讼案件,由被诉行政机关所在地基层人民法院管辖。"

(一)一般地域管辖

按照《人民检察院公益诉讼办案规则》第 14 条规定:"人民检察院办理民事公益诉讼案件,由违法行为发生地、损害结果地或者违法行为人住所地基层人民检察院立案管辖。刑事附带民事公益诉讼案件,由办理刑事案件的人民检察院立案管辖。"即一般由违法行为发生地、损害结果地或者违法行为人住所地基层人民检察院管辖,此为检察机关提起民事公益诉讼的一般地域管辖规定。

(二)跨区划地域管辖

与人民法院的跨区划管辖相对应,由于公益诉讼本身的广泛性特征,人民检察院在提起公益诉讼的实践过程中,也不断地探索建立跨行政区划公益诉讼的管辖制度。

《人民检察院公益诉讼办案规则》第 15 条与第 17 条分别规定了跨区划公益诉讼案件的管辖问题,其中第 15 条规定的是"公益损害范围涉及两个以上行政区划的",由其"共同的上一级人民检察院管辖"。第 17 条则直接规定了"跨区划协作工作机制"的具体方案:"最高人民检察院、省级人民检察院和设区的市级人民检察院可以根据跨区域协作工作机制规定,将案件指定或移送相关人民检察院跨行政区划管辖。基层人民检察院可以根据跨区域协作工作机制规定,将案件移送相关人民检察院跨行政区划管辖。"

三、民事公益诉讼检察管辖权转移

与人民法院的管辖相对应,检察机关的管辖并不是一成不变的,在必要的时候可以根据案件的具体情况在不同的人民检察院层级之间移动。检察机关提起民事公益诉讼的一审管辖应由基层人民检察院，是为原则；在案件确有必要时，上级人民检察院可以对下级以及本院所办理案件进行提级或者下放，是为例外。

按照《人民检察院公益诉讼办案规则》的规定，人民检察院立案管辖与人民法院诉讼管辖级别、地域不对应的，具有管辖权的人民检察院可以立案，需要提起诉讼的，应当将案件移送有管辖权人民法院对应的同级人民检察院。由于《最高人民法院关于适用〈中华人民共和国民事诉讼法〉的解释》中对民事公益诉讼案件的法院级别管辖的规定与《人民检察院公益诉讼办案规则》中检察机关级别管辖规定的不同，导致在具体诉讼时，检察机关的管辖权转移时常发生。

（一）管辖权上移

检察民事公益诉讼管辖权上移有两种情形：一是上级人民检察院直接提级，《人民检察院公益诉讼办案规则》第18条规定"上级人民检察院认为确有必要的，可以办理下级人民检察院管辖的案件"；二是下级人民检察院报请上级人民检察院办理，《人民检察院公益诉讼办案规则》第18条规定"下级人民检察院认为需要由上级人民检察院办理的，可以报请上级人民检察院决定"。

在司法实务中，个别案件对于法律的适用具有普遍的指导意义或者对将来可能发生的同类型案件有示范性作用的，对于这些特殊、疑难、影响范围广的案件，无论是实务中还是立法上都给予了一定程度的特殊对待。管辖权转移就是这类特殊措施中之一，主要针对在检察系统内部出现了以其原本的机制无法解决的案件。一般而言，级别较高的检察机关的工作人员在人员素质、专业水平、办案经验以及抗干扰能力上与较低级别的检察机关相比有其天然的优势，所作出的决断也更有说服力和公信力；同时也可以尽可能地避免地方保护主义以及"人情案""关系案"等一些不正之风的影响，在一定的情形下，管辖权上移是十分必要且有效的。

（二）管辖权下移

《人民检察院公益诉讼办案规则》规定"上级人民检察院认为确有必要的，也可以将本院管辖的案件交下级人民检察院办理"，该项规定说明，根据检察民事公益诉讼案件的具体情况，如果确有必要，上级人民检察院可以径行将由自己管辖的检察民事公益诉讼案件移交给下级人民检察院进行办理。

管辖权下移可以在一定程度上将检察民事公益诉讼案件进行合理分配，特别是在一些涉案人员广、利益指向广的案件上可以缓解部分上级人民检察院的办案压力。可以说，管辖权下移正是利弊权衡和价值判断之后的产物。与此同时，在检察民事公益诉讼制度建立之前，各地基层人民检察院都对检察民事公益诉讼开展了不同程度的实践，在实务中因地制宜地积累了许多业务经验，这也是部分市（州）级人民检察院所无法替代的，便于对案件事实进行调查取证，保证案件审判的实体公正。

四、民事公益诉讼检察管辖权协商

（一）内部协商

在人民检察院对管辖权发生争议时，应通过协商，最终确定管辖检察院，协商不成的，可以报请上级检察院指定。《人民检察院公益诉讼办案规则》第17条第3款规定："人民检察院对管辖权发生争议的，由争议双方协商解决。协商不成的，报共同的上级人民检察院指定管辖。"

（二）外部协商

检察民事公益诉讼并不仅仅是检察系统内部的责任，作为一种特殊的民事诉讼，追究被告的法律责任离不开检察系统和法院系统的相互配合，人民检察院要向相同层级对应的人民法院提起检察民公益诉讼。为避免只有检察院单方面地改变了某特定案件的检察管辖，但是相对应的法院却缺乏管辖权基础，导致案件无法正常继续诉讼流程的情况出现，人民检察院在基于法律或事实的原因不能行使检察民事公益诉讼案件管辖权，需要对案件的级别管辖或是地域管辖发生变动时，在提起检察民事诉讼前，需要与人民法院共同商讨相关事宜，一同指定相应的管辖检察院和管辖法院。《检察机关民事公益诉讼案件办案指南（试行）》即规定："管辖权协商，即上级人民检察院指定改变级别管辖或者地域管辖的，可以在提起民事公益诉讼前与同级人民法院协商管辖的相关事宜，共同指定。"

【案例拓展】

武汉市黄陂区人民检察院诉黄某环境侵权纠纷案

2015年6月至2017年3月，黄某未经行政机关审批，擅自聘请工人在武汉市黄陂区长轩岭狮子山村郑黄湾开挖林地，挖取片石，致使林地中林木、土壤遭受严重破坏。经武汉市森林鉴定委员会鉴定，黄某损毁林地为市级生态公益林，汉江中级人民法院经审查认为，被告黄某涉嫌非法占用农用地犯罪案依法应由武汉市黄陂区人民法院管辖，鉴于其损害公共利益的民事侵权行为发生地、危害结果发生地均在武汉市黄陂区，为方便诉讼，武汉市黄陂区人民检察院所提起民事公益诉讼，以武汉市黄陂区人民法院审理为宜。2017年10月27日，该院报请武汉市中级人民法院指定管辖。

本案系民事公益诉讼案件，被告黄某实施侵权行为地在武汉市黄陂区，由武汉市黄陂区人民法院在刑事案件审理程序中一并审理，有利于提高审判效率，有效保护公共利益。且根据案件的具体情况，如果在基层人民检察院办理更为有利的情况下，在经过省级人民检察院的批准后，案件可以交由基层人民检察院进行办理。

第三节 民事公益诉讼的审判管辖

一、民事公益诉讼审判管辖中的级别管辖

（一）一般情形

《最高人民法院关于适用〈中华人民共和国民事诉讼法〉的解释》第 24 条规定："侵权行为地包括侵权行为实施地和侵权结果发生地。"第 285 条规定："公益诉讼案件由侵权行为地或者被告住所地中级人民法院管辖，但法律、司法解释另有规定的除外。"《最高人民法院关于审理环境民事公益诉讼案件适用法律若干问题的解释》第 6 条第 1 款也同样规定："第一审环境民事公益诉讼案件由污染环境、破坏生态行为发生地、损害结果地或者被告住所地的中级以上人民法院管辖。"《最高人民法院关于审理消费民事公益诉讼案件适用法律若干问题的解释》第 3 条规定："消费民事公益诉讼案件管辖适用《最高人民法院关于适用〈中华人民共和国民事诉讼法〉的解释》第二百八十五条① 的有关规定。"

由此可知，我国民事公益诉讼的审判管辖一般应由侵权行为发生地、侵权结果发生地以及被告住所地中级以上人民法院管辖。其原因在于：第一，由侵权行为发生地或者损害地人民法院管辖有利于事实及其证据调查。而且，危害公共利益类的民事案件涉案地域和人员范围比较广，侵权行为发生地或者受害地比较容易确定，可避免管辖纷争。第二，中级以上人民法院在人力和财力配置上比较有利于处理诸如环境公益等纠纷，也符合我国《民事诉讼法》的相关规定。

---

① 2022 年 3 月 22 日《最高人民法院关于适用〈中华人民共和国民事诉讼法〉的解释》第二次修正后为第 283 条。

【案例拓展】

北京市人民检察院第三分院与赵某环境污染责任纠纷案

2016年2月底至2016年4月12日期间,赵某承租位于北京市通州区于家务回族乡前伏村捷顺永通养殖场内部分土地,在无任何污染防治设备的情况下擅自开设电镀厂进行除锈、电镀等生产作业,直接将未处理的工业废水通过塑料管道连接排水沟,最终排放至渗坑。2016年4月12日,北京市通州区环境保护局(以下简称通州环保局)对该电镀厂予以查封,并提取现场工业废水送检。经北京市通州区环境保护监测站检测,该电镀厂排放的工业废水含有铅、锌、镍等重金属物质。2016年4月,通州环保局委托轻工业环境保护研究所对该电镀厂污染土壤情况进行调查。2016年12月,该研究所经调查后认为,电镀过程中的跑冒漏滴、排水沟内废水的下渗以及渗坑内废水的迁移扩散和下渗是造成土壤中重金属污染的重要原因。公益诉讼人北京市人民检察院第三分院认为,赵某在未采取任何污染防治措施的情况下进行生产作业,直接通过渗坑排放含有重金属的废水,致使土壤受到污染。赵某应承担环境侵权责任,故诉至北京市第三中级人民法院。

《人民检察院提起公益诉讼试点工作实施办法》第2条①规定:"人民检察院提起民事公益诉讼的案件,一般由侵权行为地、损害结果地或者被告住所地的市(分、州)人民检察院管辖。"本案中,赵某承租位于北京市通州区于家务回族乡前伏村捷顺永通养殖场内部分土地开设的电镀厂属于北京市人民检察院第三分院的辖区,北京市人民检察院第三分院向北京市中级人民法院提起民事公益诉讼,在本院对案件受理情况进行公告后,没有符合法律规定的其他机关和社会组织申请参加本案诉

---

① 根据《最高人民检察院关于废止部分司法解释和司法解释性质文件的决定(2020)》废止,现行参见《人民检察院公益诉讼办案规则》第14条第1款规定。

讼，故北京市人民检察院第三分院作为公益诉讼人向北京市中级人民法院提起环境民事公益诉讼，符合上述规定。

（二）特殊情形

民事公益诉讼一般应由侵权行为发生地、损害结果发生地以及被告所在地中级以上人民法院管辖。但也存在特殊的级别管辖，主要有两类：

检察机关提起的互联网公益诉讼案件，由基层人民法院管辖。《最高人民法院关于互联网法院审理案件若干问题的规定》第2条明确了北京、广州、杭州三地"所在市的辖区内应当由基层人民法院受理的""检察机关提起的互联网公益诉讼"的一审案件，由该地互联网法院管辖。通过其第4条规定的当事人对北京互联网法院作出的判决、裁定提起上诉的案件，由当地中级人民法院进行二审，可知此三地互联网法院级别应属基层人民法院。

刑事附带民事公益诉讼案件，由审理刑事案件的同一审判组织审理，这就意味着刑事附带民事公益诉讼案件，可能由基层人民法院管辖，也可能由中级人民法院管辖。《刑事诉讼法》第20条规定，由基层人民法院管辖第一审普通刑事案件；《刑事诉讼法》第21条相关规定，对"可能判处无期徒刑、死刑的案件"，应由中级人民法院管辖，而刑事附带民事公益诉讼的案件范围中，"食品药品安全领域侵害众多消费者合法权益"类中，亦存在判处无期徒刑或者死刑的可能性。因此，刑事附带民事公益诉讼案件，既可能由基层人民法院管辖，也可能由中级人民法院管辖。

【案例拓展】

淮北市人民检察院诉王某某等生产销售不符合安全标准食品案

2019年8月13日，被告人李某一明知被告人王某销售的猪蹄没有检验检疫手续，仍从被告人王某处购买30箱无中文标识的猪蹄，货款11850元。2019年8月31日，被告人李某二从被告人李某一处购进10箱无中文标识的猪蹄，货款4400元，该猪蹄尚未加工销售即被濉溪县市场监督管理局查封。经过南京弘腾翻译有限公司翻译猪蹄来自美国斯威夫特公司，同时经安徽华测检测技术有限公司检测结果不合格，不合格项目含有莱克多巴胺，李某二对检验结果没有提出异议。被告人王某于2020年7月15日到濉溪县公安局投案；被告人李某二于2020年1月8日到濉溪县公安局投案。被告人李某一于2020年1月13日被公安民警现场传唤到案。

检察机关认为，被告人王某、李某一、李某二销售经检验检疫不合格的食品，被告人王某销售国家为防控疾病等特殊需要明令禁止的食品，均足以造成严重食物中毒事故或者其他严重食源性疾病，其行为应当以销售不符合安全标准的食品罪追究其刑事责任。同时，淮北市人民检察院认为其行为损害社会公共利益，于2020年10月26日依法进行公告，公告期内未有法律规定的机关和有关组织提起民事公益诉讼。遂于2020年11月20日向安徽省淮北市中级人民法院提起刑事公诉，同时提起附带民事公益诉讼。

根据《刑法》第143条规定，生产、销售不符合食品安全标准的食品，足以造成严重食物中毒事故或者其他严重食源性疾病的，处三年以下有期徒刑或者拘役，并处罚金；对人体健康造成严重危害或者有其他严重情节的，处三年以上七年以下有期徒刑，并处罚金；后果特别严重的，处七年以上有期徒刑或者无期徒刑，并处罚金或者没收财产。本案即因该罪存在"可能被判处无期徒刑"而诉至中级人民法院，相关民事案件亦由同一组织进行了审理。

二、民事公益诉讼审判管辖中的地域管辖

地域管辖主要是为了解决同级人民法院之间受理第一审民事公益诉

讼案件的权限与分工。根据《最高人民法院关于适用〈中华人民共和国民事诉讼法〉的解释》规定，公益诉讼案件由侵权行为地或者被告住所地中级人民法院管辖，但法律、司法解释另有规定的除外，即民事公益诉讼地域管辖主要根据侵权行为地、被告住所地来确定。

根据《民事诉讼法》的规定，地域管辖分为一般地域管辖、特殊地域管辖和专属管辖。一般地域管辖即普通管辖，指以当事人住所地来确定管辖法院，一般遵循"原告就被告"的原则；特殊地域管辖，指以诉讼标的所在地或者引起民事法律关系发生、变更、消灭的法律事实所在地为标准确定的管辖；专属管辖，指法律针对特定类型案件排他性的规定由特定法院管辖。民事公益诉讼作为民事诉讼程序的特殊形态，亦应遵循《民事诉讼法》中管辖制度的要求。

（一）一般地域管辖

由被告住所地法院进行案件管辖，又称为"原告就被告"原则，是民事案件确定地域管辖的基本原则，在民事公益诉讼领域亦然。除相关法律规定实行专属管辖的民事公益诉讼案件，绝大多数都可以由被告住所地的中级人民法院管辖。

具体而言，被告人主要有两类：公民、法人或者其他组织。按照《最高人民法院关于适用〈中华人民共和国民事诉讼法〉的解释》相关规定，公民的住所地是指公民的户籍所在地，公民住所地与经常居住地不一致的，由经常居住地（公民离开住所地至起诉时已连续居住一年以上的地方）人民法院管辖。法人或者其他组织的住所地是指法人或者其他组织的主要办事机构所在地。法人或者其他组织的主要办事机构所在地不能确定的，法人或者其他组织的注册地或者登记地为住所地。

（二）特殊地域管辖

在民事公益诉讼领域，特殊地域管辖的主要情形即以侵权行为地为标准所确定的法院管辖，具体而言，是指构成侵权行为的法律事实所在地。对如何确定侵权行为地，有着不同的解释：（1）行为地说，即以侵权行为人实施侵权行为的场所为侵权行为地。如《奥地利国际私法法规（1978年）》第48条第1款规定："非契约的损害求偿权，依造成此种损害的行为发生地国家的法律。"（2）结果地说，即以因侵权行为发生损害的场所为侵权行为地。由比尔1934年主编的《冲突法重述（第一次）》称："侵权行为地是必须使行为人承担责任的损害发生地，或最后事件地。"我国兼采了以上两种解释，根据《最高人民法院关于适用〈中华人民共和国民事诉讼法〉的解释》第24条规定，侵权行为地包括侵权行为实施地、侵权结果发生地。

（三）民事公益诉讼中的专属管辖

民事公益诉讼中的专属管辖仅有一类，即海事案件的专属管辖。根据《最高人民法院关于适用〈中华人民共和国民事诉讼法〉的解释》规定，在民事公益诉讼中，因污染海洋环境而提起的公益诉讼，由污染发生地、损害结果地或者采取预防污染措施地海事法院管辖。

【案例拓展】

海南省海口市人民检察院诉海南A公司等三被告非法向海洋倾倒建筑垃圾民事公益诉讼案

2018年，海口B公司中标美丽沙项目两地块土石方施工工程后，将土石方外运工程分包给海南A公司。陈某（A公司实际控制人）以A公司的名义申请临时码头，虚假承诺将开挖的土石方用船运到湛江市某荒地进行处置，实际上却组织人员将工程固废倾倒于海口市美丽沙海域。

海口市秀英区人民检察院在"12345"平台发现，群众多次举报有运泥船在美丽沙海域附近倾倒废物，随后通过多次蹲点和无人机巡查，拍摄到船舶向海洋倾倒建筑垃圾的行为。随后海口市人民检察院检察官在前期工作基础上，开展系列调查活动，书面建议海口市自然资源和规划局（承接原海洋与渔业局相关职能）依法启动海洋生态环境损害赔偿程序，该局于2019年8月11日回函称，因正处于机构改革中，缺乏法律专业人才和诉讼经验，请求检察机关提起民事公益诉讼。2019年8月23日，海口市人民检察院发布诉前公告，公告期满，没有其他适格主体提起民事公益诉讼。2019年11月，海口市人民检察院以A公司、陈某、B公司为共同被告向海口海事法院提起民事公益诉讼，请求判令：（1）被告A公司赔偿生态环境损害费860.064万元，被告陈某和B公司承担连带赔偿责任。（2）三被告在全国发行的媒体上公开赔礼道歉。（3）三被告承担本案鉴定费47.5万元及公告费。检察机关申请了财产保全，法院查封了陈某名下的房产、船舶，冻结了陈某、B公司的银行账户。

本案即系污染海洋环境而提起的公益诉讼，最终诉至海口市海事法院专属管辖。

（四）民事公益诉讼中的跨行政区划管辖

在我国，绝大多数法院设置与行政区划相对应，行政区域与司法管辖区高度重合，法院人财物受制于地方，导致司法权的中央事权属性与管理保障上的地方性产生冲突，司法权的运行易受地方因素影响和干预。为提升司法公信力，破解地方保护、行政干预造成的诉讼"主客场"问题，中央把探索设立跨行政区划人民法院、审理跨地区案件作为司法改革的重点内容。习近平总书记曾指出，探索设立跨行政区划的人民法院，有利于排除对审判工作的干扰，保障法院依法独立公正行使审判权，有利于构建普通案件在行政区划法院审理、特殊案件在跨行政区划法院审理的诉讼格局。

按照党的十八届四中全会关于"探索设立跨行政区划的人民法院"，全面推进依法治国的重要部署，早在2014年年底，跨行政区划集中管辖的制度探索就已经开始。2014年12月28日，我国首家跨行政区划法院——上海市第三中级人民法院成立；12月30日，第二家跨行政区划法院——北京市第四中级人民法院成立,由此揭开了我国跨行政区划法院改革的新篇章。

在环境公益诉讼与消费民事公益诉讼案件领域,由于公益诉讼的特殊性,更是需要大量运用跨行政区划集中管辖制度:早在2015年年初,《最高人民法院关于审理环境民事公益诉讼案件适用法律若干问题的解释》第7条即规定:"经最高人民法院批准,高级人民法院可以根据本辖区环境和生态保护的实际情况,在辖区内确定部分中级人民法院受理第一审环境民事公益诉讼案件。中级人民法院管辖环境民事公益诉讼案件的区域由高级人民法院确定。"在消费民事公益诉讼领域,《最高人民法院关于审理消费民事公益诉讼案件适用法律若干问题的解释》也同样作出了与环境民事公益诉讼案件中跨行政区划管辖类似的规定,其中第3条第2款规定:"经最高人民法院批准,高级人民法院可以根据本辖区实际情况,在辖区内确定部分中级人民法院受理第一审消费民事公益诉讼案件。"

民事公益诉讼跨行政区划管辖需要注意以下几点:

一是高级人民法院未确定辖区内的中级人民法院审理民事公益诉讼时,其辖区内所有中级人民法院均有权受理民事公益诉讼案件。是否在辖区内设立集中管辖的中级人民法院,由各高级人民法院自行确定。

二是高级人民法院确定受理一审民事公益诉讼的集中管辖法院,需要报经最高人民法院批准。这一规定是按照《民事诉讼法》第19条第3项"最高人民法院确定由中级人民法院管辖的案件"之规定的延伸。由于中级人民法院众多,各高级人民法院辖区内具体情况各异,因此,在民事公益诉讼中,可以由各高级人民法院根据辖区实际情况,初步筛选确定具体管辖民事公益诉讼的一审法院,再由最高人民法院批准。

与上述民事公益诉讼跨行政区划集中管辖的制度要求不同,涉互联网领域的公益诉讼案件具有一定的特殊性:一是这一领域的集中管辖法院,是由最高人民检察院直接确定的。二是其所管辖的案件范围限于其所在市的辖区之内。三是确定的集中管辖法院层级属于基层人民法院。按照《最高人民法院关于互联网法院审理案件若干问题的规定》第2条规定,"检察机关提起的互联网公益诉讼"一审案件,也应由"北京、广州、杭州互联网法院集中管辖所在市的辖区内应当由基层人民法院受理"。这一规定可视为民事公益诉讼跨行政区划集中管辖的特殊情形。

【案例拓展】

广东省佛山市人民检察院诉刘某侵权责任纠纷案

刘某长期从事穿山甲、大壁虎等野生动物买卖活动。曾于2018年、2019年非法买卖过8只穿山甲,整体价值为人民币32万元。2019年3月24日,民警在佛山市南海区抓获刘某,对其住处搜查时,民警搜出并扣押刘某待出售疑似穿山甲冰冻死体、疑似蜥蜴类动物冰冻死体一批,分别为马来穿山甲死体3只,孟加拉巨蜥死体2只,圆鼻巨蜥死体1只,平胸龟死体5只,大壁虎死体674条。上述动物的整体价值为人民币350.35万元。2020年7月14日,佛山市南海区人民法院作出(2019)粤0605刑初2963号刑事判决书,认为:刘某非法收购、出售国家重点保护的珍贵、濒危野生动物,情节特别严重,已构成非法收购、出售珍贵、濒危野生动物罪,判处刘某有期徒刑11年,并处罚金1万元。刘某不服一审判决,提出上诉。佛山市中级人民法院于2020年9月2日作出(2020)粤06刑终828号刑事裁定书,维持原判。广东省佛山市人民检察院发现刘某非法收购、出售穿山甲、大壁虎等野生动物的行为后,于2020年4月8日在正义网上发布本案诉前公告,公告期满,法律规定的机关和有关组织不提起诉讼后,依法向广东省广州市中级人民法院提起环境保护民事公益诉讼。

本案起诉主体为广东省佛山市人民检察院,被告人住所地以及侵权行为地皆在广东省佛山市。按照一般管辖规定，本案当由广东省佛山市中级人民法院管辖。但在 2020 年 1 月 12 日，经最高人民法院批复同意，广东省高级人民法院对环境民事公益诉讼一审案件集中管辖法院和管辖区域进行调整，广州、深圳、珠海、汕头、湛江、清远六市中级人民法院和广州海事法院集中管辖相关案件。其中，广州市中级人民法院主要管辖西江中上游流域地市，包括广州、佛山、江门、肇庆、云浮五市。由此，本案依照跨行政区划集中管辖的相关规定，由广州市中级人民法院管辖。

三、民事公益诉讼审判管辖中的裁定管辖

（一）移送管辖

移送管辖是对法院对管辖错误的纠正措施，指人民法院在受理民事公益诉讼案件后，发现自己对案件无管辖权，依法将案件移送给有管辖权的法院审理的制度。《民事诉讼法》第 37 条规定："人民法院发现受理的案件不属于本院管辖的，应当移送有管辖权的人民法院，受移送的人民法院认为受移送的案件依照规定不属于本院管辖的，应当报请上级人民法院指定管辖，不得再自行移送。"

移送管辖需要符合以下条件：

1. 法院已经受理案件

法院受理案件之后，发现管辖错误的，才适用移送管辖制度。如果是在受理案件之前发现的，应当告知起诉人向有管辖权的法院起诉；如果起诉人坚持向无管辖权法院起诉的，应当裁定不予受理。

2. 移送的法院对案件无管辖权

如果有管辖权，不得向其他法院移送。除非是在法院受理案件之后，发现其他有管辖权的法院已先立案，则应当将案件移送至先立案的法院。

3. 只能向有管辖权的法院移送

受理案件的法院只能向有管辖权的法院移送，对于受移送法院的管

辖权问题，由移送法院作出移送裁定时判断，因此，这一移送决定并不必然代表受移送法院就有管辖权。

4. 移送只能进行一次

移送法院的移送管辖裁定对受移送法院有约束力，受移送法院应当受理。但受移送法院认为案件不应属于自己管辖的，也不得将案件退回原法院，更不能自行移送其他法院，而应当报请上级人民法院指定管辖。

（二）指定管辖

指定管辖是人民法院裁定管辖的一种。《民事诉讼法》第38条规定："有管辖权的人民法院由于特殊原因，不能行使管辖权的，由上级人民法院指定管辖。人民法院之间因管辖权发生争议，由争议双方协商解决；协商解决不了的，报请它们的共同上级人民法院指定管辖。"有管辖权的人民法院由于特殊原因不能行使管辖权的，由上级人民法院指定管辖。

1. 指定管辖的特点

（1）指定的对象须是特定的，即具体、明确地指定。该民事公益诉讼案件应由哪一个人民法院管辖，不可以含混不清，或进行类别指定。涉及人民检察院的，需要在与人民检察院沟通协商后，同时将民事公益诉讼案件指定辖区内其他人民检察院或者跨行政区划人民检察院管辖。

（2）指定行为在法律上有确定转移的效力。一经指定，管辖的人民法院即被确定，而被指定法院无权另行指定，或转移案件。被指定的法院既可能是原本有管辖权的，也可能是原本无管辖权的，无论属于何种情况，一经被指定，都应当无条件服从，被指定的法院基于该行为对该案件具备管辖权。

2. 指定管辖的情形

（1）有管辖权的人民法院由于特殊原因，不能行使管辖权。所谓特殊原因，包括事实上和法律上的原因。事实上的原因，如有管辖权的人民法院遇到了不可抗力的事由，如地震、水灾等无法行使管辖权；法律上的原因，如相关法院存在其他不宜管辖的情形。出现上述情况之一的，应由上级人民法院在指定辖区内其他人民法院或者跨行政区划人民法院管辖。

（2）因管辖权发生争议，经双方协商未能解决争议。所谓争议，包括相互推诿或者相互争夺，也有因地方保护主义为其局部经济利益争先立案。无论属于哪种原因引起的争议，协商不成时应报请它们的共同上级人民法院指定管辖。如双方为同属一个省、自治区、直辖市的两个人民法院，由该省、自治区、直辖市的高级人民法院及时指定管辖；如双方为跨省、自治区、直辖市的人民法院协商不成的，由最高人民法院及时指定管辖。

（3）基于查清事实、便利诉讼角度考量而采取的跨区域并案管辖。比较典型的是针对环境民事公益诉讼，由于违法行为涉及的地区众多，跨多个区域，通过指定管辖方式并案管辖，有利于查明事实，提高诉讼效率。

（三）民事公益诉讼的管辖权转移

民事公益诉讼管辖权转移，是指经上级人民法院决定或者同意，将某个民事公益诉讼案件的管辖权由上级人民法院转交给下级人民法院，或者由下级人民法院转交给上级人民法院。就其实质而言，这是对级别管辖的一种变通和补充。《民事诉讼法》第39条规定："上级人民法院有权审理下级人民法院管辖的第一审民事案件；确有必要将本院管辖的第一审民事案件交下级人民法院审理的，应当报请其上级人民法院批准。下级人民法院对它所管辖的第一审民事案件，认为需要由上级人民法院审理的，可以报请上级人民法院审理。"据此，民事公益诉讼审判管辖的管辖权转移有两种情况：

1. 提审和报请

所谓提审，是指上级人民法院对下级人民法院管辖的第一审民事案件有权决定由本院审理。所谓报请，是指下级人民法院管辖的第一审民事案件，因特殊原因需要由上级人民法院审理。所谓特殊原因，主要包括：不便于本院审理，如一方当事人是受诉人民法院或者其工作人员；案情复杂，涉及面广，受诉人民法院审理有困难的案件。为了保证案件的公正性、高效率和审判质量，法律赋予上级人民法院有提审权。凡是上级人民法院决定提审的案件，下级人民法院不得拒绝，而下级人民法院报请上级人民法院审理的案件，必须征得上级人民法院的同意，否则，不得转移该案件的管辖权。

2. 交由下级人民法院审理

所谓交下级人民法院审理，是指上级人民法院将依法由自己管辖的第一审民事案件，转交给下级人民法院审理。上级人民法院将案件交下级人民法院审理，下级人民法院不得推托，必须审理。但由于这种做法实质上降低了审级，有违司法公正的要求，所以只能作为例外，用于特殊情形，《民事诉讼法》对此作了严格限定，受理案件的法院将自己的案件交由下级法院的，首先要得到受案法院的上级法院的批准。

【思考题】

1. 简述民事公益诉讼检察级别管辖。
2. 简述民事公益诉讼检察管辖权协商。
3. 简述民事公益诉讼审判地域管辖。
4. 简述民事公益诉讼中的跨行政区划管辖。

第四章 民事公益诉讼证据与证明

第一节 民事公益诉讼证据概述

一、民事公益诉讼证据的概念

民事公益诉讼证据是指法定主体依照合法程序收集的，在民事公益诉讼中作为认定案件事实的根据。民事公益诉讼为民事诉讼体系下的一种特殊诉讼形式，在实体和程序方面均有一定的特殊性，民事公益诉讼中证据的运用更是与一般民事私益诉讼不同。民事公益诉讼证据具有隐蔽性强、专业性强、科学技术性强等特征，民事公益诉讼中侵害公益事实的查明、因果关系的证明、侵害后果的鉴定均需要专业技术性知识。在民事公益诉讼中，证据规则的适用如证据收集、举证责任的分配、证明标准的确定等与民事私益诉讼的证据规则均存在不同之处。

二、民事公益诉讼起诉条件中的"有初步证据"

在诉讼程序阶段，民事公益诉讼与一般民事诉讼的证据获得途径并无实质性差别，但民事公益诉讼提起主体在提起民事公益诉讼时，不仅要有具体的诉讼请求和事实、理由，同时还要向法院提供公共利益受到损害的初步证据。民事公益诉讼中的"有初步证据"并非证明公共利益受损的充分证据，只是在民事公益诉讼案件立案时应当具备的基本证据，民事公益诉讼的起诉主体只需要初步证明公共利益受损或存在公共利益受损的巨大风险即可。在民事公益诉讼中，此时的起诉标准应当低于民事公益诉讼案件实体审查时的"高度盖然性标准"。

根据《最高人民法院关于审理消费民事公益诉讼案件适用法律若干问题的解释》第4条规定，提起消费民事公益诉讼应当提交下列材料：（1）符合《民事诉讼法》第124条规定的起诉状，并按照被告人数提交副本；（2）被告的行为侵害众多不特定消费者合法权益或者具有危及消费者人身、财产安全危险等损害社会公共利益的初步证据；（3）消费者组织就涉诉事项已按照《消费者权益保护法》第37条第4项或者第5项的规定履行公益性职责的证明材料。

根据《最高人民法院关于审理环境民事公益诉讼案件适用法律若干问题的解释》第8条规定，提起环境民事公益诉讼应当提交下列材料：（1）符合《民事诉讼法》第124条规定的起诉状，并按照被告人数提出副本；（2）被告的行为已经损害社会公共利益或者具有损害社会公共利益重大风险的初步证明材料；（3）社会组织提起诉讼的，应当提交社会组织登记证书、章程、起诉前连续五年的年度工作报告书或者年检报告书，以及由其法定代表人或者负责人签字并加盖公章的无违法记录的声明。

根据《最高人民法院、最高人民检察院关于检察公益诉讼案件适用法律若干问题的解释》第14条规定，人民检察院提起民事公益诉讼应当提交下列材料：（1）民事公益诉讼起诉书，并按照被告人数提出副本；（2）被告的行为已经损害社会公共利益的初步证明材料；（3）已经履行公告程序、征询英雄烈士等的近亲属意见的证明材料。

将起诉的条件设定为"有初步证据"，一方面是为了防止滥诉；另一方面则是为了防止设定条件过高阻碍公益诉讼的提起。在公益诉讼中，原告要证明公共利益遭受或可能遭受侵害的事实，以及侵害行为与结果的因果关系，但由于证据的技术性、专业性强，而且一般为被告所掌握，原告举证比较困难。为了保障公益诉讼案件得到公平、公正的审理,举证责任应分具体情况合理分担。① 民事公益诉讼起诉主体如果提供了被告已经实施污染行为,对环境造成了损害的证据,或者提供了被告将要实施污染行为,从而使环境面临巨大风险的证据,都应当认定为满足了"有初步证据"的条件。在消费公益诉讼中,民事公益诉讼起诉主体起诉时须提供被告的行为侵害了众多不特定消费者合法权益或者具有危及消费者人身、财产安全危险等损害社会公共利益的初步证据。如果是检察机关提起公益诉讼,还需要满足"法律未规定有关机关或者组织可以提起公益诉讼,或者虽然已作出规定,但规定的机关或组织不提起公益诉讼"这一条件。检察机关在提起公益诉讼时须向法院提交已履行公告程序、征询英雄烈士等的近亲属意见的证明材料,以表明经公告后,仍无有关机关或组织提起诉讼。

三、民事公益诉讼特别证据规则适用问题

依据《民事诉讼法》第 67 条规定,当事人对自己提出的主张,有责任提供证据。当事人及其诉讼代理人因客观原因不能自行收集的证据,或者人民法院认为审理案件需要的证据,人民法院应当调查收集。人民法院应当按照法定程序,全面地、客观地审查核实证据。在一般民事诉讼程序中,证据收集和获得途径有两种:(1)当事人针对自己的主张提交的证据;(2)人民法院依职权调查的证据。相较于一般的民事诉讼证据规则,民事公益诉讼的证据规则具有特殊性,具体表现在:

(一)民事公益诉讼中的协助调查取证

根据《最高人民法院关于审理环境民事公益诉讼案件适用法律若干问题的解释》第 11 条规定,检察机关、负有环境资源保护监督管理职责的部门及其他机关、社会组织、企业事业单位依据《民事诉讼法》第

---

① 孙佑海:《对修改后的〈民事诉讼法〉中公益诉讼制度的理解》,载《法学杂志》2012 年第 12 期。

15条的规定，可以通过提供法律咨询、提交书面意见、协助调查取证等方式支持社会组织依法提起环境民事公益诉讼。

（二）专家意见可以作为定案依据

依据《最高人民法院关于审理环境民事公益诉讼案件适用法律若干问题的解释》第15条第2款规定，专家辅助人的意见经质证可以作为认定案件依据。相较于普通民事诉讼，专家辅助人的意见并不能够作为定案的依据。依据《人民检察院公益诉讼办案规则》第34条规定，人民检察院办理公益诉讼案件的证据包括书证、物证、视听资料、电子数据、证人证言、当事人陈述、鉴定意见、专家意见、勘验笔录等。

（三）民事公益诉讼与私益诉讼的证据衔接

依据《最高人民法院关于审理环境民事公益诉讼案件适用法律若干问题的解释》第30条规定，已为环境民事公益诉讼生效裁判认定的事实，因同一污染环境、破坏生态行为依据《民事诉讼法》第122条规定提起诉讼的原告、被告均无须举证证明，但原告对该事实有异议并有相反证据足以推翻的除外。对于环境民事公益诉讼生效裁判就被告是否存在法律规定的不承担责任或者减轻责任的情形、行为与损害之间是否存在因果关系、被告承担责任的大小等所作的认定，因同一污染环境、破坏生态行为依据《民事诉讼法》第122条规定提起诉讼的原告主张适用的，人民法院应予支持，但被告有相反证据足以推翻的除外。被告主张直接适用对其有利的认定的，人民法院不予支持，被告仍应举证证明。

依据《最高人民法院关于审理消费民事公益诉讼案件适用法律若干问题的解释》规定，已被消费民事公益诉讼生效裁判认定的事实，因同一侵权行为受到损害的消费者根据《民事诉讼法》第122条规定提起的诉讼，原告、被告均无须举证证明，但当事人对该事实有异议并有相反证据足以推翻的除外。消费民事公益诉讼生效裁判认定经营者存在不法行为，因同一侵权行为受到损害的消费者根据《民事诉讼法》第122条规定提起的诉讼，原告主张适用的，人民法院可予支持，但被告有相反证据足以推翻的除外。被告主张直接适用对其有利认定的，人民法院不予支持，被告仍应承担相应举证证明责任。

（四）检察机关在证据收集途径上的特殊性

在民事公益诉讼程序中，作为公益诉讼起诉人的检察机关针对自己的主张提交证据时，在证据收集途径上具有特殊性。

《最高人民法院、最高人民检察院关于检察公益诉讼案件适用法律若干问题的解释》第6条规定："人民检察院办理公益诉讼案件，可以向有关行政机关以及其他组织、公民调查收集证据材料；有关行政机关以及其他组织、公民应当配合；需要采取证据保全措施的，依照民事诉讼法、行政诉讼法相关规定办理。"《人民检察院检察建议工作规定》第14条规定："检察官可以采取以下措施进行调查核实：（一）查询、调取、复制相关证据材料；（二）向当事人、有关知情人员或者其他相关人员了解情况；（三）听取被建议单位意见；（四）咨询专业人员、相关部门或者行业协会等对专门问题的意见；（五）委托鉴定、评估、审计；（六）现场走访、查验；（七）查明事实所需要采取的其他措施。进行调查核实，不得采取限制人身自由和查封、扣押、冻结财产等强制性措施。"《人民检察院公益诉讼办案规则》第35条第1款规定："人民检察院办理公益诉讼案件，可以采取以下方式开展调查和收集证据：（一）查阅、调取、复制有关执法、诉讼卷宗材料等；（二）询问行政机关工作人员、违法行为人以及行政相对人、利害关系人、证人等；（三）向有关单位和个人收集书证、物证、视听资料、电子数据等证据；（四）咨询专业人员、相关部门或者行业协会等对专门问题的意见；（五）委托鉴定、评估、审计、检验、检测、翻译；（六）勘验物证、现场；（七）其他必要的调查方式。"

第二节　民事公益诉讼中的举证责任

在宪法和法律层面，公益诉讼意在实现司法的平等保护为既定目标。在强调诉讼平等对抗的英美法系看来，根据普通法的证据规则，双方证明责任应当是平等的。但审理公益诉讼案件的法官则认为，公益诉讼涉及的是两个完全不对等的群体，不能一概而论。只要控告方能够提供相关证据证明其受到了侵害，对方就应当证明没有侵害事实的发生或者侵害的事实不能成立。在双方不存在平等对抗格局条件下，被控方应当承担主要的证明责任。[①]

在民事公益诉讼中，这种诉讼的性质和特点决定了一个带有规律性的事实是，受害人往往是在健康或财产受到损害的公民个体或者在特定情形下的一些企业、社会组织，而作为公益诉讼被告方的往往是在社会上占有充分财富资源、信息资源、人力资源的企业、社会集团。在这种社会利益冲突过程中所出现的损害主体与受害主体之间对抗能力严重失衡的格局造成了二者之间在承担证明责任能力上的巨大差距，受害主体往往难以证明损害主体行为的违法性以及这种行为与损害结果之间所存在的因果关系、是否存在主观过错及程度如何、是否存在免责事由等情形。因此，为了改变这种不平衡状态，强化原告方在民事公益诉讼中承担证明责任的能力，无论是从宏观层面对传统意义上的当事人适格性原理进行改良而使得与社会公共利益负有担当责任的政府机关、检察机关、功能性社会组织以原告身份提起民事诉讼，抑或从技术层面对传统意义上"谁主张，谁举证"的证明责任法则加以调整，而使民事公益诉讼中的被告就其违法行为的不存在以及其所实施的行为与损害结果之间

[①] 参见林莉红主编：《亚洲六国公益诉讼考察报告》，中国社会科学出版社2010年版，第236—237页。

不存在因果关系应积极主动地承担证明责任。这种改良与修正既有利于修补这种诉讼在程序对抗上的不平衡状态,又有利于降低查清案件事实所需要的社会成本,还有利于促进这种诉讼的合目的性。①

依据《民事诉讼法》第 67 条第 1 款的规定,当事人对自己提出的主张,有责任提供证据。民事公益诉讼中仍适用这一举证责任分配规则,但值得注意的是,民事公益诉讼中仍存在一些例外情形。《民事诉讼法》与《最高人民法院关于审理环境民事公益诉讼案件适用法律若干问题的解释》未对环境公益诉讼案件中的举证责任分配问题作出特殊性规定,但《民法典》第 1230 条规定,因污染环境、破坏生态发生纠纷,行为人应当就法律规定的不承担责任或者减轻责任的情形及其行为与损害之间不存在因果关系承担举证责任,类似的举证责任分配规则还可见于《固体废物污染环境防治法》第 86 条和《水污染防治法》第 87 条。在消费公益诉讼中,针对一些消费领域的突出问题,像商品、服务质量问题,食品、药品侵权行为,或经营者利用优势地位制定不公平、不合理的条款时,应利用公益诉讼制度优势来对上述问题予以规制,原则上要求消费民事公益诉讼原告在起诉时提交初步证明材料,以证明其诉讼请求具有一定的事实依据。但如果是因为产品存在缺陷造成人身、缺陷产品以外的其他财产损害而引发消费公益诉讼的,依据《产品质量法》第 41 条第 2 款的规定,生产者能够证明有下列情形之一的,不承担赔偿责任:(1)未将产品投入流通的;(2)产品投入流通时,引起损害的缺陷尚不存在的;(3)将产品投入流通时的科学技术水平尚不能发现缺陷的存在的,按照此规定生产者应当就自己提出的免责事由承担举证责任。

---

① 参见毕玉谦:《民事公益诉讼中的证明责任问题》,载《法律适用》2013 年第 10 期。

一、提起生态环境损害赔偿诉讼当事人的举证责任

依据《最高人民法院关于审理生态环境损害赔偿案件的若干规定（试行）》第1条，省级、市地级人民政府及其指定的相关部门、机构，或者受国务院委托行使全民所有自然资源资产所有权的部门，因与造成生态环境损害的自然人、法人或者其他组织经磋商未达成一致或者无法进行磋商的，可以作为原告提起生态环境损害赔偿诉讼。依据该规定第6条，原告主张被告承担生态环境损害赔偿责任的，应当就以下事实承担举证责任：（1）被告实施了污染环境、破坏生态的行为或者具有其他应当依法承担责任的情形；（2）生态环境受到损害，以及所需修复费用、损害赔偿等具体数额；（3）被告污染环境、破坏生态的行为与生态环境损害之间具有关联性。依据该规定第7条，被告反驳原告主张的，应当提供证据加以证明。被告主张具有法律规定的不承担责任或者减轻责任情形的，应当承担举证责任。

二、民事公益诉讼中公益诉讼起诉人的举证责任

依据《人民检察院公益诉讼办案规则》第86条，人民检察院立案后，应当调查以下事项：（1）违法行为人的基本情况；（2）违法行为人实施的损害社会公共利益的行为；（3）社会公共利益受到损害的类型、具体数额或者修复费用等；（4）违法行为与损害后果之间的因果关系；（5）违法行为人的主观过错情况；（6）违法行为人是否存在免除或者减轻责任的相关事实；（7）其他需要查明的事项。对于污染环境、破坏生态等应当由违法行为人依法就其不承担责任或者减轻责任，及其行为与损害后果之间不存在因果关系承担举证责任的案件，可以重点调查（1）（2）（3）项以及违法行为与损害后果之间的关联性。

在检察机关提起的民事公益诉讼上，为了实现真正对等意义上的平等对抗，在证明责任分配问题上，除了实行"谁主张，谁举证"的证明

责任一般性法则以外，还可根据"危险领域说"将客观上处于被告一方实际支配或控制范围内所涉及的要件事实，分配给被告，由其负担相应的证明责任。①《人民检察院公益诉讼办案规则》第38条第1款就规定了人民检察院需要向有关单位或者个人调取物证、书证的，应当制作《调取证据通知书》和《调取证据清单》，持上述文书调取有关证据材料；第45条规定了如果行政机关及其工作人员拒绝或者妨碍人民检察院调查收集证据的，人民检察院可以向同级人大常委会报告，向同级纪检监察机关通报，或者通过上级人民检察院向其上级主管机关通报。

三、民事公益诉讼中社会组织为原告时的举证责任

与行政机关、检察机关相比较，社会组织并非公共权力机构，不能自动享有为履行其公共职能所必需的一些强制性的证据收集、事实调查的权力和手段。并且就个案而言，在涉及有关信息资料、证据资料、专业知识、情报资源、财力支持等方面，社会组织通常处于较弱势地位，无法与被告形成平等对抗的格局。在通常情况下，由原告方对被告的确定性、被告从事了损害社会公共利益的行为、损害事实的发生这些要件事实负担证明责任，被告方对损害事实的发生与被告人的违法行为之间不具有因果关系、被告人不存在主观过错等要件事实负担证明责任。②依据《最高人民法院关于审理消费民事公益诉讼案件适用法律若干问题的解释》第16条第2款的规定，消费民事公益诉讼生效裁判认定经营者存在不法行为，因同一侵权行为受到损害的消费者根据《民事诉讼法》第122条规定提起的诉讼，原告主张适用的，人民法院可予支持，但被告有相反证据足以推翻的除外。被告主张直接适用对其有利认定的，人民法院不予支持，被告仍应承担相应举证证明责任。依据《最

---

① 毕玉谦：《民事公益诉讼中的证明责任问题》，载《法律适用》2013年第10期。
② 毕玉谦：《民事公益诉讼中的证明责任问题》，载《法律适用》2013年第10期。

高人民法院关于审理环境民事公益诉讼案件适用法律若干问题的解释》第30条第2款的规定,对于环境民事公益诉讼生效裁判就被告是否存在法律规定的不承担责任或者减轻责任的情形、行为与损害之间是否存在因果关系、被告承担责任的大小等所作的认定,因同一污染环境、破坏生态行为依据《民事诉讼法》第122条规定提起诉讼的原告主张适用的,人民法院应予支持,但被告有相反证据足以推翻的除外。被告主张直接适用对其有利的认定的,人民法院不予支持,被告仍应举证证明。这在一定程度上降低了民事公益诉讼中社会组织的举证难度。

【案例拓展】

安徽省旌德县人民检察院诉绩溪县板桥水力发电总站水污染责任纠纷案

2016年12月上旬,板桥水电站经绩溪县公安局许可,对隐塘水库排洪口实施爆破疏通,底涵外的连接管道及闸阀因冲击力被冲毁,导致淤泥等污染物冲至下游白沙水库,后板桥水电站采取措施将底涵封堵,未对淤泥进行清理。2016年12月19日,旌德县环保局在接到群众举报后,对白沙水库水源水质进行调查,发现污染源系隐塘水库清淤排出大量泥浆所致,造成白沙水库水质恶化。2018年6月6日,旌德县人民检察院向旌德县人民法院提起公益诉讼,请求判令板桥水电站:(1)修复生态环境;(2)承担应急处置费、生态环境损失费等费用;(3)向公众赔礼道歉。

旌德县人民法院审理认为,板桥水电站造成公共环境损害的事实清楚,应依法承担侵权民事责任。2018年10月30日,该院作出(2018)皖1825民初544号民事判决,判令板桥水电站:(1)恢复生态环境原状,若不履行修复义务,则应赔偿生态环境修复费用521600元;(2)赔偿应急处置费用47000元、生态环境损失费193000元、事务性费用128000元,合计368000元;(3)在旌德县级报纸上进行赔礼道歉。一审宣判后，板桥水电站不服，提起上诉。2019年4月10日，宣城市中级人民法院二审判决驳回上诉，维持原判。

　　本案系水污染责任纠纷民事公益案件，适用环境侵权的特殊规则，污染者应当就法律规定的不承担责任或者减轻责任的情形及其行为与损害之间不存在因果关系承担举证责任。本案中，板桥水电站无论是否向水务行政主管部门提出过申请，水务行政主管部门是否给予过答复，均不属于法律规定的不承担责任或者减轻责任的情形，均不能免除其采取爆破疏通作业时造成底涵冲毁、污染物冲至下游，对下游生态环境、水资源造成损坏应当承担的民事责任。水是生命之源，水污染对人民群众生产生活影响巨大，人民法院通过审理水污染侵权案件，判决污染者承担责任，彰显了司法机关保护水资源的决心，同时警示了相关企业在生产中应履行高度注意义务，防止对生态环境造成危害，否则将承担恢复原状、损害赔偿等法律责任。

【思考题】

1. 如何理解民事公益诉讼中证据的特殊性？
2. 如何理解民事公益诉讼中当事人的举证责任分配？

第五章　民事公益诉讼的审判程序

民事诉讼审判程序包括第一审普通程序、简易程序、第二审程序、特别程序、审判监督程序、督促程序与公示催告程序。其中，第一审普通程序包括起诉与受理、审理前的准备、开庭审理、判决与裁定等诉讼阶段。第二审程序包括当事人上诉、法院受理上诉、审理、裁判等诉讼阶段。民事公益诉讼由于其所承载的独特诉讼目的和价值，相关司法解释在充分把握民事公益诉讼自身特点的基础上，从受案范围、诉讼主体、起诉条件、案件受理、向行政主管部门通报（告知程序）、案件的管辖、审判机构、审理程序、证明责任、案件的和解与调解、原告申请撤诉及被告反诉限制、判决效力的扩张、上诉、诉讼费用、救济手段、一事不再理、与私益诉讼之间的程序衔接等方面作出了根本有别于普通民事诉讼的特殊性和专门性程序规定。[①]《民事诉讼法》之所以规定公益诉讼，是因为虽然民事公益诉讼不同于一般民事诉讼，但《民事诉讼法》中的有些程序规定，公益诉讼是可以借用的。[②] 从相关司法解释的规则内容及体系安排来看，民事公益诉讼基本上遵循了诉讼程序规则要求进行程序制度设计，对民事公益诉讼活动的阶段和过程以及程序主体之间的关系均作了特别规定，已初步形成一套具有自身特殊性和专门性的相对独立的特别诉讼程序形态。

---

① 张旭东：《环境民事公益诉讼特别程序研究》，法律出版社2018年版，第34页。
② 张卫平：《民事诉讼法》，法律出版社2020年版，第359页。

第一节　民事公益诉讼的起诉

一、民事公益诉讼的起诉主体

民事公益诉讼的起诉是指法律规定的机关和有关组织针对污染环境、侵害众多消费者合法权益等损害社会公共利益的行为，以自己的名义要求法院通过审判对环境利益、消费者合法权利等公共利益予以司法保护的诉讼行为。民事公益诉讼的起诉是法律规定的机关和有关组织行使公益诉讼诉权的具体表现形式之一，系法律规定的机关和有关组织的一种诉讼行为。民事公益诉讼中的起诉是民事公益诉讼程序开始的基本条件，对于保护社会公共利益具有重要意义。在我国，可以自己的名义提起民事公益诉讼的机关和有关组织主要包括以下几种：

（一）法律规定的机关

《民事诉讼法》第58条规定："对污染环境、侵害众多消费者合法权益等损害社会公共利益的行为，法律规定的机关和有关组织可以向人民法院提起诉讼。人民检察院在履行职责中发现破坏生态环境和资源保护、食品药品安全领域侵害众多消费者合法权益等损害社会公共利益的行为，在没有前款规定的机关和组织或者前款规定的机关和组织不提起诉讼的情况下，可以向人民法院提起诉讼。前款规定的机关或者组织提起诉讼的，人民检察院可以支持起诉。"符合法律规定具有公益诉讼原告资格的机关，仅有《海洋环境保护法》中的"行使海洋环境监督管理权的部门"（包括海洋局、海事管理部门及渔业水产主管部门等）。《海洋环境保护法》第89条第2款明确规定这些行政机关可对"破坏海洋生态、海洋水产资源、海洋保护区"的行为提起请求损害赔偿的民事诉讼。其他机关如要取得提起民事公益诉讼的原告资格，应在今后由法律进行明文规定。

（二）法律规定的有关组织

根据《消费者权益保护法》第47条和《环境保护法》第58条的规

定，在我国，法律明确规定的可以自己的名义提起民事公益诉讼的有关组织有两种：一是中国消费者协会以及在省、自治区、直辖市设立的消费者协会；二是全国人大及其常委会授权的机关和社会组织，以及依法在设区的市级以上人民政府民政部门登记、专门从事环境保护公益活动连续五年以上且无违法记录的社会组织。

《最高人民法院关于审理消费民事公益诉讼案件适用法律若干问题的解释》第1条规定了对经营者侵害众多不特定消费者合法权益或者具有危及消费者人身、财产安全危险等损害社会公共利益的行为，中国消费者协会以及在省、自治区、直辖市设立的消费者协会，法律规定或者全国人大及其常委会授权的机关和社会组织可以向人民法院提起消费民事公益诉讼。《最高人民法院关于审理消费民事公益诉讼案件适用法律若干问题的解释》第1条除将消费者协会作为提起此类公益诉讼的适格主体外，还将消费民事公益诉讼的起诉主体扩展到了"法律规定或者全国人大及其常委会授权的机关和社会组织"。

对污染环境、破坏生态，损害社会公共利益的行为，符合下列条件的社会组织可以向人民法院提起诉讼：（1）依法在设区的市级以上人民政府民政部门登记。环境保护法使用的是"设区的市级"而非"设区的市"，因此，只要在行政区划的等级上与设区的市相当，即符合法定要求。具体而言，"设区的市级以上人民政府民政部门"包括民政部，省、自治区、直辖市的民政部门，四个直辖市的区民政部门，设区的市的民政部门，自治州、盟、地区的民政部门，以及不设区的地级市的民政部门。（2）专门从事环境保护公益活动连续五年以上且无违法记录。只要社会组织的宗旨和主要业务范围是维护社会公共利益，且起诉前五年内实际从事过环境保护公益活动的，就可以认定为"专门从事环境保护公益活动连续五年以上"。《最高人民法院关于审理环境民事公益诉讼案件适用法律若干问题的解释》将"无违法记录"限定为社会组织未因从事业务活动违反法律、法规的规定受过行政、刑事处罚，既不包括情节轻微的违规行为，也不包括社会组织成员以及法定代表人个人的违法行为，同时，还将违法行为发生的时间限定在提起诉讼前的五年内。这里要注意区分社会组织"在诉讼前有违法记录"以及"诉讼过程中存在通过诉讼违法收受财物等谋取经济利益的行为"两种情形：社会组织提起环境民事公益诉讼时，如有证据表明其存在违法记录，则人民法院应当裁定不予受理或裁定驳回起诉；对于诉讼过程中发现社会组织有通过该案谋取经济利益行为的，人民法院可以根据情节轻重采取收缴违法所得、罚款、移送有关机关处理等措施，但案件原则上仍应继续审理并依法作出判决，不能一概裁定驳回起诉。

同时，《最高人民法院关于审理环境民事公益诉讼案件适用法律若干问题的解释》还规定社会组织提起的环境民事公益诉讼所涉及的环境公共利益，应与其宗旨与业务范围具有一定的关联性，但对社会组织提起诉讼的地域范围则未予限制。该类社会组织向人民法院提起诉讼，人民法院应当依法受理。依照法律法规的规定，在设区的市级以上人民政府民政部门登记的社会团体、基金会以及社会服务机构等，可以认定为环境保护法中规定的可以提起环境民事公益诉讼的社会组织。根据《社会团体登记管理条例》《民办非企业单位登记管理暂行条例》《基金会管理条例》的规定，在民政部门登记的非营利性社会组织目前只有社会团体、民办非企业单位以及基金会三种类型，三类组织均有资格提起环境民事公益诉讼。需要注意的是，根据《基金会管理条例》，在民政部登记的境外基金会代表机构仅依据境外基金会的授权开展活动，不具有法人资格，且不得在中国境内组织募捐、接受捐赠，因此不具备提起环境民事公益诉讼的原告资格。同时，相关司法解释并没有将社会组织限定在上述三种类型之内，而是保持了一定的开放性，今后如有新的行政法规或地方性法规拓展了社会组织的范围，这些社会组织也可以依法提起环境民事公益诉讼。①

（三）人民检察院

依据《民事诉讼法》《英雄烈士保护法》《个人信息保护法》以及相关司法解释的规定，在我国，人民检察院也同样能够提起民事公益诉讼。人民检察院在履行职责中发现破坏生态环境和资源保护、食品药品安全领域侵害众多消费者合法权益等损害社会公共利益的行为，在没有法律规定的机关和组织或者法律规定的机关和组织不提起诉讼的情况下，可以向人民法院提起诉讼。法律规定的机关或者组织提起诉讼的，人民检察院可以支持起诉。

对侵害英雄烈士的姓名、肖像、名誉、荣誉的行为，英雄烈士的近亲属可以依法向人民法院提起诉讼。英雄烈士没有近亲属或者近亲属不提起诉讼的，检察机关依法对侵害英雄烈士的姓名、肖像、名誉、荣誉，损害社会公共利益的行为向人民法院提起诉讼。负责英雄烈士保护工作的部门和其他有关部门在履行职责过程中发现侵害英雄烈士的姓名、肖像、名誉、荣誉的行为，需要检察机关提起诉讼的，应当向检察机关报告。英雄烈士近亲属提起诉讼的，法律援助机构应当依法提供法律援助服务。

人民检察院在提起公益诉讼时，以公益诉讼起诉人的身份提起民事公益诉讼。依照《民事诉讼法》《行政诉讼法》享有相应的诉讼权利，履行相应的诉讼义务，但法律、司法解释另有规定的除外。

（四）生态环境损害赔偿诉讼中的赔偿权利人

生态环境损害赔偿制度是生态文明制度体系的重要组成部分。党中央、国务院高度重视生态环境损害赔偿工作，中国共产党第十八届中央委员会第三次全体会议明确提出对造成生态环境损害的责任者严格实行

---

① 郑学林、林文学、王展飞：《〈关于审理环境民事公益诉讼案件适用法律若干问题的解释〉的理解和适用》，载《人民司法》2015年第5期。

赔偿制度。2015年,中共中央办公厅、国务院办公厅印发《生态环境损害赔偿制度改革试点方案》(中办发〔2015〕57号),在吉林等7个省市部署开展改革试点,取得明显成效。为进一步在全国范围内加快构建生态环境损害赔偿制度,在总结各地区改革试点实践经验基础上,《生态环境损害赔偿制度改革方案》于2017年8月29日召开中央全面深化改革领导小组第三十八次会议审议通过。

《生态环境损害赔偿制度改革方案》明确规定了生态环境损害赔偿诉讼中的赔偿权利人的范围:国务院授权省级、市地级政府(包括直辖市所辖的区县级政府,下同)作为本行政区域内生态环境损害赔偿权利人。省域内跨市地的生态环境损害,由省级政府管辖;其他工作范围划分由省级政府根据本地区实际情况确定。省级、市地级政府可指定相关部门或机构负责生态环境损害赔偿具体工作。省级、市地级政府及其指定的部门或机构均有权提起诉讼。跨省域的生态环境损害,由生态环境损害地的相关省级政府协商开展生态环境损害赔偿工作。在健全国家自然资源资产管理体制试点区,受委托的省级政府可指定统一行使全民所有自然资源资产所有者职责的部门负责生态环境损害赔偿具体工作;国务院直接行使全民所有自然资源资产所有权的,由受委托代行该所有权的部门作为赔偿权利人开展生态环境损害赔偿工作。对公民、法人和其他组织举报要求提起生态环境损害赔偿的,赔偿权利人及其指定的部门或机构应当及时研究处理和答复。

2019年6月5日,最高人民法院公布《最高人民法院关于审理生态环境损害赔偿案件的若干规定(试行)》(2020年修正),探索完善生态环境损害赔偿制度。依据《最高人民法院关于审理生态环境损害赔偿案件的若干规定(试行)》第1条的规定,省级、市地级人民政府及其指定的相关部门、机构,或者受国务院委托行使全民所有自然资源资产所有权的部门,因与造成生态环境损害的自然人、法人或者其他组织经磋商未达成一致或者无法进行磋商的,可以作为原告提起生态环境损害赔偿诉讼。

二、民事公益诉讼的起诉条件

根据《民事诉讼法》第122条规定，起诉必须符合下列条件：（1）原告是与本案有直接利害关系的公民、法人和其他组织；（2）有明确的被告；（3）有具体的诉讼请求和事实、理由；（4）属于人民法院受理民事诉讼的范围和受诉人民法院管辖。

根据《最高人民法院关于适用〈中华人民共和国民事诉讼法〉的解释》第282条规定，环境保护法、消费者权益保护法等法律规定的机关和有关组织对污染环境、侵害众多消费者合法权益等损害社会公共利益的行为，依据《民事诉讼法》第58条规定提起公益诉讼，符合下列条件的，人民法院应当受理：（1）有明确的被告；（2）有具体的诉讼请求；（3）有社会公共利益受到损害的初步证据；（4）属于人民法院受理民事诉讼的范围和受诉人民法院管辖。

根据《最高人民法院关于审理环境民事公益诉讼案件适用法律若干问题的解释》第8条规定，检察机关提起环境民事公益诉讼应当提交下列材料：符合《民事诉讼法》第124条规定的起诉状，并按照被告人数提出副本；被告的行为已经损害社会公共利益或者具有损害社会公共利益重大风险的初步证明材料。社会组织提起环境民事公益诉讼的，应当提交符合《民事诉讼法》第124条规定的起诉状，并按照被告人数提出副本；被告的行为已经损害社会公共利益或者具有损害社会公共利益重大风险的初步证明材料；社会组织登记证书、章程、起诉前连续五年的年度工作报告书或者年检报告书，以及由其法定代表人或者负责人签字并加盖公章的无违法记录的声明。如果被告举证证明该社会组织存在违法记录，法院经审查属实，可裁定不予受理或驳回起诉。

根据《最高人民法院关于审理消费民事公益诉讼案件适用法律若干问题的解释》第4条规定，中国消费者协会以及在省、自治区、直辖市设立的消费者协会,对经营者侵害众多不特定消费者合法权益或者具有危及消费者人身、财产安全危险等损害社会公共利益的行为提起消费民事公益诉讼的,应当提交下列材料:符合《民事诉讼法》第124条规定的起诉状,并按照被告人数提交副本;被告的行为侵害众多不特定消费者合法权益或者具有危及消费者人身、财产安全危险等损害社会公共利益的初步证据;消费者组织就涉诉事项已按照《消费者权益保护法》第37条第4项或者第5项的规定履行公益性职责的证明材料。

　　由于人民检察院是国家司法机关,代表国家利益和社会公共利益提起诉讼,《最高人民法院、最高人民检察院关于检察公益诉讼案件适用法律若干问题的解释》对于检察公益诉讼案件的起诉材料和诉讼文书作了专门规定。其中,第8条就人民法院向人民检察院送达出庭通知书、人民检察院派员出庭以及派员出庭通知书的内容作出了规定;第9条规定了出庭检察人员通常的职责范围。实践中需要注意的问题:一是在立案受理阶段,对于提交了《最高人民法院、最高人民检察院关于检察公益诉讼案件适用法律若干问题的解释》规定的起诉材料,特别是证明人民检察院已经履行诉前程序材料的,应当及时登记立案,无须要求提交组织机构代码证、法定代表人身份证明书、授权委托书等身份证明材料。二是对于人民检察院派员出庭通知书载明了出庭履行的具体职责的,应按照出庭通知书的内容依法确认出庭检察人员诉讼行为的法律效力。①《最高人民法院、最高人民检察院关于检察公益诉讼案件适用法律若干问题的解释》第14条规定,人民检察院提起民事公益诉讼应当提交下列材料:(1)民事公益诉讼起诉书,并按照被告人数提出副本;(2)被告的行为已经损害社会公共利益的初步证

---

　　① 江必新:《认真贯彻落实民事诉讼法、行政诉讼法规定全面推进检察公益诉讼审判工作》,载《人民法院报》2018年3月5日,第3版。

明材料;(3)已经履行公告程序、征询英雄烈士等的近亲属意见的证明材料。依据《最高人民法院、最高人民检察院关于检察公益诉讼案件适用法律若干问题的解释》第 15 条规定,人民检察院依据《民事诉讼法》第 58 条第 2 款的规定提起民事公益诉讼,符合《民事诉讼法》第 122 条第 2 项、第 3 项、第 4 项及本解释规定的起诉条件的,人民法院应当登记立案。

由上述规定可以看出,人民检察院在提起民事公益诉讼之时,不仅要符合《民事诉讼法》第 122 条第 2 项、第 3 项、第 4 项的规定,同时还要提交被告已经损害社会公共利益的初步证明材料以及已经履行公告程序、征询英雄烈士等的近亲属意见的证明材料。

三、民事公益诉讼起诉条件与普通民事案件起诉条件的区分

民事公益诉讼相对于一般私益诉讼而言,最大的特殊性就在于其救济的对象是公共利益。公共利益作为公益诉讼最为本质的特征,不仅从性质上将公益诉讼与一般私益诉讼作了区分,而且也对诉讼程序的设置与规定提出了不同于一般私益诉讼程序的特殊要求。换言之,从司法救济的角度看,要切实实现对于公共利益的司法救助,鉴于公益诉讼救济对象的特殊性,其诉讼程序的设置以及相应程序事项、内容与规则的规定,就必须根据公共利益的救济特点作出不同于一般私益诉讼程序的规定。① 基于此,民事公益诉讼的起诉条件与普通民事案件的起诉条件主要有以下几点不同:

第一,民事公益诉讼案件中的起诉主体起诉时,不要求民事公益诉讼的起诉主体与本案有直接的利害关系。民事公益诉讼的基本特点是公益诉讼的提起主体是没有直接利害关系的机关或者组织。② 民事公益诉

---

① 廖中洪:《一种值得商榷的立法倾向——对〈民事诉讼法〉公益诉讼立法规定方式的质疑》,载《河南财经政法大学学报》2013 年第 5 期。
② 张卫平:《民事诉讼法》,法律出版社 2020 年版,第 363 页。

讼突破了传统民事诉讼"直接利害关系人"之狭隘的原告资格。民事公益诉讼的目的是保护公共利益,传统意义上对诉权的限制并不适宜用来限制民事公益诉权的行使。公益诉讼并不要求原告的权利或法律上的利益遭受不当侵害,恰恰相反,原告甚至不应是受害者,或即使是受害者,其诉讼的目的也绝不是为了救济个人权益,而是为了公共利益的实现。[①]

第二,民事公益诉讼案件中起诉主体起诉时,不仅要有具体的诉讼请求和事实、理由,同时还要向法院提供公共利益受到损害的初步证据。民事公益诉讼案件中具体的诉讼请求可大致分为以下几类:恢复性责任请求、赔偿性责任请求、预防性责任请求、人格恢复性责任请求、确认请求。民事公益诉讼请求的确认涉及实体权利义务的安排问题,应当由民事实体法作出规定。民事公益诉讼之诉讼请求应依据《民法典》等民事实体法及相关司法解释予以确定。虽然《民法典》侵权编第四章与第七章分别规定了产品责任、环境污染和生态破坏责任,但是《民法典》侵权编中规定的生产缺陷产品、污染环境、破坏生态等损害公益行为的最终责任承担规则与惩罚性赔偿规则是否能适用于民事公益诉讼请求的确定仍值得商榷。民事公益诉讼的相关司法解释和规范性文件仅根据民事实体法的规定确立了几种无争议的民事公益诉讼请求类型,民事公益诉讼请求中是否应设置惩罚性赔偿诉讼请求、民事公益诉讼请求与民事私益诉讼请求关系的处理、确认民事公益诉讼请求的关联性因素与基本步骤等问题仍需进一步研究。在公益诉讼中,原告要证明公共利益遭受或可能遭受侵害的事实,以及侵害行为与结果的因果关系,但由于证据的技术性、专业性强,而且一般为被告所掌握,原告举证比较困难。为了保障公益诉讼案件得到公平、公正的审理,举证责任应分具体情况合理分担。[②] 民事公益诉讼起诉主体如果提供了被告已经实施污染

---

① 阮丽娟:《环境公益诉讼原告诉权的限制》,载《政治与法律》2014年第1期。
② 孙佑海:《对修改后的〈民事诉讼法〉中公益诉讼制度的理解》,载《法学杂志》2012年第12期。

行为,对环境造成了损害的证据,或者提供了被告将要实施污染行为,从而使环境面临巨大风险的证据,都应当认定为满足了"有初步证据"的条件。在消费公益诉讼中,民事公益诉讼起诉主体起诉时须提供被告的行为侵害了众多不特定消费者合法权益或者具有危及消费者人身、财产安全危险等损害社会公共利益的初步证据。如果是检察机关提起公益诉讼,还需要满足"法律未规定有关机关或者组织可以提起公益诉讼,或者虽然已作出规定,但规定的机关或组织不提起公益诉讼"这一条件。检察机关在提起公益诉讼时须向法院提交已履行公告程序、征询英雄烈士等的近亲属意见的证明材料,以表明经公告后,仍无有关机关或组织提起诉讼。

四、民事公益诉讼起诉状载明的事项

民事公益诉讼起诉状,应该载明下列事项:

(一)当事人的基本情况

民事公益诉讼的起诉主体在提起民事公益诉讼时,应当向人民法院提交公益诉讼起诉书和相关证据材料。公益诉讼起诉书的内容主要包括:公益诉讼起诉人;被告的基本信息;诉讼请求及所依据的事实和理由。被告如果为自然人的,可以只写其姓名、性别、工作单位、住所等信息。被告为法人或其他组织的,可以只写其名称、住所等信息。公益诉讼起诉书应当自送达人民法院之日起5日内报上一级人民检察院备案。

(二)诉讼请求和所依据的事实与理由

这是民事公益诉讼起诉状的核心内容。它不仅使法院清楚地知道民事公益诉讼起诉主体起诉时所要达到的目的,约束法院的审判范围,而且还可以使被告清楚原告的诉讼请求以及所依据的事实和理由,从而有针对性地进行抗辩。

（三）证据和证据来源

依据《民事诉讼法》第68条、第69条的规定，当事人对自己提出的主张应当及时提供证据，人民法院收到当事人提交的证据材料，应当出具收据，写明证据名称、页数、份数、原件或者复印件以及收到时间等，并由经办人员签名或者盖章。

第二节　民事公益诉讼案件的受理

一、民事公益诉讼案件受理的概念

民事公益诉讼案件的受理是指法院对民事公益诉讼案件中民事公益诉讼起诉主体的起诉进行审查后，认为符合法定条件的，决定立案审理的诉讼行为。

民事公益诉讼案件民事公益诉讼起诉主体的起诉行为不一定会引起诉讼程序的开始，只有在法院受理民事公益诉讼起诉主体的起诉之后，诉讼程序才真正得以启动，法院才可以对民事公益诉讼案件民事公益诉讼起诉主体与被告之间的公益诉讼案件纠纷行使审判权。

二、民事公益诉讼案件的受理

对民事公益诉讼起诉主体起诉的审查工作由法院的立案庭负责。法院接到民事公益诉讼起诉主体的起诉状，应当从两方面进行审查：

一是从实质要件上进行审查，即审查民事公益诉讼起诉主体的起诉是否符合《民事诉讼法》第122条的规定。

二是从形式要件上进行审查，即审查民事公益诉讼起诉主体提交的起诉状是否具备法定内容、是否按照被告人数提交了起诉状副本，如起诉状内容有欠缺、需要补交必要的相关材料或未提交起诉状副本，法院应当责令民事公益诉讼起诉主体在限期内加以补正。审查后，法院对民事公益诉讼起诉主体的起诉视情况作出是否受理的决定。经审查，对符合起诉条件的，在收到起诉状或者口头起诉之日起7日内予以受理并通知当事人；对不符合起诉条件的，应当在7日内作出不予受理的裁定，当事人对此裁定不服的可以上诉。

《最高人民法院、最高人民检察院关于检察公益诉讼案件适用法律若干问题的解释》第15条规定，人民检察院依据《民事诉讼法》第58条第2款的规定提起民事公益诉讼，符合《民事诉讼法》第112条第2项、第3项、第4项及本解释规定的起诉条件的，人民法院应当登记立案。对于符合上述条件的民事公益诉讼，人民法院应当受理。

依据《最高人民法院关于审理环境民事公益诉讼案件适用法律若干问题的解释》第10条规定，人民法院受理环境民事公益诉讼后，应当在立案之日起5日内将起诉状副本发送被告，并公告案件受理情况。有权提起诉讼的其他机关和社会组织在公告之日起30日内申请参加诉讼，经审查符合法定条件的，人民法院应当将其列为共同原告；逾期申请的，不予准许。公民、法人和其他组织以人身、财产受到损害为由申请参加诉讼的，告知其另行起诉。

依据《最高人民法院关于审理消费民事公益诉讼案件适用法律若干问题的解释》第6条至第10条规定，人民法院受理消费民事公益诉讼案件后，应当公告案件受理情况，并在立案之日起10日内书面告知相关行政主管部门。人民法院受理消费民事公益诉讼案件后，依法可以提起诉讼的其他机关或者社会组织，可以在一审开庭前向人民法院申请参加诉讼。人民法院准许参加诉讼的，列为共同原告；逾期申请的，不予准许。人民法院受理消费民事公益诉讼案件后，因同一侵权行为受到损害的消费者申请参加诉讼的，人民法院应当告知其根据《民事诉讼法》第122条规定主张权利。消费民事公益诉讼案件受理后，因同一侵权行为受到损害的消费者请求对其根据《民事诉讼法》第122条规定提起的诉讼予以中止，人民法院可以准许。

【案例拓展】

中国生物多样性保护与绿色发展基金会对8家企业"污染腾格里沙漠"提起诉讼

2015年8月13日,中国生物多样性保护与绿色发展基金会(以下简称绿发会)向中卫市中级人民法院提交起诉书,起诉8家企业涉嫌违法排污,污染腾格里沙漠,并提出了8项诉讼请求,要求8家企业"承担停止侵权、消除危险、恢复原状、赔偿损失、赔礼道歉等民事责任",以维护社会公共利益。这是腾格里沙漠污染事件曝光一年来,出现的首起民间组织提起的环境公益诉讼。腾格里沙漠遭数家企业非法排污导致污染事件被媒体曝光,引发社会广泛关注。事后,相关责任人受到行政处罚,部分涉事企业主被追究刑事责任。

中卫市中级人民法院在"不予受理"裁定中认为,依据《环境保护法》第58条和《最高人民法院关于审理环境民事公益诉讼案件适用法律问题的解释》第4条,提起环境公益诉讼的主体必须满足"章程确定的宗旨和主要业务范围是维护社会公共利益,且从事环境保护公益活动"的条件。绿发会提供的章程确定的宗旨和主要业务范围,虽是维护社会公共利益,但没有同时规定业务范围是从事环境保护公益活动。因此不能认定绿发会属于"专门从事环境保护公益活动",故认定其主体资格不适格。

对此,绿发会认为其完全符合诉讼主体资格。工作人员表示该基金会章程是2009年修订的,当时还没有清晰的环境公益诉讼的概念和相关规定,但在章程中已写明该基金会"开展和资助符合本基金会宗旨的其他项目和活动"。具体的业务范围不可能详尽罗列,但只要符合宗旨的,都是可以开展的业务范围内的事情,其中当然包括从事环境保护公益活动。

绿发会是中国科协主管的全国性非营利组织,此前作为原告提起了甘肃水源污染案、海南红树林案、康菲溢油案三个公益诉讼案件。

第三节 民事公益诉讼案件的审理

民事公益诉讼与民事私益诉讼在制度目的与诉讼规则上存在很多不同之处，民事诉讼程序通常是为解决私益纠纷而设置的程序。民事公益诉讼案件的审理程序由一系列的诉讼规则构成。民事公益诉讼的目的并非维护个人私益，旨在维护涉及不特定多数人的社会公共利益。民事公益诉讼在借用民事私益诉讼程序规定的同时，仍要受到诸多的限制。

一、民事公益诉讼庭审人员的组成

依据《人民法院审理人民检察院提起公益诉讼案件试点工作实施办法》第7条的规定，人民法院审理人民检察院提起的第一审民事公益诉讼案件，原则上适用人民陪审制。当事人申请不适用人民陪审制审理的，人民法院经审查可以决定不适用人民陪审制审理。这里的"原则上"应理解为总体上或基本上，换言之，一般情况下应当适用。人民检察院提起的公益诉讼案件一般都是公众广泛关注或者社会影响较大的涉及公共利益的案件，故《人民法院审理人民检察院提起公益诉讼案件试点工作实施办法》规定了一般适用陪审制的要求。当然，在公益诉讼中基于个人隐私、商业秘密或者其他正当原因，当事人申请不适用人民陪审制审理的，人民法院经审查可以决定不适用人民陪审制审理。在陪审员的选取上，应当尽量选择具有相关领域专业知识的人民陪审员参加审判，以更好地发挥相关的专业特长，与法律判断形成互补，确保案件裁判公正。这也符合《最高人民法院关于进一步加强和推进人民陪审工作的若干意见》规定的"如案件审理确有需要，可以在相关地域、行业、专业等类型的人民陪审员范围内随机抽取"的规定。①

依据《最高人民法院、最高人民检察院关于检察公益诉讼案件适用法律若干问题的解释》第7条规定,人民法院审理人民检察院提起的第一审公益诉讼案件,适用人民陪审制。人民检察院对破坏生态环境和资源保护,食品药品安全领域侵害众多消费者合法权益,侵害英雄烈士等的姓名、肖像、名誉、荣誉等损害社会公共利益的犯罪行为提起刑事公诉时,可以向人民法院一并提起附带民事公益诉讼,由人民法院同一审判组织审理。合议庭组成人员确定后,应当在3日内告知当事人。

依据《人民陪审员法》第16条第2项规定,7人合议庭适用范围包括:可能判处10年以上有期徒刑、无期徒刑、死刑,社会影响重大的刑事案件;根据《民事诉讼法》《行政诉讼法》提起的公益诉讼案件;涉及征地拆迁、生态环境保护、食品药品安全,社会影响重大的案件;其他社会影响重大的案件。故民事公益诉讼案件应适用7人合议庭,在第一审民事公益诉讼案件审判中,原则上适用人民陪审制。

二、民事公益诉讼中诉讼请求的变更与增加

《最高人民法院关于审理环境民事公益诉讼案件适用法律若干问题的解释》第9条规定:"人民法院认为原告提出的诉讼请求不足以保护社会公共利益的,可以向其释明变更或者增加停止侵害、修复生态环境等诉讼请求。"《最高人民法院关于审理消费民事公益诉讼案件适用法律若干问题的解释》第5条规定:"人民法院认为原告提出的诉讼请求不足以保护社会公共利益的,可以向其释明变更或者增加停止侵害等诉讼请求。"《最高人民法院、最高人民检察院关于检察公益诉讼案件适用法律若干问题的解释》第18条规定:"人民法院认为人民检察院提出的诉

---

① 范明志、韩建英、黄斌:《〈人民法院审理人民检察院提起公益诉讼案件试点工作实施办法〉的理解与适用》,载《法律适用》2016年第5期。

讼请求不足以保护社会公共利益的，可以向其释明变更或者增加停止侵害、恢复原状等诉讼请求。"在民事公益诉讼案件中，原告提出的诉讼请求与社会公共利益能否得到充分的保护紧密相关。上述规定体现了民事公益诉讼的公益性特征，法院的释明可以避免民事公益诉讼起诉主体的诉讼请求偏离对社会公益进行保护的初衷。

三、民事公益诉讼被告提起反诉与自认

《最高人民法院关于审理环境民事公益诉讼案件适用法律若干问题的解释》第 17 条规定："环境民事公益诉讼案件审理过程中，被告以反诉方式提出诉讼请求的，人民法院不予受理。"《最高人民法院关于审理消费民事公益诉讼案件适用法律若干问题的解释》第 11 条规定："消费民事公益诉讼案件审理过程中，被告提出反诉的，人民法院不予受理。"《最高人民法院、最高人民检察院关于检察公益诉讼案件适用法律若干问题的解释》第 16 条规定："人民检察院提起的民事公益诉讼案件中，被告以反诉方式提出诉讼请求的，人民法院不予受理。"在民事公益诉讼案件审理过程中，被告提出反诉的，人民法院不予受理。

《最高人民法院关于审理环境民事公益诉讼案件适用法律若干问题的解释》第 16 条规定："原告在诉讼过程中承认的对己方不利的事实和认可的证据，人民法院认为损害社会公共利益的，应当不予确认。"《最高人民法院关于审理消费民事公益诉讼案件适用法律若干问题的解释》第 12 条规定："原告在诉讼中承认对己方不利的事实，人民法院认为损害社会公共利益的，不予确认。"民事公益诉讼起诉主体在诉讼过程中承认对己方不利的事实和认可的证据，人民法院认为损害社会公共利益的，不予确认。但基于公益诉讼对于形成社会公共政策、维护社会公共利益的使命，有必要对其自认进行限制，对于损害社会公共利益的自认事实，人民法院不予确认并可依职权进行审查。该规定亦与《最高人民法院关于适用〈中华人民共和国民事诉讼法〉的解释》第 92 条规定精

神一致,"对于涉及身份关系、国家利益、社会公共利益等应当由人民法院依职权调查的事实"不适用自认的规定。

四、民事公益诉讼中的撤诉

《最高人民法院关于适用〈民事诉讼法〉的解释》第288条规定:"公益诉讼案件的原告在法庭辩论终结后申请撤诉的,人民法院不予准许。"《最高人民法院关于审理环境民事公益诉讼案件适用法律若干问题的解释》第25条第2款规定:"公告期满后,人民法院审查认为调解协议或者和解协议的内容不损害社会公共利益的,应当出具调解书。当事人以达成和解协议为由申请撤诉的,不予准许。"第26条规定:"负有环境资源保护监督管理职责的部门依法履行监管职责而使原告诉讼请求全部实现,原告申请撤诉的,人民法院应予准许。"第27条规定:"法庭辩论终结后,原告申请撤诉的,人民法院不予准许,但本解释第二十六条规定的情形除外。"《最高人民法院、最高人民检察院关于检察公益诉讼案件适用法律若干问题的解释》第19条规定:"民事公益诉讼案件审理过程中,人民检察院诉讼请求全部实现而撤回起诉的,人民法院应予准许。"《最高人民法院关于审理消费民事公益诉讼案件适用法律若干问题的解释》中并未规定民事公益诉讼起诉主体的撤诉问题。

在公益诉讼案件中,原告依然可以撤诉,但撤诉受到了严格的限制。在法庭辩论终结前撤诉的,要经过法院审查,未损害公共利益的,才准许撤诉;在法庭辩论终结后,则不再允许撤诉。除非环境公共利益已经实现,原则上应禁止原告撤诉,不如此则可能导致原告与被告之间进行交易从而损害环境公共利益的实现。[①] 基于此,《最高人民法院关于适用〈中华人民共和国民事诉讼法〉的解释》第284条规定:"人民

---

① 肖建国:《民事公益诉讼立法的模式选择与程序建构》,载《法制日报》2011年7月6日,第12版。

法院受理公益诉讼案件后，应当在十日内书面告知相关行政主管部门。"被告知的行政主管部门是对被告实施的损害社会公共利益的行为负有监督管理职责的部门，对被告具有包括行政处罚在内的行政执法权，因而在收到告知后很可能会对被告的违法行为进行处理。如环境保护机关受告知后，可能会责令被告停止侵害，对环境进行修复，赔偿生态环境受到的损失，民事公益诉讼起诉主体的诉讼请求也由此得到实现。出现此种情形时，民事公益诉讼起诉主体可以申请撤诉，法院也应当准许民事公益诉讼起诉主体撤诉。

公益诉讼的提起不同于私益诉讼，对于私益诉讼，法律应当赋予当事人充分的处分权，但是，民事公益诉讼起诉主体对于某些诉讼权利的处分，应当受到严格的限制。因为公益诉讼涉及公共利益，一旦提起诉讼，被告的行为是否损害了公共利益就必须查明。况且，在公益诉讼提起谦已经经过了诉前程序，如果允许民事公益诉讼起诉主体撤诉，会助长被告买通民事公益诉讼起诉主体损害公共利益行为的产生。因此，为了切实维护国家利益和社会公共利益，建议法律进一步明确规定，审理民事公益诉讼案件，民事公益诉讼起诉主体撤诉限于两种情形：一是证据不足，不能证明民事公益诉讼起诉主体的行为损害了国家利益与社会公共利益；二是被告承认错误并接受处罚。除此之外，不允许民事公益诉讼起诉主体撤诉。

五、民事公益诉讼调解与和解

《最高人民法院关于适用〈中华人民共和国民事诉讼法〉若干问题的解释》第287条规定："对公益诉讼案件，当事人可以和解，人民法院可以调解。当事人达成和解或者调解协议后，人民法院应当将和解或者调解协议进行公告。公告期间不得少于三十日。公告期满后，人民法院经审查，和解或者调解协议不违反社会公共利益的，应当出具调解书；和解或者调解协议违反社会公共利益的，不予出具调解书，继续对案件进行审理并依法作出裁判。"

《最高人民法院关于审理环境民事公益诉讼案件适用法律若干问题的解释》第 25 条规定："环境民事公益诉讼当事人达成调解协议或者自行达成和解协议后，人民法院应当将协议内容公告，公告期间不少于三十日。公告期满后，人民法院审查认为调解协议或者和解协议的内容不损害社会公共利益的，应当出具调解书。当事人以达成和解协议为由申请撤诉的，不予准许。调解书应当写明诉讼请求、案件的基本事实和协议内容，并应当公开。"[1]

从上述规定来看，公益诉讼案件的审理并不排斥调解与和解制度的具体运用。首先，在民事公益诉讼中进行调解与和解，符合民事诉讼的目的。民事公益诉讼在本质上属于民事诉讼，应当适用我国《民事诉讼法》的一般规定。我国《民事诉讼法》规定，民事诉讼在法庭审理过程中，允许双方当事人和解，法院也可以进行诉讼调解。民事公益诉讼作为民事诉讼的一种特殊形式，其诉讼目的与一般民事诉讼相同，因而也应当允许进行调解与和解。其次，符合诉讼经济原则。允许民事公益诉讼活动进行调解与和解，法院可以通过调解及时结案，民事公益诉讼当事人进行和解可以节约司法资源，因而符合诉讼经济原则的要求。

【案例拓展】

甘肃省天水市中级人民法院首例涉及食品安全的消费公益诉讼案成功调解

2020 年 10 月 13 日，在天水市中级人民法院主持下，经天水市人民检察院与张某协商一致达成庭前调解协议，由张某支付因生产、销售有毒、有害食品侵害社会公众利益的赔偿金 12000 元，并在《天水日报》

---

[1] 张陈果：《论公益诉讼中处分原则的限制与修正兼论〈新民诉法解释〉第 289、290 条的适用》，载《中外法学》2016 年第 4 期。

上公开赔礼道歉。2019年9月,张某将其生产的豆芽批发至宝鸡市某粮油店,宝鸡市陈仓区市场监督管理局工作人员对该粮油店抽检时,检测出黄豆芽中含有国家禁止使用的4-氯苯氧乙酸钠,该局遂将相关调查资料及案件线索移送天水市市场监督管理局,天水市市场监督管理局调查后,将相关案件线索移送天水市公安局。2020年2月张某因涉嫌生产、销售有毒、有害食品被天水市麦积区人民检察院批准逮捕,5月天水市麦积区人民检察院对张某作出不起诉决定。

天水市人民检察院认为张某在生产的豆芽中添加国家禁用品的行为侵害了众多不特定消费者的合法权益,致使社会公共利益受到侵害,特以公益诉讼起诉人身份向天水市中级人民法院提起民事公益诉讼,请求法院判令张某支付豆芽销售价款10倍的赔偿金12000元,并对其损害社会公共利益的行为在媒体上公开赔礼道歉。

本案是天水市中级人民法院受理的首例由检察机关提起的消费民事公益诉讼案件,该类案件目的在于保护消费者权益和社会公共利益。依法高效审理涉及危害食品安全行为的公益诉讼案件,在维护广大消费者权益、让违法者承担法律责任的同时,还有助于保障食品安全、改善市场环境、提升消费信心。在该案办理过程中,合议庭成员仔细研读案卷材料,查阅公益诉讼相关法律规定,召开庭前会议,对该案可能涉及的事实及法律适用问题进行认真细致讨论,厘清了裁判思路。经核查检察机关提起公益诉讼的相关资料及程序完备合法,庭前询问被告张某时其表示对检察机关起诉的事实认可。合议庭在征得双方同意后,组织了庭前调解。因该案涉及公共利益,合议庭从食品安全相关法律规定及社会影响各方面综合向张某阐述了其行为的不合法性及可能产生的社会危害性,将情理与法理相结合进行释法说理,让张某认识到自身的错误,并最终自愿与检察机关达成一致调解意见,双方签署了书面调解协议,待天水市中级人民法院依法对该调解协议公告后,向双方出具民事调解书。

随着公益诉讼相关的法律法规日益健全，由检察机关提起的公益诉讼案件越来越多，天水市中级人民法院严格按照《最高人民法院、最高人民检察院关于检察公益诉讼案件适用法律若干问题的解释》及相关公益诉讼法律规定，依法审理检察机关及相关部门提起的公益诉讼案件，正确处理好国家利益、社会利益和个人利益的关系，通过司法审判及时保护国家利益和社会公共利益，构建共治共享的社会治理格局。

【思考题】

1. 为什么公益诉讼案件的原告在法庭辩论终结后申请撤诉的，人民法院不予准许？
2. 简述公益诉讼中的调解、和解制度与公众知情权之间的关系。

第六章 民事公益诉讼判决的执行

第一节 民事公益诉讼判决执行概述

一、民事公益诉讼判决执行的界定

（一）民事公益诉讼判决执行的概念

民事执行，又称为民事强制执行，是指执行法院依靠国家强制力并根据法定执行程序和手段强制拒绝履行义务的当事人履行法律文书确定的义务，从而使生效法律文书内容实现的一种诉讼活动。民事公益诉讼判决的执行是民事执行中的一种，与普通民事执行具有共同点，但由于民事公益诉讼与一般民事诉讼存在一定的差异，故民事公益诉讼的执行应属于特殊的民事强制执行。

单纯从概念上界定民事公益诉讼判决的执行仍可沿用民事强制执行的概念，因其本身即为民事强制执行。民事公益诉讼判决的执行就是指执行法院依据生效的民事公益诉讼法律文书，对拒不履行义务的当事人采取强制执行措施，维护公共利益并确保违法者履行判决的法律活动。

（二）民事公益诉讼判决执行权

执行制度的基础是执行权，为深刻体会民事公益诉讼执行的内涵，有必要从执行权的角度进行理解。执行权的"权"指的是权力，不同的层面，对权力的定义也不尽相同。"在最一般的意义上，权力是通过支配人们的环境以追逐和达到目标的能力。"① 体现的是权力主体支配权利客体的力量，并附着程度极强的掌控力。因此，执行权应指义务人在拒不履行生效法律文书确定义务的前提下，有权机关依照法定的权限和程序，强制义务人履行义务，促使生效法律文书确定的权利义务得以实现，并依法处理执行当事人及利害关系人寻求权利救济的权力。但执行权通常是国家权力介入"私益纠纷的结果"，是保障和服务"私人利益"的，具有私益性（以下简称传统执行权）。民事公益诉讼的执行与通常意义上的执行相比，既具有相同性，也有特殊性。相应地，公益诉讼领域的执行权（以下简称公益诉讼执行权）与传统执行权相比，既具有相同性，也有差异性。

民事公益诉讼执行权与传统执行权的相同点在于：

1. 产生的前提相同

产生执行权的前提是被执行人不履行生效裁判文书确定的权利义务。如果生效法律文书确定的义务人自觉履行了义务，就不存在强制执行的问题。

2. 最终的目的相同

不论是环境公益执行权，还是传统执行权，其执行权的目的均在于实现生效法律文书确定的权利义务，并依法处理执行当事人及利害关系人基于对执行实施权不服提出的权利救济。

3. 可使用的强制手段基本相同

在案件执行中可以采取的执行措施② 以及强制措施③，在民事公益诉讼执行中依然需要行使这些权力以促进、保障执行。

---

① ［英］迈克尔·曼：《社会权力的来源——从开端到1760年的权力史》（第一卷），刘北成、李少军译，上海世纪出版集团2015年版，第8页。

② 又称为直接执行措施，包括财产调查、财产控制、财产变价、强制交付、案款支付分配。

③ 又称为间接执行措施，包括罚款、拘留、限制出境、纳入失信被执行人名单、追究拒不执行判决裁定罪等。

4. 可能产生的执行效果相同

通过权力的行使，都可能出现案件实际执结①，或者"执行不能"，只能以"终结本次执行程序结案"②的情况。无论是民事公益诉讼执行权的行使，还是传统执行权的行使，都可能产生这样的执行效果。

与传统执行权相比，民事公益诉讼执行权主要有以下三个方面的差异：

1. 权力产生方式特殊

执行权的产生方式有依权利人申请启动和依职权移送两种方式。此处以环境公益诉讼为例，《最高人民法院关于审理环境民事公益诉讼案件适用法律若干问题的解释》第32条规定："发生法律效力的环境民事公益诉讼案件的裁判，需要采取强制执行措施的，应当移送执行。"该条规定了环境公益诉讼案件的执行为人民法院依职权启动的方式。这在执行中属于比较特殊的执行权启动方式。③ 在现行执行实务中，行使环境公益诉讼执行权的机构不尽相同，有的地方环境公益诉讼案件采取审执合一的方式处理，即环境民事、行政、刑事公益诉讼案件的审理和执行都由环境资源审判庭处理，由环境资源审判庭一并行使执行权；绝大多数地方是由环境资源审判庭审理民事、行政、刑事公益诉讼案件作出生效裁判后，认为需要强制执行的，移送执行局立案强制执行，由执行局对环境公益诉讼案件行使执行权。

2. 权利主体处分权有限

审判和执行是司法中的两个互为依存但又具有独立性的两个程

---

① 执行完毕，即生效法律文书确定的执行内容经被执行人自动履行、人民法院强制执行，已全部执行完毕，或者是当事人达成执行和解协议，且执行和解协议履行完毕；终结执行，即出现申请人撤销申请、据以执行的法律文书被撤销，作为被执行人的公民死亡，无遗产可供执行，又无义务承担人的。

② 即穷尽执行手段措施后无法执行到位。

③ 权利人申请执行是引起执行程序开始的主要方式，移送执行只是引起执行程序开始的补充形式，审判组织一般不采用这种形式开始执行。

序。民事公益诉讼判决的执行采取人民法院依职权启动的模式，由于民事公益诉讼的一个显著特点就是诉讼利益归属于社会而非原告。即民事公益诉讼的执行也随之带有"公益性"属性，民事公益诉讼案件进入执行程序，原审程序中的原告（机关和有关组织）是不能作为申请执行人推动执行的，同时原有的申请执行人权利也受到严格限制，如不能变更、放弃全部或者部分执行请求、不能与被执行人达成和解协议等。

3. 法院主导、多部门参与的执行权力共同行使机制

人民法院作为民事公益诉讼执行案件的审理机构，具有将民事公益诉讼裁判确定文书的权利义务实现的权力。但是，这类案件的执行，专业性、技术性非常强，需要协调事项多。例如，在环境公益诉讼中判决被告修复环境，但执行后是否真正实现了对环境的修复，需要环境行政管理部门、相关领域的专家出具权威意见。同样，在消费公益诉讼中，人民法院也需要相关行政主管部门的配合。《最高人民法院关于审理消费民事公益诉讼案件适用法律若干问题的解释》第14条规定："消费民事公益诉讼案件裁判生效后，人民法院应当在十日内书面告知相关行政主管部门，并可发出司法建议。"诸如食品安全、行业垄断等公益诉讼，在对判决的执行中均需遵照有关行业标准和制度。这表明，这些执行内容由于其高度的专业性，既不是人民法院的职权范围，更不是以查清事实、适用法律见长的人民法院工作人员能力所长，执行工作的推进、执行目标的实现，需要相关部门和专业人员参与和认定。因此，行使民事公益诉讼判决执行权，法院与政府相关部门之间是一种紧密合作、共同参与的关系，是以人民法院为主导，相关部门密切配合、共同行使的执行权运行模式，而不是简单地根据法律规定"要求协助与被动提供协助"的关系。

民事公益诉讼判决的执行是民事公益诉讼中重要组成部分。公益诉讼承载的是公众对受侵害的公共利益获得救济的期待，公共利益最终获

得维护或弥补根本在于胜诉判决能否得到有效执行。同时，民事公益诉讼判决执行不仅关系到司法公信力与权威性，还关系到人民的生产生活以及国家发展。仅一纸胜诉判决无法规避涉诉当事人不履行或无法履行法律责任的风险。并且公益诉讼所牵扯的公共利益范围广、影响大，如环境污染、食品安全等，对人民的生命健康权、环境权以及国家的公共财产和自然生态均会产生深层次影响。因此，民事公益诉讼判决的执行决定着民事公益诉讼制度核心价值的实现。

二、民事公益诉讼判决执行的特征

（一）执行目的的公益性

传统民事诉讼中，诉权实施权这一程序上的诉权只会赋予实体权利义务的主体，那么在执行过程中，也只有获得胜诉的、具有权利义务关系的一方才具备执行权成为申请人，"向执行法院提出申请，推动国家机关运用其强制手段创造义务人必须履约的法律和事实状态，以实现判决等执行名义中确定的民法请求权"[①]。但民事公益诉讼目的在于维护社会公共利益，其目的的"公益性"有别于"私益性"，正因如此，能够作为诉讼权利人的"机关和有关组织"无须与实体上真实受侵害的主体之间存在关联。能够提起诉讼的"机关和有关组织"目的是维护公众利益，并非谋求私有利益。法律特别授权"机关和有关组织"有权提起民事公益诉讼，将诉讼实施权这一程序上的诉权赋予作为广泛的被侵害利益的公众代表，即非实体权利义务主体，是与通常意义上仅为私益而请求司法裁判的诉权具有本质上的差别。

根据公共信托理论，民事公益诉讼的原告即"机关和有关组织"能够提起诉讼是其代表了公共利益，由公众将诉权托付于原告。"国家作

[①] ［德］康拉德·赫尔维格：《诉权与诉的可能性》，任重译，法律出版社2018年版，第60页。

为公共信托的受托人,基于诉讼信托机制享有提起民事公益诉讼的诉权,而国家又将诉权委托给检察机关或者其他组织。"① 民事公益诉讼中的原告是以法定诉讼担当为理论基础成为适格原告从而享有处分权,进而维护社会公共利益。但若"机关和有关组织"在民事公益诉讼中的处分权行使不当,反而损害了公共利益则得不偿失。故而民事公益诉讼中公共信托的受托人对于诉讼的处分权是受到"公益性"这一基准的限制。同样在执行中,其执行目的在于对被侵害公共利益的恢复,而非救济自身利益。这便要求执行权利主体须在执行过程中积极作为,为实现公共利益民事公益诉讼的执行申请人不具有放弃、变更执行请求、进行执行和解等权利。

(二)执行内容的混合性

传统民事执行案件中,财产执行与行为执行鲜有在同案中并用。但在公益诉讼中民事法律责任具有多样性,决定了公益诉讼类案件执行内容呈混合特性。

《民法典》侵权责任编与人格权编规定了侵权人承担责任的方式,但在民事公益诉讼执行中体现了新的内涵。② 以环境公益诉讼的执行为例。执行法院依据环境污染和破坏生态者应当承担的责任的判决,可对其进行大体三类执行,并且财产执行与行为执行经常重合。一是强制被执行人停止侵害、排除妨碍、消除危险、恢复原状、赔礼道歉、赔偿损失。二是强制被执行人停止对生态环境进行破坏的作为或不作为行为。如划定期限规定被执行人达到减排或限排目标,对破坏的植被进行异地补植等。若被执行人不履行义务,则强制其缴纳修复金交由有关机关进

---

① 周科、郭继光、刘英:《环境民事公益诉讼中"诉讼请求全部实现"的司法审查》,载《法律适用》2019年第1期。

② 《民法典》第1167条规定:"侵权行为危及他人人身、财产安全的,被侵权人有权请求侵权人承担停止侵害、排除妨碍、消除危险等侵权责任。"第1000条第1款:"行为人因侵害人格权承担消除影响、恢复名誉、赔礼道歉等民事责任的,应当与行为的具体方式和造成的影响范围相当。"

行代履行。三是强制被执行人对造成的人身、财产损失以及预防治理等进行相关赔偿。因此，民事公益诉讼判决的执行，执行内容除修复、赔偿外，仍关系到实际具体操作的诸多方面，执行过程中财产执行与行为执行高度交融，混合性特征由此凸显。

（三）执行标的的转换性

在民事公益诉讼判决的执行中，执行标的大多为要求侵权人恢复受损的公共利益，对其破坏、损毁、侵吞的自然生态、资源等恢复原状或对侵害进行赔偿。但往往存在被执行人没有能力或不愿对其侵害的自然生态、资源等进行恢复或赔偿的情况，并且某些生态环境的污染、资源的破坏无法进行事后补救。为尽可能地维护公共利益，执行法院一是选择通过委托第三方代履行的方式，替代被执行人进行恢复义务，而执行标的则由要求侵权人恢复受损的公共利益转换为给付代履行所产生的费用。二是将金钱给付转换为行为给付，如被执行人无法支付高昂的侵权损害赔偿金，则可强制被执行人进行行为上的补足，如劳动代偿、技术改良等。

执行标的的转换性特征是由执行目的的公益性延伸而来的。民事公益诉讼执行的目的在于对公共利益的保护，这便要求执行必须到位，执行法院必须积极运用国家强制力恢复受损的公共利益，执行方式必然更加灵活、多变。以完成恢复公共利益的结果为导向，执行标的只有具备转换性方可推动执行的顺利进行。

（四）执行过程的周期性、专业性

执行过程的周期性源于公益诉讼案件执行所涉及的范围面广、资金大。民事公益诉讼案件主要以污染生态环境、破坏资源为主，其侵害行为是一个持续且往复的过程，后果便是对损害的治理将面临复杂艰巨且长期的局面，民事公益诉讼的判决执行不可能一蹴而就。对于纯金钱给付的执行，高昂的损害赔偿金难以一次执行到位，对受损公共利益的修复必然会受到金钱给付周期的影响；对于行为给付或混合型给付，执行过程中不仅会面临金钱执行的周期问题，执行过程中还需要项目专业技术人员的协助，经由相关部门单位通过科学手段监督与评估，方能实现民事公益诉讼判决执行的期待结果。

执行过程的专业性根源于对民事公益诉讼所涉及的诸如环境污染、资源破坏等公共利益恢复的复杂程度。对此类公共利益的恢复，需要专业机构、部门进行科学规划与处理，并非传统意义上的执行可以完成。执行法院所扮演的角色在于组织、监督对公共利益的恢复，在执行过程中需要专业人士利用专业技术来完成。

第二节 民事公益诉讼判决执行的类型

一、根据民事公益诉讼的类型为标准的分类

民事公益诉讼判决执行类型主要可以对应民事公益诉讼的分类，主要有三种：

一是环境公益诉讼判决的执行。环境公益诉讼判决的执行在于执行法院通过对被申请执行人采取强制措施恢复受损的生态环境，赔偿因其污染、损害自然生态而产生的各项侵权损失、修复费用及损害赔偿金。

二是消费公益诉讼判决的执行。消费公益诉讼判决的执行，以执行法院对被申请执行人进行惩罚性赔偿以及对消费者侵权损害赔偿的金额进行强制执行为主。

三是其他类型公益诉讼判决的执行。公益诉讼类型是一个动态状态，会随着社会发展而有所不同。目前，除前述两种较为常见的民事公益诉讼类型，还有英烈名誉保护公益诉讼、个人信息保护公益诉讼等。由此也会产生相应的执行程序。

二、根据责任承担方式为标准的分类

民事公益诉讼主体的责任承担方式依据判决内容所确定,其民事公益诉讼判决下的执行无外乎《民法典》侵权责任编所规定的这几种责任承担方式。

(一)预防性责任的执行:停止侵害、排除妨碍、消除危险

停止侵害:执行法院应依据判决,要求被申请执行人立刻停止对公共利益的侵害,积极进行监督与干预,必要时可委派专业机构进行监督。

排除妨碍:执行法院应依据判决,要求被申请执行人采取积极行为或消极行为,排除阻碍公众享有公共利益的设施或行为。

消除危险:执行法院应依据判决,要求被申请执行人消除威胁到公共利益的客体或行为,以防止其对公共利益的侵害。

以上三种责任承担方式主要出现在公共利益有受侵害风险或仅遭受了前期侵害之时,故为预防性责任的执行。

(二)恢复性责任的执行:修复生态环境

该类型多出现在环境公益诉讼判决的执行中。执行法院应依据法院判决,要求并监督被申请执行人将受损的生态环境或自然资源修复到侵害之前的状态。

(三)赔偿性责任的执行:赔偿损失

执行法院应依据法院判决,强制执行被申请执行人的财产以赔付所侵害的公共利益。该赔偿包括对受损公共利益的弥补以及为恢复公共利益的花费,或者是一种惩罚性赔偿。

(四)人格恢复性责任的执行:赔礼道歉

执行法院应依据法院判决,强制要求被申请执行人向因侵害公共利益而受影响的不特定公众进行赔礼道歉,是一种单纯的行为执行。

第三节　民事公益诉讼判决执行的具体展开

就民事公益诉讼判决执行的程序展开而言，不同种类公益诉讼判决的执行都可以归入相应的责任承担方式判决的执行中。因而，以下将以责任承担方式为根据具体讲授相应的执行程序和措施。

一、预防性责任承担方式的执行

（一）预防性责任承担方式执行的现状

预防性责任的执行包括停止侵害、排除妨碍、消除危险，是民事公益诉讼的首要责任承担方式，常见于消费公益诉讼、英雄烈士人格公益诉讼[①]、环境公益诉讼中，其中尤以环境公益诉讼更甚。其补救和预防的作用体现了环境公共利益救济的预防性原则，该预防性原则决定了法院在受理诉讼后，必须根据实际情况的紧迫性提前介入环境公共利益的救济。

为了预防环境损害的发生和扩大，多家法院探索采取环境保护禁止令措施（以下简称环保禁令），及时制止生态环境损害行为，以预防性救济方式弥补补偿性救济方式的不足。环保禁令是指法院依申请或依职权向环境损害行为主体发出的，以禁止其继续实施环境损害行为的书面裁定。将环保禁令用于预防性民事责任的执行能够及时有效地遏制环境损害行为，合理维护被申请人的合法权益，最大限度地实现环境公共利益的保护和及时的法律救济。其既是效率正义价值之证成，也是环境权利保障之需要。[②]

（二）预防性责任承担方式执行存在的问题及完善

现行公益诉讼制度体系的执行制度尚不完善，单靠民事诉讼执行程

---

① 关于该类公益诉讼的介绍详见张卫平：《民事诉讼法》（第五版），法律出版社2019年版，第363页。
② 龚海南：《环境保护禁止令制度的构建》，载《人民司法》2015年第1期。

序的一般规定难以满足公益诉讼预防性民事责任承担的需要。如先予执行的问题，在民事公益诉讼起诉时，生态环境或食品药品安全往往正在遭到重大损害并存在重大风险，尤其是在大规模环境污染事故、食品药品安全事故中，制止侵害、管控风险是最为急迫的要求，采取先予执行措施无疑是法院最适合的选择，但从现有公益诉讼的法律规定中却找不到相关内容。从"先予执行应当限于当事人诉讼请求的范围""可以责令申请人提供担保"的规定看，先予执行只能适用于私益诉讼。因此，应当明确民事公益诉讼起诉后，若公共利益正在遭受重大侵害或存在重大风险，需要立即采取措施予以制止或者消除危险的，法院应当依申请或依职权采取先予执行的强制措施。

二、恢复性责任承担方式的执行

按照恢复原状的义务是否可以替代履行，我们可以将其分为不可替代行为的执行和可替代行为的执行。理论上关于行为是否可以替代的划分标准并不统一，主要有限定说与非限定说两种主张。非限定说认为，行为是否具有可替代性，应就能否满足执行债权为标准判断，如果一项行为由被执行人履行与其他人履行，对于债权人的法律价值与经济价值并无不同，该项行为则为可替代行为。该项行为的债务人资格纵然在实际上无法由他人取代，只要能以债务人的代理人资格或机关代表资格而为该项行为，该项行为也属于可替代行为。凡是事实行为与意思表示行为都是可替代行为，都可以由他人替代债务人完成。[1] 限定说认为，除了非限定说要求的条件外，一项行为在性质上必须允许他人以自己的地位进行，才能认定该行为的不可替代性。如签名行为或债务人承受票据债务的行为，他人都不能以自己地位取代债务人资格，所以都是不可替

---

[1] ［日］山本卓：《注解强制执行法（4）》，第127页，转引自陈荣宗：《强制执行法》，三民书局1999年版，第602页。

代行为。①《民事诉讼法》第259条② 并没有明确两种行为的划分标准。

（一）不可替代责任的执行

不可替代行为的执行要求恢复原状责任的履行主体必须是特定的主体，即该行为只得由其亲自而为之，不得由任意的第三人代而为之。恢复原状的履行行为因与执行义务人的特别学识、技能、身份或资格密不可分，使该行为具有不可替代性，否则执行债权人的权利不能实现或者难以完全实现。当被执行人拒不履行此类恢复原状义务，既不能交由第三人替代实施，也不能以给付金钱为内容的方式执结案件时，人民法院可以采用间接执行的方法，例如，根据情节轻重对被执行人予以罚款、拘留；构成犯罪的，依法追究刑事责任，③ 以此来督促执行义务人承担恢复原状的民事责任。

（二）可替代责任的执行

可替代行为是指行为可以由被执行人自己实施或由第三人实施，对于执行申请人的效果并无实质差别的行为。对此人民法院可以适用代履行的执行制度，即在被执行人不履行裁判文书确定的义务时，法院可以委托第三人代为履行完成，代为履行的费用由被执行人负担。代履行完成后被执行人拒绝负担相关费用的，人民法院可按照金钱债权的执行程序对被执行人强制执行。④

---

① ［日］山本卓:《注解强制执行法（4）》，第127页，转引自陈荣宗:《强制执行法》，三民书局1999年版，第602页。
②《民事诉讼法》第259条规定:"对判决、裁定和其他法律文书指定的行为，被执行人未按执行通知履行的，人民法院可以强制执行或者委托有关单位或者其他人完成，费用由被执行人承担。"
③《最高人民法院关于适用〈中华人民共和国民事诉讼法〉的解释》第503条第1款规定:"被执行人不履行法律文书指定的行为，且该项行为只能由被执行人完成的，人民法院可以依照民事诉讼法第一百一十四条第一款第六项规定处理。"
④《民事诉讼法》第259条规定:"对判决、裁定和其他法律文书指定的行为，被执行人未按执行通知履行的，人民法院可以强制执行或者委托有关单位或者其他人完成，费用由被执行人承担。"《最高人民法院关于人民法院执行工作若干问题的规定（试行）》第44条第2款规定:"对于可以替代履行的行为，可以委托有关单位或他人完成，因完成上述行为发生的费用由被执行人承担。"

1. 代履行程序的启动：债权人申请与发出执行通知

当执行义务人在生效裁判文书规定的期限内没有自觉履行恢复原状的责任，公益诉讼的原告可以向人民法院申请强制执行，执行机构应当首先向义务人发出执行通知。[①] 若被执行人仍不履行该义务，法院可以启动代履行程序，委托第三人代为履行恢复原状的义务。

2. 代履行人的确定：执行机构指定

法院启动代履行程序后，首先面临的就是代履行人的确定问题。这通常有两种方式：第一种是人民法院选定。法院可以选定环境恢复义务的代履行人，如果法律、行政法规对履行该环境修复义务有资格限制的，法院应当从有资格的单位和个人中选定，如有必要可以通过招标方式选定。第二种是环境公益诉讼申请执行人推荐。执行债权人有两种选择：一种是从符合代履行义务要求的人中推荐人选；另一种就是申请自己作为代履行人，但最终代履行人的确定还是由人民法院决定。

3. 代履行费用的明确化

代履行费用的数额由法院确定，被执行人必须在指定期限内先行支付，不先行支付法院可以强制执行。同时被执行人享有知情权，环境执行义务代履行结束之后，环境公益诉讼被执行人可以查阅、复制费用清单及主要凭证。

三、赔偿性责任承担方式的执行

赔偿损失是侵权人对其造成的危害用金钱等财产加以补救的责任形式。赔偿损失是传统民事诉讼中运用最广泛的责任承担形式。一般来

---

① 执行通知制度是指执行机构在尚未采取强制执行措施时，责令债务人履行义务，并告知其不履行义务的法律后果，促使债务人自觉履行义务的一项制度。《最高人民法院关于适用〈中华人民共和国民事诉讼法〉的解释》第480条规定："人民法院应当在收到申请执行书或者移交执行书后十日内发出执行通知。执行通知中除应责令被执行人履行法律文书确定的义务外，还应通知其承担民事诉讼法第二百六十条规定的迟延履行利息或者迟延履行金。"

说,法院执行后的赔偿金都会直接分配给被侵权人,但是在环境侵权的公益诉讼案件中,这些损失赔偿费用主要用于修复受损害的生态环境,统称为生态环境损害赔偿资金。2020年3月11日,财政部、最高人民法院、最高人民检察院等部门联合发布了《生态环境损害赔偿资金管理办法(试行)》(以下简称《资金管理办法》),标志着我国建立了统一的生态环境修复资金管理使用制度,规定"赔偿权利人负责生态环境损害赔偿资金的使用。生态损害赔偿资金作为政府非税收入,实行国库集中收缴,全额上缴赔偿权利人指定部门、机构的本级国库,纳入一般公共预算管理"。这可以将其称为政府机关管理模式。

在《资金管理办法》出台之前,我国生态环境损害赔偿金的管理及使用还存在以下其他几种模式:

(一)法院管理模式

该模式是指法院判决责任人将生态修复资金向地方财政局设立的专户支付,然后由法院申请使用的运行模式,该模式以无锡市中级人民法院为代表。2012年,无锡市中级人民法院与市财政局联合制定《无锡市环保公益金管理暂行办法》,规定环保修复金由无锡市中级人民法院统一收缴,上缴市财政专户管理,严格实行收支两条线管理;在修复资金的使用程序上,先由无锡市中级人民法院提出申请,报市财政局审核同意后,还要得到市政府的批准才能拨付。由法院来负责生态损害赔偿资金的管理和使用,有利的一面是可以加强法院对资金管理和使用的监督,同时法院主导也充分体现了资金的公益性特点;但不足之处也很突出,如法院在生态环境修复领域方面缺乏专业性,无法高效率地使用资金,容易造成资金的浪费,还会增加法院的工作压力。

(二)环保组织管理模式

实践中也有法院引入环保组织对生态修复资金进行管理和使用。例如,2016年,贵州省清镇市人民法院率先试点,以个案为切入点,在生态修复资金这一公益性资金的管理中引入了民间力量,把生态环境损害赔偿资金交由中国生物多样性保护与绿色发展基金会进行管理和使用，专门用于生效裁判文书中规定的生态环境修复任务。这改变了以往各地将资金直接上缴政府专项账户的做法，有利于资金使用的公开透明；而且环保组织在环境保护领域较为专业，能够保证资金切实有效地运用到特定地域生态环境修复工作中，大大提高资金的使用效率。

（三）慈善信托模式

慈善信托模式是指将生态修复资金委托信托机构（信托公司或慈善组织），由其成立环境保护信托对修复资金进行管理和使用，国内首次尝试该模式是在2016年自然之友诉江苏中丹化工有限公司水污染环境公益诉讼案中。该案中，中丹公司自愿出资100万元用于生态环境修复，同时委托长安信托公司成立"长安慈-环境保护慈善信托"对该资金进行专业管理，优先用于江苏本地的长江下游区域，特别是泰州地区的环境保护公益事业。

四、人格恢复性责任承担方式的执行

赔礼道歉是侵权人对自己的侵权行为向公共利益的受害人承认过错，表示歉意的自我否定和认错行为。赔礼道歉是对精神损害的恢复，不仅可以在特定的个体上适用，也可以对不特定的社会公众适用。此种民事责任的承担方式常见于消费公益诉讼以及英雄烈士公益诉讼中。我国现在对赔礼道歉的强制执行并没有明确的法律规定。一般在赔礼道歉的强制执行过程中，法院很少对判决中的行为义务依据是否可以被替代履行进行分类，通常情况下法院都会依据《最高人民法院关于审理名誉权案件若干问题解答》第11条①的规定类推适用，将判决公布于报纸

---

① 《最高人民法院关于审理名誉权案件若干问题的解答》第11条："问：侵权人不执行生效判决，不为对方恢复名誉、消除影响、赔礼道歉的，应如何处理？答：侵权人拒不执行生效判决，不为对方恢复名誉、消除影响的，人民法院可以采取公告、登报等方式，将判决的主要内容和有关情况公布于众，费用由被执行人负担，并可依照民事诉讼法第一百零二条第六项的规定处理。"

上，由被执行人承担费用。还有法院运用罚款、拘留等间接强制措施迫使被执行人履行赔礼道歉义务。

第四节 民事公益诉讼判决执行监督制度

民事公益诉讼判决的执行目的是实现公益的保护，因而对该执行程序的监督必不可少。目前，在环境民事公益诉讼判决执行实践中，探索出不少执行监督制度。

一、执行回访制度

回访是指在审判或执行结束后，对裁判的质量和执行实施效果进行走访和评估的工作机制。[1] 由于公益诉讼裁决的执行与私益诉讼不同，执行债权人与案件不存在直接的利害关系，且公益诉讼的执行往往需要较长的时间，如对生态损害恢复原状。利益机制影响监督执行的动力，如此一来，公益诉讼的裁决在执行中往往难以落到实处，因此有必要赋予法院更多职权专门对案件执行进行实时跟踪，监督裁判和执行完毕后的实际效果，对民事公益诉讼的执行效果进行回访。

在环境民事公益诉讼中，执行回访制度是贵州省"生态保护两庭"在实践中不断检验和总结出来的执行监督制度。[2] 贵阳市中级人民法院环境保护审判庭，首先推行环境资源案件的执行回访试点，即由承办法

---

[1] 参见郭纪元：《建立我国的民事回访制度》，载《河北法学》1986年第4期。
[2] 贵阳市中级人民法院环境保护审判庭"环保案件执行情况回访"，刑事案件回访内容主要是附带民事判决部分或非刑罚处罚部分的执行情况，如判决植树的义务是否履行、成活率等；民事案件回访内容主要是判决义务是否履行，法院判决后是否对污染进行治理、整改，之后是否又产生新的污染等；行政案件及行政非诉执行案件回访内容主要是相对人是否又有新的违法排污行为，行政机关是否对行政处罚程序进行有效改进等。参见王立主编：《环保法庭案例选编》，法律出版社2012年版，第237—238页。

官对环境资源案件的执行效果作不定期的回访工作，督促责任人自觉履行判决义务，同时要求责任人采取环境修复的长效措施，防止环境损害行为与损害结果的复发。"通过引入执行惩罚和奖励举报人的方式，充分发挥禁止令的制裁效用，解决环境侵权行为具有持续性、隐蔽性因而难以执行的问题。通过在执行过程中引入恢复原状的具体标准，如当地适用的环境质量标准、环境要素原有的功能标准等等。"[1] 执行回访制度对监督公益诉讼中停止侵害、恢复原状的执行具有良好效用。

二、第三方监督执行制度

由于执行回访监督工作是法院依职权对被执行人履行生效裁判文书进行监督，这无形中增加了法院的工作压力，提高了法院的司法成本，对此有必要引入第三方主体参与执行监督工作。即在民事公益诉讼中，法院邀请有关组织、志愿者作为独立第三方，对民事公益诉讼判决或调解协议的执行情况进行监督，督促责任人认真履行生效法律文书，否则将向法院进行举报。

该制度由清镇市人民法院环境保护审判庭在环境民事公益诉讼的执行中创造性建立。2011年，中华环保联合会以贵州好一多乳业股份有限公司（以下简称好一多公司）超标排放污水为由，将其诉至清镇市人民法院，请求判令停止排放污水、消除污染危险等。经法院调解，中华环保联合会与好一多公司达成调解协议，由好一多公司承担自然生态修复责任，由第三方贵阳公众环境教育中心对好一多公司的生态修复责任的履行进行监督。[2]

在公益诉讼执行中，引入第三方监督制度可以对促使被执行人严格履行生效裁判义务提供坚强保障；同时由第三方对被执行人执行法律文

---

[1] 肖建国：《环保审判的贵阳模式》，载《人民法院报》2011年7月7日，第5版。
[2] 详见贵州省清镇市人民法院（2011）清环保民初字第4号调解书。

书状况进行监督，法官可以只对第三方的监督情况进行检查，大大减轻法官的工作压力。实践证明，第三方监督制度在减轻法院的执行压力和保证公益诉讼生效裁判文书的履行效果中实现了双赢。

三、完善公众参与的社会监督

民事公益诉讼的执行与社会公众的利益紧密相关，尤其是消费公益诉讼与环境公益诉讼。但当前我国公众参与公益诉讼的执行仍旧不够主动，对此有必要充分发挥社会力量的监督和支持作用，如利用社会力量监督执行或提供执行建议和线索。

在环境公益诉讼的执行中，《环境保护法》设立了"信息公开和公众参与"专章，明文鼓励公众参与到环境保护工作中。为克服公民个人在环境公共利益保护方面"搭便车"的心理和公民个人环境保护能力不足的弊端，社会可以将热衷保护环境的公民组成环保组织，对生态修复方案的制定和实施、生态修复资金的管理和使用等活动进行监督。这同样可以适用于消费公益诉讼的执行中，通过规定公众对执行义务人交付的消费赔偿金用途享有知情权，保证赔偿金的使用公开透明，实现公共利益的救济功能。

【思考题】

1. 解释民事公益诉讼执行与一般民事诉讼执行的关系。
2. 简述民事公益诉讼判决执行的特征。
3. 简述民事公益诉讼判决执行的类型。
4. 思考我国民事公益诉讼判决执行的不足之处及完善措施。

第七章 刑事附带民事公益诉讼

第一节 刑事附带民事公益诉讼制度概述

公益诉讼自2015年进行改革试点以来，各地法检两院进行了有益的探索，最高人民法院、最高人民检察院在《关于深入开展公益诉讼试点工作有关问题的意见》中提出"检察机关在履行职责中发现破坏环境资源保护罪或生产销售伪劣商品罪的刑事案件犯罪嫌疑人的违法行为侵害社会公共利益，符合提起民事公益诉讼条件的，可以探索一并提起刑事附带民事公益诉讼"。伴随《民事诉讼法》确认了人民检察院的公益诉讼主体资格，全国首例刑事附带民事公益诉讼的顺利结案，刑事附带民事公益诉讼在司法实践中被广泛提起，发展迅速。

2018年《最高人民法院、最高人民检察院关于检察公益诉讼案件适用法律若干问题的解释》对此作出新规定，检察机关提起刑事附带民事公益诉讼的规定被写入其中，检察机关向法院提起刑事附带民事公益诉讼的诉由和管辖问题得以解决。其第20条第1款规定："人民检察院对破坏生态环境和资源保护、食品药品安全领域侵害众多消费者合法权益……损害社会公共利益的犯罪行为提起刑事公诉时，可以向人民法院一并提起附带民事公益诉讼，由人民法院同一审判组织审理。"此即为刑事附带民事公益诉讼制度的正式确立，该司法解释亦系我国检察机关提起该类诉讼的正式依据。

随后，《人民检察院公益诉讼办案规则》亦规定人民检察院在刑事案件提起公诉时，对破坏生态环境和资源保护、食品药品安全领域侵害众多消费者合法权益，侵犯未成年人合法权益，侵害英雄烈士等的姓名、肖像、名誉、荣誉等损害社会公共利益的违法行为，可以向人民法院提起刑事附带民事公益诉讼，对其适用范围作了一定的扩展。

作为公益诉讼的一种创新，刑事附带民事公益诉讼既能让犯罪分子受到刑事制裁，也能让因犯罪而受损的民事公益得到法律的救济，丰富检察机关的法律监督手段，具有独特的制度价值：

第一，刑事附带民事公益诉讼产生的内在原因是现实的刚性需求。在相当多的案件中，刑事责任与民事责任具有明显的关联性。尤其是破坏生态环境和资源保护、侵害食品药品领域众多消费者权益的行为往往既涉嫌刑事犯罪，又构成民事侵权。试点期间办理的检察民事公益诉讼案件中96%都是已追究过刑事责任，再由公益诉讼检察部门单独追究侵权责任。

第二，刑事附带民事公益诉讼可以促进公益保护功能协同发挥。在刑事附带民事公益诉讼中，被告人因其违法行为不仅需要承担刑事责任，而且还需要承担民事责任，表明法律对其违法行为作出了全面的否定性评价，有利于形成对被告人及社会公众的震慑和教育警示。同时，基于民事赔偿的情况可以作为刑事量刑的依据，被告人为减轻刑罚能够积极地履行民事责任，有利于民事公益诉讼的责任承担，有利于对社会公共利益的修复和维护。刑事追责和民事追责双管齐下，有助于实现社会效果以及法律效果的统一。在民事责任和刑事责任一并追究的情况下，诉讼效果也能更加显著。

第三，刑事附带民事公益诉讼能够疏通刑民诉讼关系，提高司法治理效能。在当前恢复性司法理念指导下，附带办理民事公益诉讼可以弥合恢复损害与绝对惩罚犯罪之间的鸿沟，实现对法益的全面保护。还能充分运用刑事部分的证据，以减轻民事公益诉讼的举证压力。在民事公益诉讼中，举证对社会组织而言是不小的挑战。但是在刑事附带民事公益诉讼中,刑事诉讼中公安机关移送的证据、检察机关在审查时取得的证据可以在审理民事公益诉讼时实现共享,对于证明侵权行为、侵权损害的事实、行为人过错等内容可以援引刑事诉讼中取得的证据,这就可大大减轻民事公益诉讼的举证压力。

第二节 刑事附带民事公益诉讼的具体程序

一、刑事附带民事公益诉讼的公告

刑事附带民事公益诉讼提起前应否履行诉前公告程序,实践中,对未履行诉前公告程序的刑事附带民事公益诉讼,法院的做法也多不一致,有的法院予以受理,[①] 有的法院则不予受理,实践操作差异明显。

（一）否定说

持否定观点的论者主要认为 30 日的诉前公告程序会导致审查起诉期间的延长,影响刑事公诉和附带民事公益诉讼的协同办理。[②] 还有观点认为,在刑事附带民事公益诉讼中,民事公益诉讼是附属于刑事诉

[①] 江苏省淮安市清江浦区人民检察院于 2018 年 9 月 7 日就陈某等 14 名被告污染环境罪提起刑事附带民事公益诉讼,之前曾于 2018 年 6 月 9 日发布民事公益诉讼公告,但公告期满后没有适格主体自愿起诉（具体可参见魏从金、宦莉莉、曹亚楠：《回乡创业入歧途》,载《检察日报》2018 年 10 月 18 日）;2018 年 5 月 16 日,石家庄桥西区人民法院开庭审理刘某销售假药刑事附带民事公益诉讼案（《人民陪审员法》施行后河北法院组成 7 人合议庭审理的公益诉讼首案）,检察院在 2018 年 4 月起诉前曾发布公告,但公告期满后没有适格主体起诉（具体可参见雷德亮、乔西宣：《卖假药者涉嫌犯罪还被提起民事公益诉讼》,载《人民法院报》2018 年 5 月 17 日）;重庆市江津区人民检察院就王某生产、销售有毒、有害食品罪提起刑事附带民事公益诉讼（重庆首例提起十倍价款惩罚性赔偿请求的公益诉讼案）前,曾于 2018 年 8 月 3 日发布公告,但公告期满后没有适格主体起诉（具体可参见李立峰、沈悦：《制作血旺时添加尔马林被判 10 倍赔偿》,载《检察日报》2019 年 4 月 24 日）;浙江省金华市兰溪市人民检察院于 2019 年 5 月就章某涉嫌生产、销售假药罪提起刑事附带民事公益诉讼前,曾发布公告,但公告期满后没有适格主体起诉（参见范宝华：《蹲红的乡村医生缘何成为公益诉讼对象》,载《检察日报》2019 年 5 月 20 日）。

[②] 相关分析可参见杨翔：《刑事附带民事公益诉讼应无需公告》,载《江苏法制报》2018 年 5 月 21 日;龙婧婧：《刑事附带民事公益诉讼可简化诉前程序》,载《检察日报》2018 年 12 月 12 日。

讼的程序，刑事案件的审理和民事公益诉讼案件的审理同时进行，受刑事案件期限限制，检察机关公告后再由相关社会组织提起民事公益诉讼，在时间和程序上严重滞后。并且无论是检察机关还是相关社会组织提起民事公益诉讼，根本目的均是保护社会公共利益，只要社会公共利益得到有效充分的保障，提起诉讼主体没有必要进行严格的区分。① 显而易见，否定论者认为，对于刑事附带民事公益诉讼而言，检察院将是唯一的起诉主体，检察公益诉权的谦抑性与补充性将不复存在，适格主体的公益诉权将失去用武之地，"社会国家化"将得到不当地强化，其将因具备完整的类型独立性而与检察民事公益诉讼、检察行政公益诉讼并列存在。

首先，否定该论者认为，要求人民检察提起刑事附带民事公益诉讼时履行民事公益诉讼诉前公告程序无法保障罪刑法定原则的实现。通常情况下，如果被告人履行了民事责任可以适当减轻刑事责任；而为了保障其他诉讼主体的诉权，将刑事与民事责任分开来追究，有悖成本效益原则与罪刑法定原则。其次，将已经办理或者正在办理刑事案件是否承担民事责任的决定权交给社会组织来裁量，有悖法安定性原则。如果将附事民事公益诉讼案件的裁量权交由社会组织，将让社会组织拥有与刑事被告人进行讨价还价的空间。②

（二）肯定说

"肯定说"主张人民检察院的民事公益诉权具有双重谦抑性，对刑事附带民事公益诉讼的提起当然应当履行诉前公告程序，以遵循现有规范。该观点认为，首先，从刑事附带民事公益诉讼在《最高人民法院、最高人民检察院关于检察公益诉讼案件适用法律若干问题的解释》的规

---

① 周伟：《湖北省利川市人民检察院诉吴明安等人生产销售不符合安全标准食品刑事附带民事公益诉讼案》，载《中国检察官》2018年第14期。
② 刘艺：《美国私人检察诉讼演变及其对我国的启示》，载《行政法学研究》2017年第5期。

定和所属章节来看,其从属于民事公益诉讼,因此其诉讼程序应当符合民事公益诉讼相关规定,即"应当依法公告,公告期间为三十日"。其次,"无论如何,检察机关都不能以办案效率等理由剥夺社会组织的诉权""不能以附带诉讼为由损害社会组织的在先诉权",所以,还是要严格执行公告程序,如此,也有利于保障社会组织参与,保障程序公正。此外,针对因履行诉前公告程序导致的刑事案件审查起诉时限的延长,有观点提出了"在操作中,可以提前发布公告,如果因为公告实现而影响刑事诉讼的办案进程,则可以单独提起民事公益诉讼"①的实践操作方式,避免刑事案件等待民事案件现象的出现。

2019年,最高人民法院和最高人民检察院针对刑事附带民事公益诉讼的公告程序出台了《关于人民检察院提起刑事附带民事公益诉讼应否履行诉前公告程序问题的批复》,该批复规定"人民检察院提起刑事附带民事公益诉讼,应履行诉前公告程序。对于未履行诉前公告程序的,人民法院应当进行释明,告知人民检察院公告后再行提起诉讼。因人民检察院履行诉前公告程序,可能影响相关刑事案件审理期限的,人民检察院可以另行提起民事公益诉讼"。对刑事附带民事公益诉讼是否需要经过公告程序作出了回应,支持了"肯定说"。

二、刑事附带民事公益诉讼的审理组织

根据《最高人民法院、最高人民检察院关于检察公益诉讼案件适用法律若干问题的解释》(法释〔2018〕6号)第7条规定,法院审理一审检察公益诉讼案件可以适用人民陪审制。这一规定因与《人民陪审员法》第16条冲突而很快被废止。在《人民陪审员法》施行后,法院审理一审检察公益诉讼案件适用人民陪审制具有法定的强制性,一审法院审理刑事附带民事公益诉讼案件时是否必须适用7人陪审合议庭从此成

---

① 张雪樵:《检察公益诉讼比较研究》,载《国家检察官学院学报》2019年第1期。

为崭新的论题。若应适用而未适用，则构成"审判组织的组成不合法"，属于二审程序和准用二审程序的再审审理程序中发回重审，以及再审申请审查程序中裁定再审的法定理由。

虽然《人民陪审员法》第 16 条第 3 项所规定的涉及生态环境保护的社会影响重大案件、涉及食品药品安全的社会影响重大案件与根据《民事诉讼法》《行政诉讼法》提起的公益诉讼案件可能存在重合，但如果刑事附带民事公益诉讼不以《民事诉讼法》为依据，一审法院适用 7 人陪审合议庭还需要同时满足"社会影响重大"的要件，此时一审法院必然要面对何谓"社会影响重大"的判断难题，判断的困难和很高的运行成本很可能会使一审法院放弃适用 7 人陪审合议庭，进而降低民众对刑事附带民事公益诉讼的参与度。在司法实践中，一审刑事附带民事公益诉讼案件在适用七人陪审合议庭问题上，也难以避免地存在区域差异或院际差异①，在《人民陪审员法》施行后，刑事附带民事公益诉讼案件由 3 人陪审合议庭或独任法官审理②的案例也依然存在。

三、刑事附带民事公益诉讼的办案模式

（一）分办模式

目前，绝大多数基层人民检察院在办理刑事附带民事公益诉讼案件时普遍运用"分办"的办案模式，即刑事检察部门办理案件的刑事部分，公益诉讼部门办理案件的民事部分。分办模式主要有以下弊端：第一，部门之间缺乏系统性办案思维。因为刑事检察与公益诉讼分属不同

---

① 2018 年暑期上海铁路运输法院以"属于涉及长江流域生态环境保护的社会影响重大案件"为由，组成七人陪审合议庭对马成、马强污染环境刑事附带民事公益诉讼案（上海首例环境资源领域的七人合议庭案件）开庭审理，此案适用七人陪审合议庭的依据是《人民陪审员法》第 16 条第 3 项。

② 根据（2018）辽 0882 刑初 570 号刑事判决书可知，辽宁营口大石桥市人民检察院于 2018 年 11 月 29 日就任某某销售有毒、有害食品罪提起刑事附带民事公益诉讼，大石桥市人民法院适用简易程序，由法官独任审判，并于 2018 年 12 月 13 日作出判决。

的部门，且检察各部门职责定位差异较大，因此分立的办案模式容易导致对案件缺乏整体性和系统性的思考。第二，办案综合性效能难以最大化。刑事与附带民事公益诉讼审查各有侧重，单一审查站位低、思路窄，这也决定了办案的综合性效能难以最大化。

（二）统办模式

第一，由一个部门办理。在组织架构上，探索将刑事案件和附带民事公益诉讼作为一个完整的整体，由一个部门承担刑事案件办理和附带民事公益诉讼的提起。第二，建立刑事、民事、行政和公益诉讼"四合一"审查机制，使附带民事公益诉讼真正成为刑事案件的有机组成部分，在此基础上开展相应的工作延伸。基于刑事责任与民事责任明显的关联性，一并考量事实、证据、法律适用等问题，使刑事诉讼和公益诉讼的协同效应更加彰显。第三，组建专业化审判团队。成立食品药品安全、生态环境和资源保护办案团队，专司办理该类刑事案件及相关附带民事公益诉讼，发挥专业充分发挥检察官联席会议的重要作用，原则上对"一体化"办理的案件都要经过检察官联席会议的讨论，以提升办案的质量效果。不同于分办模式由不同的审判组织分别进行审理，则很难协调好两个案件的事实认定和责任分担问题。特别是在司法资源有限的前提下，统办模式可以一定程度避免"刑民矛盾"，节约司法资源，提高诉讼效率、司法治理效率。

【思考题】

1. 刑事附带民事公益诉讼有什么特点？
2. 简述刑事附带民事公益诉讼的制度价值。
3. 刑事附带民事公益诉讼公告程序是否必要？